**LOST IN SPACE**

**TRYING TO FIND A PLACE**

*Wer bin ich, warum bin ich hier*

*und was hat das Universum damit zu tun?*

Ein kluges, persönliches Buch über Bewusstsein, Realität und Identität.

Zwischen Wissenschaft, Philosophie und Leben – für alle, die sich selbst und das Ganze besser verstehen wollen.

**Bibliografische Information der Deutschen Nationalbibliothek:**

Die Deutsche Nationalbibliothek verzeichnet diese Publikation in der
Deutschen Nationalbibliografie;
detaillierte bibliografische Daten sind im Internet über http://dnb.dnb.de
abrufbar.

Die automatisierte Analyse des Werkes, um daraus Informationen
insbesondere über Muster,
Trends und Korrelationen gemäß §44b UrhG („Text und Data Mining") zu
gewinnen, ist untersagt.

Impressum © 2025

Hakan Özgür
3030 Sok. No 11 34430 Urla / Izmir
E-Mail: hakanoezguer@gmail.com

Herausgegeben im Selfpublishing über
Books on Demand GmbH, Norderstedt

ISBN: 978-3-8192-8121-1
Verlag: BoD · Books on Demand GmbH, Überseering 33,
22297 Hamburg, bod@bod.de

Druck: Libri Plureos GmbH, Friedensallee 273, 22763 Hamburg

**Stand: Mai 2025**

# Inhalt

## Kapitel 6 – Wer bin ich wirklich

Ein Kapitel über Identität. Über Rollen, Selbstbilder, Gedanken – und das, was darunter liegt.

## Kapitel 7 – Wie Zeit entsteht

Über Vergangenheit, Gegenwart und Zukunft. Eine Annäherung an das Zeiterleben zwischen Erinnerung und Erwartung.

## Kapitel 8 – Was bleibt

Wenn man Dinge loslässt. Was zurückbleibt, wenn Vorstellungen, Sicherheiten oder Bilder nicht mehr greifen.

## Kapitel 9 – Das Universum in dir

Verbindungen zwischen dem Kleinen und dem Großen. Über Zellen, Sterne, Materie – und das, was alles durchzieht.

## Kapitel 10 – Liebe als Prinzip

Ein sachlicher Blick auf Verbundenheit, Empathie und den Wunsch, gesehen und verstanden zu werden.

# Vorwort

Dieses Buch ist nicht geplant entstanden. Es ist gewachsen – langsam, tastend, über einen längeren Zeitraum hinweg. Einzelne Gedanken, Beobachtungen, Erfahrungen haben sich verbunden. Es ging nicht darum, etwas zu erklären oder zu beweisen, sondern darum, etwas zu erkunden, das sich immer wieder zeigte: das Gefühl, dass es mehr gibt als das, was sich auf den ersten Blick erschließt.

Immer wieder tauchte die Frage auf, wer wir eigentlich sind – in einer Welt, die so groß, so komplex, so unübersichtlich ist. Und was es bedeutet, in dieser Welt nicht nur zu funktionieren, sondern sich selbst zu begegnen.

Die Texte in diesem Buch kreisen um diese Fragen. Nicht theoretisch, nicht systematisch – sondern suchend. Es ist kein Sachbuch im klassischen Sinn, kein Ratgeber, keine Erzählung. Vielleicht ist es eine Form von innerem Gespräch – mit der Welt, mit dem eigenen Denken, mit dem, was bleibt, wenn vieles sich verändert.

Der Ton bleibt ruhig. Es gibt keine Eile, keine These, die verteidigt werden muss. Nur den Versuch, mit klarem Blick und offenem Geist hinzuschauen. Vielleicht entsteht daraus etwas, das in dir weiterwirkt. Vielleicht auch nicht. Beides ist in Ordnung.

# Einleitung

Manchmal, mitten im Alltag, entsteht ein Moment der Irritation. Ein kurzer Stillstand. Ein Gefühl, dass etwas nicht ganz zusammenpasst. Man kennt die Umgebung, man weiß, was zu tun ist – und doch scheint die Welt einen kleinen Spalt zu öffnen.

Es sind oft unspektakuläre Augenblicke. Ein vertrauter Ort wirkt plötzlich fremd. Ein Gedanke taucht auf, bevor man ihn denkt. Eine Begegnung berührt, ohne dass man sagen kann, warum.

In solchen Momenten stellt sich leise eine Frage: Was ist das eigentlich, was ich hier erlebe? Und wer ist dieses Ich, das erlebt?

Dieses Buch beginnt dort. Nicht mit Antworten, sondern mit dem Wunsch, genauer hinzuschauen. Auf das, was man sieht. Auf das, was sich zeigt. Auf das, was oft übersehen wird, weil es zu nah, zu vertraut oder zu flüchtig ist.

Es geht um Wahrnehmung, um Identität, um Orientierung in einer Welt, die gleichzeitig geordnet und chaotisch wirkt. Um die Art, wie wir mit uns selbst und mit der Welt in Beziehung stehen. Nicht philosophisch im akademischen Sinn, sondern im ursprünglichen: als Praxis des Fragens, Denkens, Wahrnehmens.

Vielleicht führt dieser Weg nicht zu einem festen Ziel. Aber vielleicht zu einem Punkt, von dem aus man anders schaut.

# Kapitel 1: Alles Kopfsache – Wie deine Wahrnehmung die Welt erschafft

Kennst du diese Tage, an denen einfach alles schiefzugehen scheint? Dein Wecker klingelt zu spät, du verschüttest den Orangensaft beim Frühstück, und dann verpasst du auch noch die Bahn. Schon am Morgen bist du genervt und denkst dir: „Na toll, das fängt ja super an." Im Laufe des Tages kommt es dir dann vor, als würde die Zeit nur kriechen, und selbst die Witze deiner Freunde bringen dich nicht zum Lachen. Alles fühlt sich anstrengend und blöd an.

Dann gibt es aber auch die anderen Tage: Du wachst gut gelaunt auf, weil du vielleicht an etwas Schönes denkst, das heute passieren könnte. Die Sonne scheint durchs Fenster, dein Lieblingslied läuft im Radio, und plötzlich stört dich gar nichts mehr. Der verschüttete Saft? Wischst du mit einem Lächeln weg. Stau auf dem Weg? Egal – du träumst vor dich hin. Der Tag vergeht wie im Flug, und selbst langweilige Aufgaben machen irgendwie Spaß. Kommt dir das bekannt vor?

Was glaubst du, woran liegt das, dass die Welt an manchen Tagen grau und an anderen bunt erscheint? Haben sich die Dinge um dich herum wirklich verändert – oder hat sich etwas in dir verändert? Genau darum geht es in diesem Kapitel: Wie deine Wahrnehmung – also wie du die Welt mit deinen Gedanken und Sinnen erlebst – deine persönliche Wirklichkeit formt.

## Deine Wahrnehmung, deine Welt

Was passiert nun eigentlich an diesen guten und schlechten Tagen? Der Unterschied liegt in deiner Wahrnehmung. Dieses Wort beschreibt, wie du die Welt um dich herum wahrnimmst – also mit deinen Sinnen aufnimmst und mit deinen Gedanken interpretierst. Dein Gehirn bekommt ständig eine Flut von Informationen aus der Umgebung und sortiert sie für dich. Dabei wirkt deine Wahrnehmung wie ein Filter: Je nach innerem Zustand erscheint dir ein und dieselbe Situation völlig unterschiedlich.

Stell dir vor, deine Wahrnehmung ist wie eine Brille, die du aufhast. An einem Tag ist die Brille vielleicht dunkel getönt, am nächsten Tag rosarot. Durch die „dunkle" Brille wirkt alles um dich herum trist oder nervig. Durch die rosarote Brille ist auf einmal alles viel freundlicher und schöner. Natürlich hat sich die Außenwelt objektiv nicht verändert – aber du hast dich verändert, und zwar deine innere Stimmung und Sichtweise. So ähnlich sagt man ja auch sprichwörtlich, jemand sehe etwas „durch die rosarote Brille", wenn er oder sie alles zu positiv wahrnimmt.

Unsere Wahrnehmung wird von verschiedenen Faktoren beeinflusst. Drei wichtige davon sind:

- **Deine Stimmung:** Bist du gut gelaunt, fühlt sich die Welt gleich viel angenehmer an. Selbst wenn mal etwas schiefgeht – du einen Fleck auf dem T-Shirt entdeckst oder deinen Kakao verschüttest – es stört dich nicht groß. Wenn du dagegen schlecht drauf oder traurig bist, scheint alles nerviger zu sein als sonst. Dann kann schon eine Kleinigkeit das Fass zum Überlaufen bringen. Deine aktuelle Laune wirkt daher wie ein farbiger Filter: Sie „färbt" deine Sicht auf die Dinge.

- **Deine Gedanken und Überzeugungen:** Was du über dich selbst und die Welt denkst, beeinflusst, was du wahrnimmst. Wenn du fest glaubst, dass etwas langweilig wird („Dieser Vortrag wird bestimmt öde"), wirst du wahrscheinlich tatsächlich kaum etwas Interessantes daran finden – einfach weil du unbewusst darauf achtest, dass es öde wird. Genauso kannst du eine Situation positiver erleben, wenn du dir sagst: „Ich schaffe das" oder „Bestimmt gibt es hier etwas Spannendes zu entdecken." Unsere Erwartungen können so zu selbsterfüllenden Prophezeiungen werden.

- **Dein Fokus:** Worauf du deine Aufmerksamkeit richtest, bestimmt, was du wahrnimmst – und was nicht. Ein klassisches Beispiel: Hast du jemals ein neues Wort gelernt und plötzlich hörst oder liest du es überall? Das Wort war vorher schon da, aber dein Fokus hat sich verändert. Oder stell dir vor, du suchst auf einem vollen Bahnsteig nach deiner Freundin – in dem Gedränge nimmst du fast automatisch nur noch Menschen mit ihrer Haarfarbe oder Größe wahr. Alles andere blendet dein Gehirn aus. Es ist beeindruckend, wie selektiv unsere Wahrnehmung ist: Wir blenden vieles aus und übersehen sogar Offensichtliches, wenn unsere Aufmerksamkeit woanders ist.

All diese Faktoren wirken zusammen und erschaffen deine persönliche Realität. Zwei Menschen können genau dasselbe erleben – zum Beispiel denselben Schultag oder den gleichen Film – und trotzdem etwas völlig Unterschiedliches daraus mitnehmen. Jeder lebt ein bisschen in seiner eigenen Welt, geprägt durch die Brille der eigenen Wahrnehmung.

### Gedankenexperiment: Deine Welt in deinem Kopf

Hast du dich schon einmal gefragt, woher du überhaupt weißt, dass die Welt um dich herum real ist? Stell dir mal vor, du liegst nachts im Bett und träumst. In deinem Traum erlebst du vielleicht, dass du durch eine fantastische Welt fliegst oder eine wichtige Prüfung bestehst. Während du träumst, fühlt sich das alles echt an – dein Herz klopft, du empfindest Freude oder Angst, und du glaubst im Traum, dass das gerade wirklich passiert. Erst als du aufwachst, merkst du: Das war alles nur ein Traum, erschaffen von deinem eigenen Gehirn.

Dieses Beispiel zeigt eindrucksvoll, wie dein Bewusstsein eine komplette Realität erzeugen kann. Im Traum gab es keine äußere Welt, die du tatsächlich sehen oder hören konntest – dein Geist hat sie gebaut, aus Erinnerungen und Fantasie. Und auch wenn wir wach sind, passiert etwas Ähnliches: Alles, was du jetzt gerade siehst, hörst oder spürst, wird von deinem Gehirn interpretiert und zu einem Gesamtbild zusammengesetzt. Deine Augen liefern Lichtreize, deine Ohren Schallwellen – aber erst dein Gehirn fügt diese Einzelteile zu dem zusammen, was du dann als „die Welt da draußen" erlebst. Dabei lässt es unwichtige Details weg und betont andere Dinge, damit das Bild für dich Sinn ergibt. Manchmal lässt sich dein Gehirn sogar austricksen: Optische Täuschungen oder magische Tricks können dich etwas sehen lassen, das in Wirklichkeit ganz anders ist. Daran erkennst du, dass unser Erleben der „Realität" tatsächlich im Kopf entsteht.

Jede Wahrnehmung, jede Erinnerung, jeder Gedanke beginnt in deinem Bewusstsein. Ohne dein Bewusstsein gäbe es keine Farben, keine Geräusche, keine Zeit und keine Welt – kein Ich, kein Du, keine Geschichte, einfach nichts. Ziemlich verrückt, oder? Aber genau das zeigt, welche zentrale Rolle dein Bewusstsein spielt: Es ist wie die Leinwand, auf die das Leben all seine Bilder projiziert. Du bist nicht bloß ein passiver Zuschauer – was du als Außenwelt erlebst, ist untrennbar mit deiner eigenen Wahrnehmung verbunden.

## Die zentrale Rolle des Bewusstseins

Jede Wahrnehmung, jede Erinnerung und jeder Gedanke beginnt in deinem Bewusstsein. Ohne dein Bewusstsein gäbe es keine Farben, keine Geräusche, keinen Geruch, keine Zeit und keine Welt – **kein Ich**, **kein Du**, keine Geschichte – einfach nichts. Das mag verrückt klingen, aber genau das zeigt, welche zentrale Rolle dein Bewusstsein spielt. Es ist wie **die Leinwand**, auf die das Leben all seine Bilder projiziert. Was du als Außenwelt erlebst, ist untrennbar mit deiner eigenen Wahrnehmung verbunden. Dein Gehirn filtert und interpretiert die Sinneseindrücke und setzt sie zu dem zusammen, was du als „die Welt da draußen" verstehst. Du bist dabei nicht bloß ein passiver Zuschauer – ohne dich als **wahrnehmendes Bewusstsein** würde „deine" Welt gar nicht existieren.

Mit anderen Worten: Bewusstsein ist der **Hintergrund**, auf dem sich alles abspielt. Es bildet den Rahmen, in dem dein gesamtes Leben stattfindet. Alles, was du kennst und erlebst, hängt davon ab, dass du bei Bewusstsein bist. Wenn wir von „Realität" sprechen, meinen wir in Wahrheit die Wirklichkeit, so wie unser Bewusstsein sie uns präsentiert. Deine persönliche Welt entsteht in deinem Kopf – durch das Zusammenspiel von Sinneseindrücken und deiner geistigen Interpretation.

## Das Bewusstsein als Basis deiner Welt

Alles, was du kennst, fühlst, denkst und erinnerst, passiert innerhalb deines Bewusstseins. Es ist der Ort, an dem deine Erfahrungen stattfinden – ob du gerade liest, zuhörst, nachdenkst oder dich einfach umschaust. Du kannst sehen, hören, riechen und spüren – aber all das macht nur Sinn, weil du dabei *bewusst* bist. Sobald du schläfst, verändert sich dein Bewusstsein. Wenn du träumst, erschafft es eine eigene Welt. Wenn du tief und ohne Träume schläfst, wird das Bewusstsein still – es ist eine Art Pause zwischen zwei bewussten Abschnitten. Du wachst auf, öffnest die Augen, und die Welt „ist wieder da". Sie war natürlich nie wirklich weg – aber für dich beginnt das Erleben erst wieder mit dem bewussten Wachwerden.

Dieses einfache tägliche Erlebnis – morgens aufzuwachen und zu merken, dass Zeit vergangen ist – zeigt dir: Alles, was du von der Welt mitbekommst, hängt davon ab, dass du bewusst bist. Das Bewusstsein ist wie das Licht im Raum: Solange es leuchtet, kannst du alles erkennen, fühlen und verstehen. Und wenn es dunkler wird, zieht sich die Erfahrung zurück, bis es wieder heller wird.

## Träume – eine Wirklichkeit im Kopf

Einen spannenden Gegenpol zum bewusstlosen Zustand bilden **Träume**. Im Traum ist dein Bewusstsein aktiv, obwohl du schläfst. Allerdings bezieht es seine Informationen nicht von außen über die Sinne, sondern erschafft eine **eigene Welt** im Inneren. Dein Gehirn baut die Traumwelt aus Erinnerungen, Wünschen und Fantasie zusammen – **ohne** dass reale Sinneseindrücke von außen kommen. Diese geträumte Welt kann sich während des Träumens absolut echt anfühlen. Meistens merkst du **während** des Traums nicht, dass es ein Traum ist: Die Traumwelt ist in dem Moment deine Realität. Du siehst, hörst und fühlst Dinge, die nur in deinem Kopf existieren, und doch reagiert dein Körper darauf – dein Herz kann schneller schlagen, du empfindest Angst in einem Albtraum oder Freude in einem schönen Traum. Erst wenn du aufwachst, erkennst du: *Das war gar keine echte Außenwelt*, sondern ein vom Bewusstsein erzeugtes Erlebnis.

Träume zeigen eindrücklich, wie mächtig das Bewusstsein bei der Konstruktion von Wirklichkeit ist. **Realität ist letztlich das, was dein Bewusstsein dafür hält.** Während du träumst, hinterfragst du die

Ereignisse nicht – dein Verstand akzeptiert die innere Simulation als gegeben. Vielleicht bist du im Traum schon einmal geflogen oder hast mit jemandem gesprochen, der in Wirklichkeit gar nicht anwesend war. Solange du träumst, erscheint dir all das vollkommen real. Erst im Nachhinein, nach dem Erwachen, merkst du, dass die Logik im Traum eigenartig war oder dass sich alles nur *im eigenen Kopf* abgespielt hat. Dieses Phänomen führt uns vor Augen, dass unsere Wahrnehmung der Welt – ob im Traum oder im Wachzustand – ein Produkt unseres Geistes ist. **Die Grenzen zwischen „real" und „im Kopf"** sind fließender, als man im Alltag denkt: Was wir *subjektiv* erleben, fühlt sich real an, egal ob der Auslöser ein tatsächliches äußeres Ereignis ist oder „nur" aus unserem Inneren kommt.

Wenn wir nun den traumlosen Tiefschlaf, den Traumzustand und das wache Bewusstsein vergleichen, erkennen wir: In allen Fällen bestimmt das Vorhandensein und die Aktivität des Bewusstseins, was und *ob* wir etwas erleben. Im Tiefschlaf (ohne Träume) fehlt die bewusste Erfahrung – es gibt keine subjektive Welt. Im Traum erschafft das Bewusstsein eine eigene Realität. Im Wachzustand stimmt unser Bewusstsein die Eindrücke mit der äußeren Umgebung ab, sodass wir eine konsistente gemeinsame Welt mit anderen teilen können. **Gemeinsam ist allen Zuständen, dass unser Erleben von der Aktivität unseres Bewusstseins**

**abhängt.** Ohne Bewusstsein keine Wahrnehmung – mit Bewusstsein entsteht eine Welt (sei es die tatsächliche Außenwelt oder eine Traumwelt). Das Bewusstsein ist somit der zentrale Schlüssel zu all unseren Erfahrungen.

**Unsere Wahrnehmung ist keine unveränderliche Kamera**, sondern ein lebendiger Prozess in unserem Kopf. Was wir Wirklichkeit nennen, setzt sich in Wahrheit aus vielen Puzzleteilen zusammen, die unser Geist für uns zu einem stimmigen Bild formt. Jede*r von uns lebt in gewisser Weise in seiner eigenen, subjektiv erschaffenen Welt. Genau deshalb nehmen verschiedene Menschen dieselbe Situation unterschiedlich wahr – jeder **konstruiert** seine Wirklichkeit auf Basis der eigenen Erfahrungen, Erwartungen und Sinneseindrücke. Diese Konstruktion läuft automatisch und meist unbewusst ab, aber sie bestimmt unser gesamtes Erleben.

**Überleitung zu Kapitel 2:** Wir haben nun gesehen, wie sehr unser eigenes Bewusstsein die erlebte Realität prägt. Doch wie sieht es mit der Welt **außerhalb unseres Kopfes** aus? Auch dort ist manches anders, als es auf den ersten Blick scheint. Im nächsten Kapitel werfen wir einen Blick auf die "verrückte Welt der Physik" – und entdecken, warum **nichts ist, wie es scheint.** Dort werden wir erfahren, welche erstaunlichen Phänomene die vermeintlich sichere und berechenbare Außenwelt bereithält. Es bleibt spannend, denn je genauer wir hinschauen, desto mehr Wunder geben sich zu erkennen.

# Kapitel 2 – Nichts ist, wie es scheint – Die verrückte Welt der Physik

Jeden Tag erleben wir unsere Umwelt als etwas Vertrautes und Beständiges. Der Boden unter unseren Füßen trägt uns, die Möbel im Zimmer stehen fest an ihrem Platz, und eine Sekunde fühlt sich immer wie eine Sekunde an. Obwohl sich die Welt um uns herum ständig verändert – zum Beispiel wechseln Tag und Nacht oder die Jahreszeiten – haben wir doch den Eindruck, dass die grundlegenden Regeln gleich bleiben. Ein Stuhl bleibt ein Stuhl, fest und solide, und wenn wir ihn loslassen, fällt er immer nach unten auf den Boden. Unsere Alltagserfahrungen lehren uns, dass die Dinge gewisse Eigenschaften haben: Sie sind „hart" oder „weich", „schwer" oder „leicht", „warm" oder „kalt". Vor allem wirken sie stabil und berechenbar.

Wenn wir einen Ball werfen, können wir ziemlich genau vorhersagen, wohin er fliegt. Uhren ticken gleichmäßig vor sich hin und teilen die Zeit in sorgfältig abgemessene Einheiten. Nichts an unserem normalen Tagesablauf lässt vermuten, dass die Grundregeln der Natur anders sein könnten, als wir sie mit unseren Sinnen wahrnehmen. Seit unserer Kindheit lernen wir, wie die Welt funktioniert: Fallen gelassene Gegenstände landen auf dem Boden, die Sonne geht jeden Morgen im Osten auf, und keiner von uns kann plötzlich durch Wände gehen oder sich unsichtbar machen. Es scheint, als hätten wir die Wirklichkeit gut im Griff – große Überraschungen sind im Alltag nicht zu erwarten.

Um das Jahr 1900 waren viele Gelehrte sogar überzeugt, dass es in der Physik kaum noch grundlegend Neues zu entdecken gäbe – man glaubte, die Naturgesetze im Wesentlichen bereits verstanden zu haben. Doch kurz darauf begann eine wissenschaftliche Revolution: Im frühen 20. Jahrhundert entdeckten Forscher Phänomene, die allen bisherigen Vorstellungen widersprachen. Neue Theorien wie die Quantenmechanik und Albert Einsteins Relativitätstheorie stellten viele scheinbar feststehende Gewissheiten auf den Kopf. Plötzlich zeigte sich, dass grundlegende Annahmen – etwa dass Zeit für alle Beobachter gleich vergeht oder dass Teilchen immer auf klar definierten Bahnen laufen – nicht mehr uneingeschränkt galten. Die Natur offenbarte eine tiefere Ebene, in der völlig neue und überraschende Regeln herrschen.

Doch die Wissenschaft hat im letzten Jahrhundert herausgefunden, dass sich hinter der Fassade unserer gewohnten Alltagswelt eine viel seltsamere Wirklichkeit verbirgt. Tatsächlich ist **nichts so, wie es scheint** – die Welt der Physik auf fundamentaler Ebene unterscheidet sich drastisch von dem, was wir täglich sehen und anfassen. Dinge, die solide erscheinen, bestehen größtenteils aus leerem Raum. Vorgänge, die wir als sicher und vorhersagbar empfinden, beruhen in Wahrheit auf Unsicherheiten und Wahrscheinlichkeiten. Und sogar Zeit und Raum selbst – die Bühne, auf der sich unser ganzes Leben abspielt – sind nicht so absolut, wie wir glauben. In diesem Kapitel werfen wir einen Blick hinter die Kulissen der vertrauten Alltagswelt und erkunden einige der erstaunlichsten Erkenntnisse der modernen Physik.

Wir werden sehen, wie Teilchen gleichzeitig Wellen sein können und wie das bloße **Beobachten** eines Experiments dessen Ergebnis verändert. Wir erfahren, warum Zeit kein starrer Fluss ist, sondern von Bewegung (und sogar von Gravitation) beeinflusst werden kann. Wir entdecken, dass Materie fast vollständig aus „Nichts" besteht und uns trotzdem solide vorkommt. Und wir begreifen, warum gerade die Unsicherheit im Kleinsten dafür sorgt, dass unsere große Welt stabil ist. All das mag verrückt klingen, doch es ist durch wissenschaftliche Experimente bestätigt und Teil unseres modernen Verständnisses der

Natur. Keine Sorge: Wir werden diese Phänomene Schritt für Schritt erklären – ruhig, sachlich und ohne unnötigen Fachjargon. Dabei soll deutlich werden, wie **faszinierend** unsere Welt wirklich ist, wenn man genauer hinschaut.

## Teilchen oder Welle? Das Doppelspaltexperiment

Eine der berühmtesten Entdeckungen, die unsere Vorstellung von der Natur erschüttert hat, ist das sogenannte **Doppelspaltexperiment**. In diesem Experiment hat man eine Lichtquelle, eine dünne Barriere mit zwei schmalen Spalten, und dahinter einen Schirm, der das Licht auffängt. Wenn wir Licht auf die Barriere scheinen lassen, passiert etwas Interessantes. Anstatt nur zwei helle Flecken direkt hinter den beiden Spalten zu sehen, erscheint auf dem Schirm ein ganzes Muster von hellen und dunklen Streifen. Dieses Muster nennt man ein **Interferenzmuster**. Es entsteht dadurch, dass sich Licht wie eine Welle verhält: Die Lichtwellen aus den beiden Spalten überlagern einander. Wo Wellenberg auf Wellenberg trifft, wird das Licht heller (helle Streifen), und wo ein Wellenberg auf ein Wellental trifft, löschen sie sich gegenseitig aus (dunkle Bereiche). Mit anderen Worten: Das Licht **interferiert** mit sich selbst – ganz ähnlich wie Wasserwellen, die durch zwei Öffnungen in einer Hafenmauer dringen und dahinter ein Muster aus welligen und ruhigen Zonen auf der Wasseroberfläche erzeugen. Dieses Experiment wurde übrigens im Jahr 1803 vom britischen Physiker Thomas Young durchgeführt und lieferte den klaren Nachweis für die Wellentheorie des Lichts.

Dieses Ergebnis erstaunte die Physiker des 19. Jahrhunderts sehr. Man hatte bis dahin zwei unterschiedliche Vorstellungen von Licht: Einige Forscher – wie Isaac Newton – dachten, Licht bestehe aus Teilchen, also winzigen Lichtkörnern, die wie kleine Kugeln geradlinig fliegen. (Newton begründete diese Teilchen-These damit, dass Licht sich gradlinig ausbreitet und an Spiegeln wie ein Stoßball reflektiert wird.) Andere Forscher sahen Licht eher als eine Welle an, vergleichbar mit Schallwellen oder den Wellen auf einem Teich. Das Doppelspaltexperiment zeigte klar: Licht verhält sich wie eine Welle. Denn hätte sich das Licht wie Teilchen verhalten, würden wir auf dem Schirm einfach zwei helle Bereiche erwarten, genau gegenüber den beiden Spalten – so als ob winzige Lichtkügelchen nur entlang dieser Bahnen auftreffen. Stattdessen entsteht das mehrfache Streifenmuster, das nur durch Wellen erklärt werden kann.

Nun kommt das wirklich Verrückte: Licht kann sich auch wie ein Teilchen verhalten. Tatsächlich fand Albert Einstein 1905 heraus, dass Licht aus einzelnen Energiepaketen besteht – sogenannten **Photonen**. Mit dieser Idee konnte er den damals rätselhaften photoelektrischen Effekt erklären und legte den Grundstein für die Quantenbeschreibung des Lichts

(Einstein erhielt dafür später den Nobelpreis). Licht hat also eine Doppelrolle: je nach Situation zeigt es Welleneigenschaften oder Teilcheneigenschaften. Aber es geht noch weiter: Nicht nur Licht, auch **Materieteilchen** wie Elektronen besitzen diese doppelte Natur.

Stellen wir uns nun vor, wir führen das Doppelspaltexperiment mit Elektronen durch. Elektronen sind Bestandteile der Atome und haben Masse – man könnte also erwarten, dass sie sich wie winzige Kügelchen verhalten. Wenn wir einen Elektronenstrahl auf die beiden Spalten richten, würden wir nach gesundem Menschenverstand zwei helle Streifen auf dem Schirm sehen, analog zu Einschusslöchern hinter zwei Öffnungen. Man hat solche Versuche tatsächlich gemacht: Physiker haben diesen Aufbau mit Elektronen durchgeführt (erstmals 1961 in Tübingen, Deutschland). Und genau das verblüffende Ergebnis zeigte sich dabei: **Auch die Elektronen erzeugen ein Interferenzmuster – solange man nicht nachschaut, welchen Weg sie nehmen!**

Lassen wir die Elektronen unbeobachtet durch die beiden Spalten fliegen, erscheinen auf dem Schirm wieder helle und dunkle Streifen, ganz ähnlich wie beim Licht. Erstaunlicherweise gilt das sogar, wenn wir die Elektronen einzeln nacheinander abschicken. Jedes Elektron für sich trifft an einem scheinbar zufälligen

Punkt auf den Schirm. Doch nach und nach bildet die Summe vieler solcher Einschläge wieder das typische Interferenzmuster. Es ist, als ob jedes Elektron durch beide Spalten gleichzeitig gegangen wäre und mit sich selbst **interferiert** hätte.

Dieses Ergebnis wirkt beinahe magisch und stellt unsere Intuition völlig auf den Kopf. Wie kann ein kleines Teilchen gleichzeitig zwei Wege nehmen? Die Quantenphysik antwortet darauf: Solange wir **nicht messen**, durch welchen Spalt das Teilchen geht, können wir ihm keinen festgelegten Weg zuschreiben. Wir können nur angeben, mit welcher Wahrscheinlichkeit es sich an bestimmten Orten befinden würde – es bildet gewissermaßen eine **Wahrscheinlichkeitswelle**. Während des Fluges durch die Spalten befindet sich das Elektron in einem undefinierten Zustand, der beide Möglichkeiten zugleich umfasst. Erst wenn eine Messung vorgenommen wird, entscheiden sich die Dinge: Die Welle „klappt zusammen" und es erscheint ein konkretes Teilchen, das einen der beiden Wege genommen hat. In dem Moment verschwindet auch das Interferenzmuster. **Der bloße Akt des Beobachtens beeinflusst also das Ergebnis** – man nennt das den **Beobachtereffekt**.

Der Doppelspalt verdeutlicht einen zentralen Aspekt der Quantenwelt: Teilchen haben eine doppelte Natur. Physiker sprechen vom **Welle-Teilchen-Dualismus**. Je nach Situation zeigen solche Quantenteilchen mal

Eigenschaften, die wir mit Teilchen verbinden (zum Beispiel einen Punkt auf dem Schirm, wo sie auftreffen), und mal solche, die wir mit Wellen verbinden (ein Interferenzmuster, das ihre Ausbreitung über mehrere Wege verrät). Dieses Verhalten ist absolut unvorstellbar in unserem Alltagsmaßstab. Wir sehen nie, dass etwa ein Fußball gleichzeitig an zwei Orten sein kann oder dass sich Wellenmuster bilden, wenn wir einen Stein werfen. **Warum nicht?** – Weil solche Quanteneffekte bei großen Objekten verschwindend klein sind. Ein Elektron ist extrem leicht und winzig; seine Wellennatur hat eine merkliche Ausdehnung. Ein Fußball dagegen besteht aus vielen, vielen Atomen und ist viel schwerer – seine Quanten-Wellenlänge ist so winzig, dass wir sie nicht wahrnehmen können. Zudem wird ein großes Objekt ständig von seiner Umgebung „beobachtet" oder beeinflusst – zum Beispiel durch Licht, Luftmoleküle oder andere Einflüsse. Diese stören die zarte Quanten-Wellennatur sofort und lassen sie zusammenbrechen. Im Labor gelingt es Forschern, bei immer größeren Teilchen Wellenverhalten nachzuweisen, so wurden beispielsweise schon Interferenzmuster mit großen Molekülen beobachtet, die aus 60 oder gar mehreren hundert Atomen bestanden, aber im Alltag merken wir davon nichts. Daher haben wir auch nie gelernt, uns so etwas vorzustellen. Doch auf der Ebene einzelner Teilchen zeigt die Natur eindeutig: Nichts ist hier so, wie es auf den ersten Blick scheint. Ein winziges Objekt kann gleichsam mehrere Möglichkeiten gleichzeitig realisieren, bis wir hinsehen.

Wir haben hier gesehen, wie paradox die Welt der kleinsten Teilchen sein kann. Wenden wir uns nun einem Phänomen auf viel größerer Skala zu: Auch Zeit und Raum selbst, die in unserem Alltag so unveränderlich scheinen, zeigen in der Physik unerwartete Eigenschaften.

## Die Relativität von Zeit und Raum

Zeit ist für uns etwas Selbstverständliches. Eine Sekunde dauert immer gleich lang, so denken wir – für dich, für mich, für alle. Auch der Raum scheint fest: Ein Meter ist ein Meter, egal wo oder wie wir ihn ausmessen. Diese intuitive Vorstellung von einem absoluten Zeitablauf und unverrückbaren Abständen wurde durch Albert Einsteins **Relativitätstheorie** grundlegend erschüttert. Einstein entdeckte, dass Zeit und Raum keine starren Bühnen sind, auf denen sich das Geschehen einfach abspielt, sondern dass sie selbst formbar und abhängig vom Bewegungszustand des Beobachters sind.

Was bedeutet das konkret? Angenommen, zwei Zwillinge sind beide 20 Jahre alt. Einer der beiden besteigt ein Raumschiff, das mit nahezu Lichtgeschwindigkeit durchs All fliegt, und begibt sich auf eine sehr lange Reise, während der andere auf der

Erde bleibt. Nach vielen Jahren kehrt der Raumfahrer-Zwilling zur Erde zurück. Zu seinem Erstaunen stellt er fest, dass sein Bruder auf der Erde **viel stärker gealtert** ist als er selbst. Angenommen, er war 10 Jahre unterwegs. Bei seiner Rückkehr könnte er zum Beispiel nur um etwa 5 Jahre gealtert sein, während sein Zwilling auf der Erde in dieser Zeit 10 Jahre älter geworden ist. Die Zeit an Bord des schnellen Raumschiffs verging also **langsamer** relativ zur Zeit auf der Erde. Dieses Gedankenexperiment wird oft als „Zwillingsparadoxon" bezeichnet (obwohl es nach den Gesetzen der Physik kein echter Widerspruch ist). Es veranschaulicht, dass Zeit kein fester, für alle gleichermaßen fließender Strom ist. Je nach Bewegung kann die Zeit unterschiedlich schnell vergehen.

Nun klingt eine Reise mit annähernder Lichtgeschwindigkeit sehr exotisch – und das ist sie auch, denn solche Geschwindigkeiten erreichen wir mit heutiger Technik nicht. Doch der Effekt, dass bewegte Uhren langsamer gehen, wurde bereits auf der Erde nachgewiesen. In einem berühmten Experiment nahm man zwei identische, sehr genaue **Atomuhren**. Eine Uhr blieb am Boden, die andere wurde in ein Verkehrsflugzeug gesetzt, das einmal um die Erde flog. Nach der Landung verglich man die beiden Uhren. Tatsächlich ging die Uhr, die geflogen war, ein klein wenig nach – sie zeigte also weniger verstrichene Zeit an als die ruhende Uhr. Der Unterschied war winzig (nur wenige Nanosekunden), aber er war genau so groß, wie die Relativitätstheorie ihn vorhersagt. Diese damals verblüffende Vorhersage der Theorie hat die Realität also bestätigt. Lange hatten viele Forscher Zweifel, doch inzwischen sind die Experimente so eindeutig, dass kein Zweifel mehr besteht: Die Zeit verläuft für ein bewegtes Objekt wirklich langsamer. In unserem Alltag merken wir davon nichts, weil die Geschwindigkeiten, mit denen wir uns bewegen, meist sehr gering sind im Vergleich zur Lichtgeschwindigkeit. Die Effekte werden erst bei enorm hohen Geschwindigkeiten oder in extremen Situationen groß genug, um bemerkbar zu werden.

Ein eindrucksvoller Beleg für die Zeitdehnung kommt aus der Teilchenphysik: In der oberen Atmosphäre entstehen durch kosmische Strahlung kurzlebige Teilchen, sogenannte Myonen. Diese haben eine Lebensdauer von nur etwa 2 Millionstel Sekunden. Würden sie in dieser kurzen Zeit mit nahezu Lichtgeschwindigkeit fliegen, könnten sie kaum 600 Meter zurücklegen – viel zu wenig, um von der Atmosphäre bis zur Erdoberfläche zu gelangen. Dennoch misst man am Boden zahlreiche Myonen. Der Grund: Aus unserer Sicht vergehen für die schnell bewegten Myonen die Uhren langsamer, ihre Lebensdauer ist also gestreckt. So schaffen es viele bis zur Erde, obwohl sie nach ihrer Eigenzeit längst zerfallen wären. Dies ist ein schlagender experimenteller Beweis für die **Zeitdilatation** (Zeitdehnung).

Die Relativität wirkt sich nicht nur auf die Zeit, sondern auch auf den Raum aus. Einstein zeigte, dass Längen ebenfalls variabel sein können. Ein Objekt, das sich sehr schnell bewegt, erscheint einem ruhenden Beobachter in Bewegungsrichtung **verkürzt**. Würde zum Beispiel ein Raumschiff mit halber Lichtgeschwindigkeit an uns vorbeifliegen, würden wir es etwas kürzer sehen, als wenn es in Ruhe wäre. Dieser Effekt heißt **Längenkontraktion**. Wichtig ist dabei: Jeder Beobachter in seinem eigenen Bezugszustand hat das Gefühl, seine eigene Zeit liefe normal und seine eigenen Maßstäbe blieben unverändert. Die Veränderungen zeigen sich immer nur, wenn man verschiedene Blickwinkel vergleicht – zum Beispiel den Reisenden und den Daheimgebliebenen.

Warum treten diese seltsamen Effekte auf? Einsteins Theorie fußt auf der Annahme, dass die Lichtgeschwindigkeit eine oberste Grenze darstellt und für alle Beobachter gleich ist. Damit das möglich ist, müssen sich Zeit und Raum anpassen. Daher laufen für den schnell bewegten Zwilling die Uhren langsamer – nur so bleibt die Lichtgeschwindigkeit unübertroffen. Die genauen Zusammenhänge sind kompliziert, doch das Ergebnis lässt sich einfach formulieren: **Zeit ist relativ.** Es gibt keine universell gleich tickende „Weltenuhr" für alle. Jeder von uns erlebt den Fluss der

Zeit etwas anders, abhängig davon, wie er sich durch den Raum bewegt.

Einstein ging später noch einen Schritt weiter: 1915 veröffentlichte er die Allgemeine Relativitätstheorie. Darin zeigte er, dass auch die **Gravitation** (also die Anziehungskraft von Massen) Einfluss auf Zeit und Raum hat. Starke Gravitationsfelder können die Zeit ebenfalls verlangsamen. Zum Beispiel vergeht die Zeit an der Oberfläche der Erde minimal langsamer als weit draußen im All, fernab großer Massen. In der Praxis bedeutet das: Eine Uhr in einem Satelliten hoch über der Erde geht ein klein wenig schneller als eine identische Uhr auf der Erdoberfläche, weil sie weiter weg von der Erdgravitation ist (zugleich bewegt sich der Satellit allerdings schnell, was seine Uhr wieder etwas langsamer gehen lässt – beide Effekte muss man berücksichtigen). Navigationssysteme wie GPS müssen diese relativistischen Effekte tatsächlich einrechnen. Die Satelliten senden Zeitsignale zur Erde, und würde man nicht korrigieren, dass ihre Uhren anders laufen, würden sich pro Tag beträchtliche Positionsfehler aufsummieren. Zum Glück verstehen wir die Physik dahinter gut genug, um solche Korrekturen vorzunehmen – daher funktioniert das GPS in deinem Smartphone äußerst präzise.

Neben diesen Effekten von Zeit und Raum brachte die spezielle Relativitätstheorie auch eine berühmte Formel hervor: $E = m \cdot c^2$. Sie sagt aus, dass Energie (E) und

Masse (m) eigentlich zwei Seiten derselben Medaille sind, verbunden durch das Quadrat der Lichtgeschwindigkeit (c²). Das bedeutet: Schon eine kleine Masse kann in enorm viel Energie verwandelt werden – und umgekehrt. Dieses Prinzip erklärt zum Beispiel, warum die Sonne so lange strahlt: In ihrem Inneren werden pro Sekunde mehrere Millionen Tonnen Materie in Energie umgewandelt (in Form von Licht und Wärme). Auch in Kernreaktoren und Teilchenbeschleunigern spielt die Gleichung $E = m \cdot c^2$ eine zentrale Rolle. Sie ist zu einem Sinnbild für die moderne Physik geworden.

Die Erkenntnis aus alledem ist verblüffend: Zeit und Raum verhalten sich nicht so starr, wie es unserem Gefühl entspricht. **Zeit ist kein gleichmäßiger Fluss**, auf den sich alle einigen können. Stattdessen besitzt jeder Beobachter seinen eigenen „Zeitfluss", der von seiner Bewegung und seiner Position im Raum beeinflusst wird. Zum Glück sind diese Unterschiede im gewöhnlichen Leben winzig, sodass wir unseren Alltag organisieren können, ohne uns über Zeitdilatation den Kopf zu zerbrechen. Aber die Tatsache bleibt: Nichts ist so, wie es scheint – selbst die Zeit nicht.

Wenn selbst Zeit und Raum nicht absolut sind, stellt sich die Frage: Wie sieht es mit der Materie aus, aus der wir bestehen? Hier erwartet uns der nächste Aha-

Effekt: Die Dinge, die uns fest und solide erscheinen, sind auf mikroskopischer Ebene zum großen Teil leer.

## Atome – fast nur leerer Raum

Wenn wir einen Gegenstand in die Hand nehmen, fühlt er sich fest und solide an. Es ist schwer zu glauben, dass in ihm viel „Nichts" enthalten sein soll. Doch genau das ist der Fall: Die Bausteine aller Dinge, die **Atome**, bestehen zum allergrößten Teil aus leerem Raum. Um das zu verstehen, schauen wir uns an, wie ein Atom aufgebaut ist. Ein Atom besteht aus einem winzigen **Kern** in der Mitte und einer Hülle aus **Elektronen**, die den Kern umgeben. Der Kern ist extrem klein und dicht – er enthält fast die gesamte Masse des Atoms. Die Elektronen sind sehr viel leichter und bewegen sich in relativ großem Abstand um den Kern herum. Zwischen dem Kern und den Elektronen erstreckt sich scheinbar nichts als leerer Raum.

Dieser erstaunliche Befund wurde 1909 im Experiment bestätigt. Der Neuseeländer Ernest **Rutherford** schoss damals winzige positiv geladene Teilchen (sogenannte Alphateilchen) auf eine dünne Goldfolie. Die allermeisten der Alphateilchen flogen geradewegs durch die Goldfolie hindurch, als wäre gar nichts im Weg. Nur sehr wenige wurden deutlich abgelenkt oder sogar zurückgeworfen. Aus diesem Ergebnis folgerte Rutherford, dass fast die gesamte Masse (und die positive Ladung) eines Goldatoms in einem winzigen

Zentrum konzentriert sein muss – dem Atomkern. Der Rest des Atoms ist praktisch leerer Raum. Dieses Schlüssel-Experiment begründete das Kern-Hülle-Modell des Atoms, das bis heute gilt.

Wie **leer** ist dieser Raum genau? Ein Vergleich macht das Ausmaß deutlich: Hätte der Atomkern die Größe eines Apfels, dann hätte das Atom einen Durchmesser von etwa 10 Kilometern! Anders ausgedrückt: Über 99,999% des Volumens eines Atoms sind leerer Raum. Das Atom ist etwa 100.000-mal größer als sein Kern. Selbst extrem harte Materialien wie Diamant bestehen hauptsächlich aus diesem Nichts. Ein bekannter Physiker formulierte es so: „Auch ein Diamant besteht hauptsächlich aus leerem Raum." Diese Vorstellung ist verblüffend: Wir haben es im Alltag mit Gegenständen zu tun, die stabil und massiv wirken, obwohl in ihrem Inneren gähnende Leere herrscht.

Was würde passieren, wenn wir diese Leeräume entfernen und die Bestandteile eines Atoms dicht zusammenschieben könnten? Die Konsequenzen wären dramatisch. Weil fast das gesamte Volumen des Atoms aus leerem Raum besteht, würde ein Gegenstand ungeheuer schrumpfen, wenn man diesen Raum eliminierte. Angenommen, wir könnten alle Atome eines Menschen so weit zusammenpressen, dass zwischen den Kernen und Elektronen kein leerer Raum mehr bleibt – praktisch wäre der Mensch dann nur noch aus dicht gepackter Kernmaterie aufgebaut. Dann

würde dieser „komprimierte" Mensch in ein Stückchen
Materie von mikroskopischer Größe passen. Ein 80-kg-
Mensch hätte dann nur noch einen Durchmesser von
wenigen Mikrometern – das ist kleiner als die Dicke
eines Haares, etwa so groß wie eine Bakterienzelle. Mit
bloßem Auge könnte man diesen geschrumpften
Menschen gar nicht erkennen! Zum Glück passiert so
etwas nicht spontan. Nur in extremen
astrophysikalischen Objekten wie **Neutronensternen**
werden Atome derart zerquetscht, dass die Leeräume
verschwinden. Dort entsteht Materie mit
unvorstellbarer Dichte: Ein Würfel dieser
„kernverdichteten" Materie von der Größe eines
Zuckerwürfels hätte so viel Masse wie ein ganzer Berg.

Nun bleibt die Frage: Warum merken wir im Alltag
nichts von dieser Leere? Warum fühlen sich Objekte
fest an, wenn doch „nichts drin" ist? Der Schlüssel liegt
in den winzigen Teilchen und den Kräften, die in dem
scheinbar leeren Raum wirksam sind. Die Elektronen,
die den Atomkern umgeben, bewegen sich ungeheuer
schnell und bilden eine Art **Elektronenwolke**, die das
Atom umhüllt. Obwohl Elektronen winzig sind, sind sie
durch ihre rasche Bewegung praktisch überall in ihrer
Umlaufbahn anzutreffen. Man kann sich das
vereinfacht wie einen Ventilator vorstellen: Die
Rotorblätter eines Ventilators bestehen ebenfalls zum
Großteil aus Lücken, durch die Luft strömen kann.
Wenn der Ventilator ausgeschaltet ist, kann man

gefahrlos die Hand zwischen die Blätter halten. Doch sobald er sich mit hoher Geschwindigkeit dreht, spürt man einen Widerstand, als wäre eine feste Scheibe vorhanden. Die schnell rotierenden Blätter „besetzen" durch ihre Bewegung quasi jeden Punkt der Kreisfläche, sodass nichts mehr dazwischenpasst. So ähnlich füllen die rasend schnellen Elektronen die scheinbare Leere im Atom aus.

Dazu kommt, dass Elektronen eine **negative elektrische Ladung** tragen. Gleiche Ladungen stoßen einander ab – so wie zwei gleich gepolte Magnete sich abstoßen. In einem festen Gegenstand bilden die Elektronen der Atome eine gemeinsame Wolke, die die Räume zwischen den Atomkernen ausfüllt. Wenn wir versuchen, zwei Gegenstände aneinander zu pressen, stoßen die Elektronenwolken der Atome beider Seiten einander stark ab. Das verhindert, dass Materie einfach Materie durchdringen kann. Würden wir etwa versuchen, durch eine Wand zu gehen, sorgen die Elektronen in unserem Körper und die Elektronen in der Wand dafür, dass wir zurückgeschoben werden – lange bevor die Atomkerne einander nahe kämen. In Wirklichkeit berühren wir andere Objekte nie *wirklich* bis auf atomare Distanz: Es sind immer die elektrischen Abstoßungskräfte der Elektronen, die den „Kontakt" herstellen und uns das Gefühl von Festigkeit vermitteln.

Das Konzept des „leeren Raums" im Atom bedeutet also nicht, dass dort absolut nichts existiert. Vielmehr gibt es dort elektrische Felder und ständige Bewegung – aber es gibt eben keine weiteren festen Bestandteile außer dem winzigen Kern und den umherschwirrenden Elektronen. Alles dazwischen ist im Wesentlichen Vakuum. Wenn man das bedenkt, erscheint ein gewöhnlicher Tisch oder sogar unser eigener Körper in einem neuen Licht: Wir bestehen aus fast nichts – und doch nehmen wir Form und Gestalt an. Das meiste von dem, was wir als solide Materie wahrnehmen, ist in Wahrheit leerer Raum – gehalten und strukturiert von unsichtbaren Kräften und bewegten Teilchen.

Doch damit nicht genug. Die merkwürdigen Eigenschaften der Natur gehen noch weiter: Sogar die Gesetzmäßigkeiten, nach denen die kleinsten Teilchen sich richten, sind anders, als man erwarten würde. Im letzten Abschnitt erkunden wir, warum die Grundlage unserer vertrauten Stabilität in Wahrheit aus Unschärfe und Wahrscheinlichkeiten besteht.

**Unsicherheit und Wahrscheinlichkeit – die unbestimmte Grundlage der Stabilität**

In den vorangegangenen Abschnitten haben wir gesehen, wie seltsam sich die Natur auf kleinster Ebene verhält: Teilchen können mehrere Wege gleichzeitig nehmen, und das Ergebnis eines Experiments kann davon abhängen, ob wir hinschauen oder nicht. Vielleicht fragt man sich: Bedeutet das, dass im Grunde genommen alles dem Zufall überlassen ist? Gibt es überhaupt feste Regeln, wenn im Mikrokosmos scheinbar Unbestimmtheit herrscht? Die Antwort der Physik ist spannend: Es gibt Regeln, aber sie sind *statistischer* Natur. An der Basis ist vieles ungewiss, doch aus dieser Ungewissheit entsteht im Großen eine beeindruckende Zuverlässigkeit.

Tatsächlich ist die Quantenphysik zu einer Wissenschaft der **Wahrscheinlichkeiten** geworden. Man kann für einen einzelnen Vorgang oft nicht genau vorhersagen, was passieren wird – nur die Wahrscheinlichkeit bestimmter Ergebnisse angeben. Ein Elektron, das um einen Atomkern kreist, hat zum Beispiel keinen exakt festgelegten Ort wie ein Planet in seiner Bahn. Stattdessen können wir nur einen Bereich definieren, in dem es sich mit hoher Wahrscheinlichkeit aufhält. Diese „Elektronenwolke" beschreibt, wo das Elektron sein *könnte*. Erst wenn wir eine Messung vornehmen, legen wir den Ort in diesem Moment fest – und selbst dann ist der gemessene Wert dem Zufall unterworfen, wenn auch nach bestimmten Wahrscheinlichkeitsregeln (das Ergebnis wird mit größerer Wahrscheinlichkeit dort gefunden, wo die Wolke dichter war). Es ist, als würde die Natur gewissermaßen würfeln, wenn auch nach streng festgelegten Regeln. **Diese Idee behagte Albert Einstein allerdings gar nicht.** Er prägte den Satz: „Gott würfelt nicht", um auszudrücken, dass er sich nicht vorstellen konnte, dass die Natur auf fundamentaler Ebene vom Zufall bestimmt wird. Doch alle Experimente seitdem zeigen, dass die Quantenwelt sich tatsächlich nach Wahrscheinlichkeiten richtet.

Diese grundsätzliche Unbestimmtheit ist nicht darauf zurückzuführen, dass unsere Messgeräte ungenau wären – sie ist vielmehr ein **fundamentales Prinzip**. Der deutsche Physiker Werner Heisenberg formulierte 1927 die nach ihm benannte **Unschärferelation**. Grob gesagt kann man nicht gleichzeitig den genauen Ort *und* den genauen Impuls (das ist Bewegungsrichtung mal Geschwindigkeit mal Masse) eines Teilchens bestimmen. Je exakter man das eine misst, desto unbestimmter wird das andere. Das ist kein Messfehler, sondern eine Eigenschaft der Natur. Auf der kleinsten Ebene verschwimmen klassische Begriffe wie „Position" und „Bahn". Es gibt eine unvermeidliche Unschärfe. Wir können also niemals von einem Quantenteilchen sagen: „Es befindet sich genau hier und bewegt sich genau mit jener Geschwindigkeit" – so, wie wir es etwa bei einem Fußball tun würden. Stattdessen müssen wir uns mit Wahrscheinlichkeiten begnügen.

Ein Gedankenexperiment kann verdeutlichen, wie seltsam diese Quanten-Ungewissheit erscheinen mag. Der österreichische Physiker Erwin Schrödinger schlug 1935 das berühmte Gleichnis von „Schrödingers Katze" vor.
Dabei dachte er sich Folgendes aus: Eine Katze wird in

eine blickdichte Kiste gesperrt, zusammen mit einem radioaktiven Präparat und einer Giftampulle. Wenn das radioaktive Atom zerfällt, zerspringt die Ampulle und tötet die Katze. Radioaktiver Zerfall ist ein vollkommen zufälliger Vorgang. Nach einer bestimmten Zeit – sagen wir einer Stunde – besteht zum Beispiel eine Chance von 50%, dass das Atom zerfallen ist (und damit die Giftampulle zerstört wurde).

Nach Ablauf dieser Stunde wäre die Katze entweder tot oder lebendig. Doch nach den Regeln der Quantenphysik befände sich das Atom während der ganzen Stunde in einer Überlagerung aus „zerfallen" und „nicht zerfallen", solange niemand nachsieht. Schrödingers provokante Frage lautete: Gilt das dann auch für die Katze? Müsste sie nicht, bevor man die Kiste öffnet, in einem mysteriösen Zwischenzustand zugleich lebendig und tot sein?

Diese Vorstellung erscheint absurd und widerspricht unserem Alltagsverstand. Genau darauf wollte Schrödinger hinweisen: wie abwegig die Quantenlogik wirkt, wenn man sie auf große Objekte anwendet. In Wirklichkeit verhindert die ständige Wechselwirkung mit der Umwelt, dass ein makroskopisches Objekt wie eine Katze sich so verhält. Praktisch „entscheidet" sich ihr Zustand sofort, lange bevor wir nachschauen. Wir werden also niemals eine Katze beobachten, die gewissermaßen halb tot und halb lebendig ist. Das Gedankenexperiment dient lediglich dazu, die

fremdartigen Regeln der Quantenwelt zu
veranschaulichen.

Doch paradoxerweise führt gerade diese Unschärfe im
Großen zu festen Strukturen. Ein Beispiel: **Warum**
fallen die Elektronen in einem Atom nicht einfach in
den Kern und bleiben dort kleben? Schließlich zieht der
positiv geladene Kern die negativen Elektronen stark
an. Klassisch betrachtet müsste ein Elektron tatsächlich
in den Kern stürzen. Aber die Quantenphysik verhindert
das: Wenn das Elektron dem Kern zu nahe käme und in
einem winzig kleinen Bereich eingesperrt wäre, würde
sein Impuls extrem unscharf – es bekäme also
möglicherweise einen großen „Schwung" nach außen.
Mit anderen Worten: Das Elektron kann nicht
gleichzeitig in einem verschwindend kleinen Gebiet
sein und dabei ruhig bleiben. Es hat stets eine minimale
Bewegungsenergie und bildet eine ausgedehnte Wolke
um den Kern herum. Diese quantenmechanische
„Unruhe" sorgt für Stabilität: Sie hält die Elektronen
auf Abstand und damit die Atome stabil. Ohne das
Unschärfeprinzip gäbe es vermutlich keine stabilen
Atome – und folglich keine stabilen Tische, Stühle oder
Planeten.

Auch in größeren Zusammenhängen zeigt sich, dass aus
vielen kleinen Zufällen große Gesetzmäßigkeiten
entstehen. Man kann das mit einem einfachen Gleichnis
veranschaulichen: Wirf eine Münze – bei einem
einzelnen Wurf ist es reiner Zufall, ob „Kopf" oder

„Zahl" oben liegt. Aber wenn man eine Münze tausendmal wirft, ergibt sich ein klares Muster: ungefähr in 50% der Fälle kommt Kopf, in 50% Zahl. Der einzelne Wurf ist unvorhersehbar, doch in der Menge ergibt sich eine zuverlässige Statistik. Ebenso setzt sich der konstante Luftdruck in einem Raum aus unzähligen zufälligen Stößen von Gasmolekülen zusammen. Jedes Molekül bewegt sich chaotisch, aber zusammen erzeugen sie einen berechenbaren durchschnittlichen Druck und eine bestimmte Temperatur. Ganz ähnlich verhält es sich in der Quantenwelt: Ein einzelnes instabiles Atom zerfällt vielleicht in einem unvorhersehbaren Moment, aber bei Milliarden von Atomen kann man äußerst präzise angeben, wie viele in einer bestimmten Zeit zerfallen werden (dieses Prinzip liegt dem Begriff der *Halbwertszeit* zugrunde). Oder denken wir an das Doppelspaltexperiment: Jedes Elektron für sich trifft zufällig irgendwo auf dem Schirm, aber viele Elektronen gemeinsam formen das stabile Interferenzmuster mit seinen genau definierten Streifen. So entstehen aus probabilistischen (zufallsbasierten) Ereignissen verlässliche Resultate im großen Durchschnitt.

Unsere makroskopische Welt erscheint uns deshalb **berechenbar** und zuverlässig, obwohl ihre mikroskopischen Bausteine sich einzeln betrachtet unvorhersehbar verhalten. Die Ungenauigkeit im

Kleinen mittelt sich im Großen heraus. Während also auf Quantenebene nichts mit absoluter Sicherheit feststeht, können wir auf Alltagsebene dennoch Ursache und Wirkung beobachten und getrost die klassischen Newtonschen Gesetze anwenden, als wäre alles genau determiniert. Die beiden Ebenen widersprechen sich nicht, sie greifen vielmehr ineinander. Die Physik hat gelernt, dass Wahrscheinlichkeit kein Zeichen von unvollkommenem Wissen ist, sondern ein fundamentaler Bestandteil der Naturgesetze. Aus diesen Wahrscheinlichkeiten ergeben sich bei großer Zahl von Teilchen feste Durchschnittswerte, auf die wir bauen können.

Es ist schon ironisch: Ausgerechnet die tiefe Ungewissheit im Innersten der Materie sorgt dafür, dass wir in einer Welt leben können, die uns verlässlich und stabil erscheint. Die verrückte Welt der Physik mit all ihren Quanten-Eigenarten und Relativitätseffekten bleibt uns im Alltag meist verborgen. Doch sie ist immer da und bildet das Fundament unserer Wirklichkeit. Wenn wir uns dieses Fundament vor Augen führen, kann ein Gefühl des Staunens aufkommen: Die scheinbar einfache, vertraute Welt entpuppt sich bei näherem Hinsehen als ein komplexes Geflecht von Wahrscheinlichkeiten, Feldern und winzigen Teilchen in ständiger Bewegung. Moderne Experimente und Theorien haben es uns ermöglicht, einen Blick in diese verborgene Ebene zu werfen. Und je mehr wir darüber erfahren, desto klarer wird: **Nichts ist, wie es scheint** – und gerade das macht die Welt so faszinierend.

# Kapitel 3 – Die unsichtbaren Kräfte des Lebens

*Ein ganz normaler Morgen – oder?*

Stell dir vor, du wachst an einem gewöhnlichen Morgen auf. Du streckst dich und stehst auf – sofort wirken unsichtbare Kräfte auf dich: Deine Füße werden vom Boden angezogen und du stehst fest, ohne wegzuschweben. Du öffnest die Zimmertür, und ein leichter Ruck ist zu spüren – etwas *zieht* an der Tür, denn ein Magnet im Türrahmen hält sie normalerweise geschlossen. In der Küche gießt du dir ein Glas Wasser ein. Dabei fließt das Wasser nach unten ins Glas und nicht zur Decke – wieder eine unsichtbare Kraft am Werk. Als du den Kühlschrank öffnest, merkst du ein leichtes Kleben: Die Tür wird von einem Gummistreifen mit Magnet gehalten. Am Kühlschrank hängt mit einem kleinen Magneten eine Notiz – erstaunlich, denn ein winziger Magnet hält das Papier **gegen die Anziehungskraft der gesamten Erde** an Ort und Stelle. Während du frühstückst, reibst du aus Versehen den Luftballon vom Vortag an deinem Pullover. Deine Haare beginnen sich plötzlich von allein aufzustellen und werden vom Ballon angezogen. Auch hier wirken Kräfte, die du weder sehen noch anfassen kannst. Es scheint ein ganz normaler Morgen zu sein, doch tatsächlich wirst du ständig von unsichtbaren Kräften beeinflusst – Kräfte, die die Bewegung und sogar die Form aller Dinge bestimmen.

## Was sind Kräfte? – Unsichtbare Einflüsse, die alles verändern

Im Alltag sprechen wir von *Kraft*, wenn jemand stark ist oder wenn wir uns anstrengen müssen, um etwas schweres zu heben. In der Physik hat der Begriff *Kraft* jedoch eine sehr konkrete Bedeutung: Eine Kraft ist etwas, das auf einen Gegenstand (in der Physik sagt man *Objekt* oder *Körper*) einwirkt und dadurch dessen **Bewegung oder Form verändern** kann. Stell dir vor, du stößt einen Ball an – deine Hand übt eine Kraft auf den Ball aus. Dadurch **ändert** der Ball seine Bewegung: Er rollt oder fliegt in die Richtung, in die du ihn gestoßen hast. Wenn du den Ball fängst, übt deine Hand eine Kraft aus, um ihn abzubremsen. Kräfte können aber nicht nur Bewegungen verändern (also Dinge schneller, langsamer oder in eine andere Richtung bewegen), sondern auch die Form von Objekten beeinflussen. Knete zum Beispiel lässt sich durch deine Hände verformen – du übst eine Kraft aus und die Knete gibt nach. Selbst ein Gummiball verformt sich ein wenig, wenn du ihn fest drückst oder auf den Boden aufprallen lässt. **Überall dort, wo sich etwas bewegt, anhält, beschleunigt oder verformt, ist eine Kraft im Spiel.**

Nachdenklich kannst du dich fragen: Woher kommen diese Kräfte eigentlich? Warum *gibt* es sie überhaupt, und warum verhalten sich Dinge nicht einfach von selbst so, wie sie es tun? Die Antwort der Physik darauf ist, dass es **Grundkräfte** gibt, die überall im Universum wirken. Alles, was wir an Schieben, Ziehen, Fallen, Bremsen oder Verformen erleben, lässt sich letztlich auf wenige grundlegende Kräfte zurückführen. In der modernen Wissenschaft kennen wir **vier grundlegende Kräfte der Natur**. Jede dieser vier Kräfte wirkt auf ihre Weise und bestimmt, wie Materie (also alles, was aus Atomen besteht) sich verhält. Diese vier Kräfte sind wie die unsichtbaren „Regisseure" hinter den Kulissen, die das Geschehen auf der Bühne des Universums leiten. Im Folgenden schauen wir uns diese *vier Grundkräfte der Natur* genauer an und wie sie – meist unbemerkt – unseren Alltag und das gesamte Leben prägen.

## Die vier Grundkräfte der Natur

Wissenschaftler haben herausgefunden, dass alle Vorgänge in der Physik letztlich auf nur vier Arten von Kräften beruhen. Man nennt sie daher die vier **fundamentalen Kräfte** (oder auch *Wechselwirkungen*) der Natur. Dazu gehören:

- **Gravitation (Schwerkraft)**

- **Elektromagnetische Kraft**

- **Starke Kernkraft** (starke Wechselwirkung)

- **Schwache Kernkraft** (schwache Wechselwirkung)

Diese Namen klingen vielleicht kompliziert, aber keine Sorge: wir begegnen zwei davon ständig, und die anderen beiden wirken im Verborgenen, sind aber ebenso entscheidend für unsere Existenz. Schauen wir sie uns der Reihe nach an.

## Gravitation – die Kraft, die nach unten zieht

Die Gravitation ist vermutlich die vertrauteste Kraft, denn wir spüren sie ständig. Sie wird auch **Schwerkraft** genannt. Gravitation ist die **Anziehungskraft zwischen Massen**. Das heißt, alle Dinge, die eine Masse haben (vereinfacht gesagt: Gewicht besitzen), ziehen einander an. Die Erde zum Beispiel hat eine große Masse und zieht daher dich und alles um dich herum an – das merkst du als dein Gewicht. Deswegen fallen Gegenstände zu Boden, wenn man sie loslässt: Die Erde zieht sie an. Gravitation wirkt aber nicht nur bei Dingen auf der Erde. Sie ist eine universelle Kraft: Auch der Mond wird von der Erdanziehung gehalten und umkreist uns deshalb. Gleichzeitig zieht der Mond die Erde an – sein Einfluss auf das Wasser erzeugt zum Beispiel die Gezeiten, also Ebbe und Flut. Die Gravitation der Sonne hält die Erde und die anderen Planeten in ihren

**Umlaufbahnen.** Sogar zwischen der Sonne und fernen Planeten wie Jupiter oder zwischen unserer Galaxie und anderen Galaxien wirkt diese Kraft – allerdings wird sie **schwächer, je weiter zwei Objekte voneinander entfernt sind.** Auch die Masse spielt eine Rolle: Je massereicher zwei Objekte sind, desto stärker ziehen sie sich an.

Interessanterweise ist die Schwerkraft die **schwächste** der vier Grundkräfte, obwohl sie uns so bedeutsam erscheint. Warum merken wir sie dann so deutlich? Weil die Erde, die uns anzieht, unglaublich groß ist. Wenn du auf dem Boden hüpfst oder springst, spürst du, wie die Schwerkraft dich immer wieder nach unten zieht. Doch überlege mal: Schon ein kleiner Sprung deiner Beine reicht aus, um dich für einen Moment von der Anziehungskraft eines ganzen Planeten zu befreien! Deine Muskeln – die letztlich mit anderen Kräften arbeiten, wie wir noch sehen werden – können der gesamten Erdanziehung trotzen und dich hochspringen lassen. Noch beeindruckender: Ein winziger Magnet kann eine Büroklammer hochheben und damit die Erdanziehungskraft auf diese Büroklammer überlisten. Das zeigt, dass die Gravitation zwar über große Entfernungen wirkt und ganze Planeten und Sterne formt, aber im Vergleich zu manch anderer Kraft **sehr schwach** ist.

Dennoch ist die Gravitation für uns lebenswichtig: Ohne Schwerkraft gäbe es keine festen Orte, keine stabilen Verhältnisse auf der Erde. Wir würden frei im Raum schweben, und auch Planeten und Sonnen könnten sich nicht zu stabilen Systemen zusammenfinden. Alles würde auseinanderdriften. Interessant ist, dass die Gravitation immer **anziehend** wirkt – es gibt keine „antigravitative" Masse, die abstößt. Alles mit Masse zieht alles andere mit Masse an. Das unterscheidet sie von manch anderer Kraft, wie wir gleich sehen.

(Anmerkung: Sehr große Objekte wie Sterne und Planeten krümmen nach Albert Einsteins Theorie sogar den Raum selbst, was die Gravitation in einem anderen Licht erscheinen lässt – nämlich nicht als unsichtbares Band, das zieht, sondern als eine Art Verformung der Raumzeit. Für unseren Alltag können wir aber bei der Vorstellung bleiben, dass die Schwerkraft wie eine unsichtbare „Ziehkraft" funktioniert, die Massen aufeinander ausüben.)

**Elektromagnetische Kraft – wenn Plus und Minus sich anziehen (und gleiche Ladungen sich abstoßen)**

Die zweite grundlegende Kraft ist die **elektromagnetische Kraft**. Dieser Begriff setzt sich aus *elektrisch* und *magnetisch* zusammen – tatsächlich hängen Elektrizität und Magnetismus eng zusammen und sind zwei Seiten derselben Medaille. Die elektromagnetische Kraft ist die Kraft, die zwischen **geladenen Teilchen** wirkt. Teilchen, die elektrisch geladen sind, kennen wir aus dem Alltag zum Beispiel als Elektronen (negativ geladen) oder Protonen (positiv geladen) in den Atomen. Auch wenn du schon einmal einen Luftballon gerieben hast und er deine Haare anzog, hast du elektrische Ladung erlebt: Durch das Reiben haben sich Elektronen übertragen, und plötzlich hatten Ballon und Haare entgegengesetzte Ladungen, die sich angezogen haben.

Die Grundregel der elektromagnetischen Kraft lautet: **Gegensätzliche Ladungen ziehen einander an, gleichartige Ladungen stoßen einander ab.** Das heißt, ein positiv geladenes Objekt und ein negativ geladenes Objekt ziehen sich an (wie dein Haar und der geriebene Ballon). Zwei positiv geladene Dinge hingegen würden sich gegenseitig wegstoßen, ebenso zwei negative. Diese Kraft kann also sowohl anziehend als auch abstoßend wirken – im Unterschied zur Gravitation, die immer nur zieht.

Zur elektromagnetischen Kraft gehören auch **Magnete**, denn Magnetismus entsteht durch bewegte elektrische Ladungen (zum Beispiel durch Elektronen, die in einem Strom fließen oder in den Atomen umherwirbeln). Wenn du zwei Magnete nimmst, merkst du ebenfalls dieses Prinzip: Der Nordpol eines Magneten zieht den Südpol eines anderen an (entgegengesetzte „magnetische Ladungen" sozusagen), während Nordpol auf Nordpol sich abstößt.

Die elektromagnetische Kraft wirkt, ähnlich wie die Gravitation, über weite Entfernungen, wird aber auch schwächer, je größer der Abstand zwischen den geladenen Objekten wird. Allerdings ist sie **unglaublich viel stärker** als die Gravitation. Wie stark, lässt sich an dem Beispiel mit dem Magneten und der Büroklammer veranschaulichen: Ein kleiner Kühlschrankmagnet (dessen Kraft elektromagnetischer Natur ist) kann die Schwerkraft der ganzen Erde auf ein kleines Metallstück überwinden. Quantitativ ausgedrückt ist die elektromagnetische Kraft auf atomarer Ebene etwa $10^{36}$ (also eine 1 mit 36 Nullen!) mal stärker als die Gravitationskraft zwischen den gleichen Teilchen. Das ist eine unvorstellbar große Zahl. Das bedeutet: Im Reich der Atome und Moleküle, aus denen dein Körper und alle Gegenstände bestehen, hat die Gravitation praktisch keinen Einfluss – dort dominieren elektrische und magnetische Kräfte.

Wofür ist die elektromagnetische Kraft wichtig? Kurz gesagt: **für fast alles, was wir im Alltag als „fest", „flüssig" oder „gasförmig" erfahren und für alle chemischen Reaktionen.** Sie hält die Atome zusammen, weil die negativ geladenen Elektronen in der Hülle von Atomen von den positiv geladenen Protonen im Atomkern angezogen werden. Sie lässt gleichzeitig Atome zu größeren Strukturen verbinden: z.B. ziehen sich Atome in Molekülen gegenseitig an, weil die Elektronen der einen und die Protonen der anderen in Wechselwirkung treten – so entstehen chemische Bindungen. Alles, was du siehst und berührst, wird letztlich von elektromagnetischen Kräften zusammengehalten: Dein Schreibtisch, dein Körper, die Luft, das Wasser. Wenn du auf einem Stuhl sitzt, „berühren" sich eigentlich die Atome deines Körpers gar nicht wirklich mit denen des Stuhls – vielmehr stoßen die negativen Elektronenwolken der Atome deines Körpers und die der Stuhlatome einander ab, wodurch du nicht hindurchfällst. Dieses Abstoßen auf sehr kleiner Skala erzeugt die fühlbare **Stützkraft**, die dich trägt. Ebenso sorgt die elektromagnetische Kraft für **Reibung**, wenn zwei Oberflächen aufeinander gleiten: Die winzigen Erhebungen berühren sich und die Atome darin hemmen einander durch ihre gegenseitige elektrische Abstoßung. Ohne elektromagnetische Kraft gäbe es also keine **Festigkeit** der Materie – alles würde einfach durch alles hindurch fallen, es gäbe keine stabilen Atome oder Moleküle. Auch **Licht**gehört hierzu: Licht ist eine elektromagnetische Welle. Wenn du also etwas siehst, dann deshalb, weil elektromagnetische Wellen (Photonen) in dein Auge gelangen. Kurz: Die elektromagnetische Kraft ist allgegenwärtig und für praktisch alle **Alltagsphänomene** verantwortlich, die nicht mit der Schwerkraft zu tun haben.

**Starke Kernkraft – der unsichtbare Kleber im Atomkern**

Kommen wir nun zu zwei Kräften, die wir im Alltag nicht direkt spüren, die aber absolut notwendig sind, damit es überhaupt *Materie* gibt, aus der wir und unsere Welt bestehen. Zunächst die **starke Kernkraft** (physikalisch sagt man oft *starke Wechselwirkung*). Wie der Name andeutet, wirkt diese Kraft im Atomkern, also im Innersten der Atome. Ein Atomkern besteht aus Protonen und Neutronen. Protonen haben positive Ladung, Neutronen sind neutral. Was passiert normalerweise, wenn zwei positiv geladene Dinge nahe beieinander sind? Richtig – sie stoßen sich ab (das haben wir bei der elektromagnetischen Kraft gelernt). In jedem Atomkern mit mehr als einem Proton müssten die Protonen sich also heftig auseinanderstoßen, denn sie sind sehr eng beieinander. Warum fliegen Atomkerne dann nicht einfach auseinander? Hier kommt die starke Kernkraft ins Spiel: Sie wirkt wie ein **Klebstoff**, der Protonen und Neutronen aneinanderbindet. Diese Kraft ist **sehr kurzreichweitig** – sie wirkt nur über Distanzen in der Größenordnung eines Atomkerns, also millionstel millionstel Millimeter. Aber auf dieser winzigen Distanz ist sie enorm stark – tatsächlich die **stärkste** der vier Grundkräfte. Sie übertrifft die elektromagnetische Abstoßung der Protonen bei Weitem, hält die Protonen zusammen und bindet auch die Neutronen mit ein. Ohne die starke Kernkraft würde **kein Atomkern** mit mehreren Protonen stabil bleiben – das hieße, außer dem einfachsten Atom (Wasserstoff, das nur ein Proton besitzt) gäbe es keine Elemente. Alle schweren Elemente wie Kohlenstoff, Sauerstoff, Eisen oder Gold könnten nicht existieren, weil ihre Kerne sofort zerfallen würden. In der Tat kann man sagen: Ohne die starke Kraft gäbe es keine feste Materie so, wie wir sie kennen.

Die starke Kernkraft ist also fundamental für den Aufbau der Atome. Sie ist so stark, dass wenn es gelingt, sie zu überwinden, enorme Energien freiwerden. Das passiert zum Beispiel in Kernwaffen oder Kernreaktoren: Dort werden Atomkerne gespalten oder verschmolzen, und ein Teil der in der Kernbindung steckenden Energie wird plötzlich frei – daher die gewaltige Explosionskraft oder Wärmeentwicklung. Zum Glück hält die starke Kernkraft Atomkerne unter normalen Umständen zuverlässig zusammen; sie ist wie ein unsichtbarer Magnet, der die Kernbausteine fest aneinander heftet.

Man kann sich merken: **Stark, aber kurzreichweitig** lautet das Motto dieser Kraft. Außerhalb des Atomkerns spürt man direkt nichts von ihr. Zwei Objekte in einiger Entfernung ziehen sich durch die starke Kernkraft *nicht* an. Es ist wirklich ein Kleber nur im allerkleinsten Maßstab. Aber dort erfüllt er eine unersetzliche Aufgabe.

**Schwache Kernkraft – verborgener Auslöser für Veränderungen**

Die vierte Grundkraft heißt **schwache Kernkraft** (oder *schwache Wechselwirkung*). Ihr Name klingt zunächst wenig beeindruckend – „schwach" – und tatsächlich ist sie die zweitschwächste dieser fundamentalen Kräfte (nur die Gravitation ist bei einzelnen Teilchen noch schwächer). Allerdings ist die Bezeichnung etwas irreführend, denn die schwache Kernkraft spielt eine wichtige Rolle bei bestimmten Vorgängen, die für uns sehr bedeutend sind.

Was tut die schwache Kraft? Am bekanntesten ist, dass sie für bestimmte Arten von **Veränderungen in Atomkernen** verantwortlich ist, insbesondere für **radioaktiven Zerfall**. Einige Atomkerne sind instabil – das bedeutet, sie können sich spontan in andere Kerne umwandeln, wobei Strahlung frei wird. Diese Umwandlung, zum Beispiel wenn ein Neutron sich in ein Proton verwandelt oder umgekehrt, wird durch die schwache Kernkraft ermöglicht. Man kann sagen: Die schwache Wechselwirkung erlaubt es, dass Teilchen ihre **Identität ändern**. Ein praktisches Beispiel ist der **Betazerfall**: Dabei wandelt sich in einem instabilen Atomkern ein Neutron in ein Proton um. Ohne zu tief ins Detail zu gehen – dabei entstehen ein Elektron und ein kleines unsichtbares Teilchen (Neutrino), die den Kern verlassen, und zurück bleibt ein Proton mehr als vorher. Das ursprüngliche Atom hat sich in ein anderes Element verwandelt (weil die Zahl der Protonen im Kern das Element bestimmt). Dieser Prozess geschieht durch die schwache Kernkraft. Wenn du schon von *radioaktiver Strahlung* gehört hast: Beta-Strahlung ist nichts anderes als die Elektronen, die bei so einem Vorgang aus dem Kern geschleudert werden.

Im Alltag merken wir von der schwachen Kraft direkt sehr wenig, denn sie wirkt nur im Innern von Atomkernen und auch dort nur auf sehr kurze Distanz, ähnlich der starken Kraft. Aber ihre Folgen spüren wir durchaus: **Die Wärme im Inneren der Erde** zum Beispiel kommt zum Teil daher, dass in unserem Planeten radioaktive Stoffe zerfallen (Uran, Thorium und andere im Erdinneren). Diese Zerfälle werden durch die schwache Wechselwirkung vermittelt und liefern Hitze, die Vulkane antreibt und den Erdkern warm hält. Noch ein entscheidendes Beispiel: **Die Sonne leuchtet aufgrund der schwachen Kraft.** Das mag überraschend klingen, denn die Sonne ist ja ein riesiger glühender Ball aus Gas, der durch Kernfusion Energie freisetzt – was hat die schwache Kernkraft damit zu tun? In der Sonne verschmelzen vor allem Wasserstoffkerne (Protonen) zu Heliumkernen. Damit aus Wasserstoff (das ein Proton im Kern hat) Helium (das zwei Protonen und zwei Neutronen hat) werden kann, müssen einige Protonen sich in Neutronen **umwandeln** – und genau das geschieht durch die schwache Kraft. Ohne die schwache Wechselwirkung würde die Sonne also nicht auf die gleiche Weise strahlen können, weil die Kettenreaktion der

Kernfusion nicht richtig ablaufen würde. Die Sterne im Universum verdanken einen Teil ihres Energieprozesses dieser unscheinbaren Kraft.

Zusammengefasst: Die schwache Kernkraft ist **kurzreichweitig und vergleichsweise schwach**, aber sie ermöglicht bestimmte wichtige Veränderungen von Teilchen. Sie ist quasi der „Verwandlungskünstler" unter den Kräften. Ohne sie gäbe es z.B. viele chemische Elemente nicht, die erst in Sternen durch aufeinanderfolgende Umwandlungen entstehen. Auch die Tatsache, dass wir durch Methoden wie die Radiokarbon-Datierung das Alter von Fossilien bestimmen können, liegt daran, dass instabile Kohlenstoffatome durch die schwache Wechselwirkung zerfallen – ein praktischer Nutzen eines subatomaren Effekts!

Nachdem wir nun die vier Grundkräfte kennengelernt haben, schauen wir einmal, wie sie sich außerhalb von Lehrbüchern bemerkbar machen. Zwei von ihnen – Gravitation und elektromagnetische Kraft – begegnen uns ständig direkt. Die anderen beiden – starke und schwache Kernkraft – wirken im Verborgenen, aber ohne sie gäbe es weder die Welt, wie wir sie kennen, noch uns Menschen. Im nächsten Abschnitt wenden wir uns den alltäglichen Phänomenen zu, die durch diese unsichtbaren Kräfte zustande kommen.

**Unsichtbare Kräfte im Alltag – ständig am Werk**

Zu Beginn dieses Kapitels haben wir schon ein paar Alltagssituationen betrachtet: Vom morgendlichen Aufstehen bis zum Anheften eines Zettels mit einem Magneten – immer spielen Kräfte die Hauptrolle. Jetzt, da wir die Grundkräfte kennen, können wir diese Situationen besser verstehen.

**Schwerkraft im Alltag:** Jedes Mal, wenn du etwas fallen lässt, zeigt sich die Gravitation. Ein Glas Wasser bleibt nicht in der Luft schweben, sondern fällt zu Boden, wenn es dir aus der Hand gleitet. Regen fällt aus den Wolken zur Erde herunter. Ohne Schwerkraft würde das Wasser einfach in alle Richtungen davontreiben. Unser Alltag wäre komplett auf den Kopf gestellt: Du müsstest dein Trinkglas am Tisch festbinden, damit es nicht wegschwebt, und könntest keinen Ball werfen, da er nicht zurück zur Erde käme. Auch so einfache Dinge wie Gehen wären unmöglich – mit jedem Schritt würdest du von der Erdoberfläche abheben! Zum Glück wirkt die Schwerkraft wie ein unsichtbares Band, das uns mit der Erde verbindet. Sie verleiht uns ein Gefühl von „unten" und „oben". Auch die Luft, die wir atmen, bleibt dank der Gravitation als Lufthülle um die Erde gehalten. Würde die Erde nicht ziehen, würde die Atmosphäre sich ins Weltall verflüchtigen. Wenn du also morgens tief einatmest, kannst du dich indirekt bei der Gravitation bedanken, dass die Luft da ist, wo du sie brauchst.

**Elektrische und magnetische Kraft im Alltag:** Viele alltägliche Phänomene, die nichts mit Fallen oder Gewicht zu tun haben, lassen sich auf die elektromagnetische Kraft zurückführen. Hast du schon einmal nach dem Kämmen bemerkt, dass Haare am Kamm hängenbleiben oder sogar vom Kamm angezogen werden? Das ist statische **Elektrizität** – ein Ausdruck der elektromagnetischen Anziehung zwischen geladenen Haaren und Kamm. Ein anderes Beispiel: die Kleidung aus dem Wäschetrockner, die manchmal aneinanderhaftet, weil sie durch die Reibung elektrisch aufgeladen wurde. Das Knistern von Pullis beim Ausziehen im Winter zeigt, dass kleine Funken (also elektrische Entladungen) überspringen – auch das elektromagnetische Kraft in Aktion.

Magnete sind ein direkt spürbares Beispiel der elektromagnetischen Kraft: Der Zug, den du fühlst, wenn ein Magnet metallische Gegenstände anzieht, *ist* diese Grundkraft. Sogar in moderner Technik begegnet sie dir: Lautsprecher erzeugen Schall, indem ein Magnet eine Membran hin- und herzieht (gesteuert durch elektrische Ströme – Elektrizität und Magnetismus wirken hier zusammen). Elektromotoren, wie im Spielzeugauto oder im Mixer, funktionieren, weil elektrisch erzeugte Magnetfelder einen Rotor drehen – ohne elektromagnetische Kraft keine Elektrogeräte. Dein Smartphone, Computer, Fernseher – alle arbeiten mit Elektrizität, also dem Fluss von

Elektronen, und damit mit elektromagnetischer Wechselwirkung.

**Licht und Wärme** sind ebenfalls Phänomene der elektromagnetischen Kraft: Licht sind elektromagnetische Wellen, die von heißen Gegenständen (wie der Sonne oder einer Glühbirne) ausgesandt werden, wenn geladene Teilchen schwingen. Wärme spüren wir z.B. durch Infrarotstrahlung – ebenfalls elektromagnetische Wellen. Wenn du also die Sonne auf der Haut fühlst, sind es elektromagnetische Wellen, übertragen durch die elektromagnetische Grundkraft, die dich wärmen.

**Kontaktkräfte und Reibung:** Du lehnst dich mit dem Rücken gegen die Wand – du wirst nicht magisch hineingezogen oder abgestoßen, oder? Tatsächlich *gibt* es eine Kraft: Die Wand übt Druck auf dich aus und stützt dich. Diese scheinbar passive „Stützkraft" ist im Grunde, wie schon erwähnt, elektromagnetisch: Die Elektronen in den Atomen deines Rückens und die in der Wand stoßen sich gegenseitig ab, wenn sie zu nah kommen, und erzeugen so den Widerstand. Ähnlich ist es bei **Reibung**: Wenn du versuchst, ein schweres Buch über den Tisch zu schieben, fühlst du, wie es gebremst wird. Die Unebenheiten der Oberflächen verhaken sich minimal, und es wirken elektrischen Kräfte zwischen den Atomen, die die Bewegung hemmen. Ohne die elektromagnetische Kraft gäbe es keinerlei Halt – weder könnte der Schuh am Boden greifen (keine

Reibung, du würdest rutschen wie auf Eis), noch könntest du irgendetwas festhalten. Selbst *zu Fuß gehen* funktioniert nur durch Reibung zwischen Schuh und Boden, die dich vorwärts schiebt statt wegrutschen zu lassen.

Auch **elastische Kräfte** – zum Beispiel in einem gespannten Gummiband oder einer Feder – sind elektromagnetischer Natur. Ziehst du an einem Gummiband, entfernst du seine Moleküle ein Stück voneinander, und die elektromagnetischen Bindungen zwischen ihnen versuchen, die Ursprungsabstände wiederherzustellen. Lässt du los, schnappt es zurück. Federkraft, Zugkraft, Druckkraft – all das sind letztlich viele elektromagnetische Kräfte auf Teilchenebene, die zusammengenommen makroskopische Wirkungen zeigen.

Zusammengefasst: In jedem Moment deines Alltags sorgen **Gravitation** und **Elektromagnetismus** dafür, dass alles am richtigen Platz bleibt und funktioniert. Gravitation gibt uns Halt nach unten und hält die große Struktur (z.B. dass wir auf dem Erdboden bleiben), elektromagnetische Kräfte sorgen für Halt in alle anderen Richtungen (dass Dinge fest sind, dass wir sie greifen können, dass Geräte funktionieren, dass wir sehen und Wärme spüren). Diese Kräfte sind unsichtbar, aber allgegenwärtig. Wir nehmen sie meist nur wahr, wenn sie plötzlich fehlen oder sich bemerkbar machen – etwa wenn etwas Schweres plötzlich scheinbar schwerelos wird (zum Beispiel in einem freien Fall, etwa auf einer Achterbahn-Kuppe fühlt man sich plötzlich leicht, weil für einen Moment fast Schwerelosigkeit herrscht) oder wenn statische Elektrizität uns einen kleinen Schlag gibt.

Nachdem wir die Alltagsphänomene betrachtet haben, wollen wir noch mehr Beispiele finden, wie die Kräfte **zusammenwirken** – in unserem Körper, in der Technik und in der Natur um uns herum.

## Zusammenspiel der Kräfte im Körper, in Technik und in der Natur

Bisher haben wir die Kräfte oft einzeln betrachtet: mal die Schwerkraft, mal magnetische Effekte, etc. In Wirklichkeit wirken aber oft mehrere Kräfte gleichzeitig auf ein Objekt ein, und manchmal *gegen*einander. Außerdem durchdringen die vier Grundkräfte sämtliche Ebenen unserer Welt – vom winzigsten Teilchen bis zu den größten Strukturen. Schauen wir uns an, wie diese Kräfte in verschiedenen Bereichen zusammenwirken und unser Leben beeinflussen.

### Im menschlichen Körper

Dein eigener Körper ist eine wahre Spielwiese für physikalische Kräfte. Auf den ersten Blick merkst du vielleicht nur die Schwerkraft – zum Beispiel wenn du lange stehst, fühlen sich deine Beine schwer an, weil das Blut durch die Gravitation nach unten gezogen wird. Dein Körper hat aber Mechanismen, dem entgegenzuwirken: Muskeln in den Venen und das Herz pumpen Blut wieder nach oben und halten den Kreislauf in Gang. Hier arbeiten also **biologische „Pumpkräfte"** gegen die ständig ziehende Gravitation. Würde die Schwerkraft plötzlich verschwinden, würde das Blut viel leichter nach oben schießen – Astronauten erleben in der Schwerelosigkeit, dass Blut in den Kopf steigt, weil die Erdanziehung fehlt. Umgekehrt spüren wir bei starker Gravitation (etwa in schnellen Karussells oder Pilotentrainings) wie das Blut aus dem Kopf gezogen wird und man ohnmächtig werden kann, wenn das Herz nicht gegenanpumpen kann. So beeinflusst die Gravitation fortwährend die Verteilung von Flüssigkeiten in unserem Körper.

Noch grundlegender sind elektromagnetische Kräfte in uns wirksam: **Warum haben wir überhaupt einen festen Körper?** Weil die Atome, aus denen Zellen, Gewebe und Knochen bestehen, durch chemische Bindungen zusammengehalten werden – und Chemie ist nichts anderes als elektromagnetische Wechselwirkung zwischen Elektronen und Atomkernen. Deine Knochen sind hart und stabil, weil elektromagnetische Kräfte die Mineralien in ihnen in einem festen Gitter zusammenhalten. Deine Haut ist elastisch, weil elektromagnetische Bindungen in den

Fasern der Haut dehnbar sind und sich wieder zusammenziehen. Wenn du einen Muskel anspannst, was passiert da? Im Muskel ziehen winzige **Proteinfasern** aneinander vorbei – wie kleine molekulare Zugmaschinen. Diese Proteine greifen ineinander, lösen sich, greifen wieder – und das alles durch elektrische Anziehung und Abstoßung auf molekularer Ebene. So entsteht eine makroskopische Kraft, die deinen Arm hebt oder deinen Finger bewegt, um gerade dieses Buch umzublättern. Muskeln setzen chemische Energie (wieder elektromagnetisch: in Molekülen gespeichert) in mechanische Bewegung um, indem sie die elektromagnetischen Kräfte zwischen Molekülen nutzen.

Auch unsere **Nervensignale** basieren auf elektromagnetischer Kraft: Ein Nervenimpuls ist ein elektrisches Signal – geladene Teilchen (Ionen) wandern durch die Nervenzellmembran, was eine elektrische Spannungsänderung entlang des Nervs bewirkt. Das ist letztlich ein elektromagnetischer Prozess. Ohne elektromagnetische Kraft keine Nervensignale, somit keine Empfindungen, kein Denken, keine Bewegung.

Die **schwache Kernkraft** wirkt in unserem Körper zwar nicht auf direkt spürbare Weise, aber dennoch passieren in jedem Moment vereinzelt schwache Zerfälle: Zum Beispiel enthält unser Körper einen geringen Anteil des radioaktiven Kohlenstoff-Isotops

C-14. Dieses zerfällt (mit einer Halbwertszeit von tausenden Jahren) durch die schwache Wechselwirkung. Auch Kalium-40 in unserem Körper ist leicht radioaktiv. Diese natürlichen Prozesse sind harmlos und unmerklich, aber zeigen: Sogar in uns finden die exotischen Kernkräfte statt. Die **starke Kernkraft** sorgt ebenfalls in jedem Atomkern unserer Körperzellen dafür, dass die Atomkerne stabil bleiben. Man kann also sagen: In deinem Innersten – bis hinunter zu den Atomkernen – halten die starken Kernkräfte dich wörtlich *zusammen*.

## In der Technik

In technischen Erfindungen und Geräten nutzt der Mensch gezielt die Kräfte der Natur, oft ein Zusammenspiel mehrerer. Ein einfaches Beispiel: **Das Auto**. Wenn es fährt, treibt der Motor die Räder an. Was steckt dahinter? Im Motor werden Treibstoff und Luft gezündet – eine chemische Reaktion (Elektromagnetische Kraft), die Gase ausdehnt und mit Druck (Kraft) auf Kolben wirkt. Diese mechanische Kraft dreht über mehrere Schritte das Rad. Nun greift **Reibung** zwischen Reifen und Straße (wieder elektromagnetisch) und schiebt das Auto nach vorne, während gleichzeitig die Schwerkraft es auf der Straße hält. Wenn du bremsen willst, wirken wieder Kräfte: Die Bremsbeläge pressen (elektromagnetische Abstoßung in den Materialien) auf die Scheiben, die Reibung erzeugt Wärme (elektrische

Wechselwirkungen wandeln Bewegung in Wärme um) und das Auto verlangsamt gegen seine Bewegungsenergie, wobei die Reibungskraft größer wird als die Vortriebskraft. Hier wirken also Gravitation (für Haftung), elektromagnetische Kräfte (Motorchemie, Reibung, Materialfestigkeit) zusammen.

Betrachten wir **Flugzeuge**: Ein Flugzeug hebt ab, weil die Flügelprofile Auftrieb erzeugen – das ist im Grunde ein Zusammenspiel der **Schwerkraft** (die das Gewicht nach unten zieht) und der **Luftkräfte** (die Luft strömt über den Flügel und erzeugt einen Druckunterschied – wiederum letztlich durch elektromagnetische Stöße der Luftmoleküle gegen den Flügel). Die Triebwerke wiederum schieben das Flugzeug an, indem sie Luft nach hinten ausstoßen (Druck und Verbrennung, beides Kräfte auf Basis elektromagnetischer Wechselwirkungen). Alles balanciert sich so aus, dass das Flugzeug durch die Luft getragen wird: Auftriebskraft gegen Gewichtskraft, Schubkraft gegen Luftwiderstand – ein elegantes Kräftekonzert.

Unsere **elektronischen Geräte** basieren komplett auf elektromagnetischen Kräften. In einem Computerchip bewegen sich Elektronen durch winzige Leiterbahnen, Transistoren schalten Ströme an und aus – alles elektrische Felder und Ströme. Magnetische Kräfte kommen z.b. in Lautsprechern, in Elektromotoren oder in Speichermedien (früher Festplatten, die magnetisierbare Schichten hatten) zum Einsatz. Die

**Technik der Kernenergie** wiederum beruht auf der starken Kernkraft: In Kernkraftwerken spaltet man Atomkerne (meist Uran). Wenn die starken Bindungskräfte in den Kernen nachlassen, werden Teilchen freigesetzt und enorme Mengen **Energie** frei (diese Energie äußert sich wiederum in Form von Bewegung und Wärme – also Kräften auf Teilchen). Auch **Kernmedizin** nutzt diese Phänomene: In der Positronen-Emissions-Tomographie (PET) werden schwache Zerfälle genutzt, die Teilchen abgeben, um Vorgänge im Körper sichtbar zu machen. Hier wird die schwache Wechselwirkung also in einem technischen Verfahren genutzt.

Ein moderneres Beispiel des Zusammenspiels ist das **Magnetbahn-System** (z.B. Transrapid): Hier wird ein Zug durch elektromagnetische Kräfte *angehoben* (Schwerkraft wird überwunden durch magnetische Abstoßung) und gleichzeitig durch magnetische Felder entlang der Strecke gezogen/beschleunigt. Der Zug schwebt praktisch, ohne mechanische Berührung, weil die elektromagnetische Kraft so gesteuert wird, dass sie die Gravitation genau ausgleicht und den Zug trägt.

### In der Natur und im Universum

In der unbelebten Natur sehen wir an jeder Ecke Wirkungen der Grundkräfte. **Flüsse fließen bergab** – angetrieben von der Gravitation ziehen sie Wasser zum Meer. Dabei nutzt der Mensch diese Kraft in Form von

Wasserkraftwerken: herabstürzendes Wasser treibt Turbinen an (mechanische Kraft via Gravitation), die wiederum Generatoren drehen (Magnete und Spulen, also elektromagnetische Induktion), wodurch Strom entsteht. Hier arbeiten also Gravitation und Elektromagnetismus zusammen, um Energie umzuwandeln.

**Blitze** am Himmel sind spektakuläre Entladungen der elektromagnetischen Kraft. Gewitterwolken trennen Ladungen (durch Reibung der Eiskristalle in ihnen laden sich Teile positiv, andere negativ auf) – es bildet sich ein enormes elektrisches Feld zwischen Wolke und Erde oder zwischen Wolken. Schließlich ist die Spannung so groß, dass die Luft durchschlagen wird: Ein Blitz fährt – eine plötzliche Bewegung von Elektronen, also ein Strom. Die Luft wird erhitzt (wiederum elektromagnetische Wechselwirkung, Teilchen stoßen zusammen), es knallt als Donner. Hier zeigt sich die elektromagnetische Kraft in ihrer beeindruckenden, natürlichen Form.

**Vulkanausbrüche** sind ein indirektes Resultat der schwachen Kernkraft: Radioaktive Zerfälle im Erdinneren erzeugen Wärme, wie erwähnt, und diese Wärme lässt Gestein schmelzen. Der entstehende Druck (normale mechanische Kraft) presst Magma nach oben – letztlich wirkt natürlich auch die Gravitation mit, indem dichtere Materialien absinken und leichtere aufsteigen. Schließlich bricht ein Vulkan

aus und schleudert Gestein in die Höhe, wobei
wiederum die Gravitation alles zurück auf die Erde
regnen lässt. So spielen hier schwache Kernprozesse,
Thermodynamik (Hitze und Druck durch
elektromagnetische Kräfte zwischen Teilchen) und
Gravitation zusammen und formen die Geologie der
Erde.

**Das Erdmagnetfeld** ist ein natürliches
Magnetphänomen (Teil der elektromagnetischen Kraft),
das durch flüssiges Metall im äußeren Erdkern entsteht.
Dieses Magnetfeld schützt uns vor geladenen Teilchen
aus dem Weltall (dem Sonnenwind). Wenn diese
Teilchen mit hoher Geschwindigkeit zur Erde rasen,
werden sie vom Magnetfeld abgelenkt, weil geladene
Teilchen spiralförmig um magnetische Feldlinien
fliegen. So bewahrt uns das Zusammenspiel aus
elektromagnetischer Kraft (Erdmagnetfeld) und
Teilchenbewegungen vor gefährlicher Strahlung.
Nebenbei entstehen dabei wundervolle **Polarlichter**,
wenn einige Teilchen in die Atmosphäre gelangen und
dort Luftmoleküle zum Leuchten anregen (wieder
elektromagnetische Emission von Licht). Ohne dieses
Magnetfeld – ein rein elektromagnetisches Kraftfeld –
wäre die Erdoberfläche viel stärker der kosmischen
Strahlung ausgesetzt, was das Leben erschweren würde.

Auf noch größerer Skala hält die **Gravitation in der
Natur** alles in Form: Sie formt die Erde selbst (die
Kugelgestalt der Erde, der Mondkreislauf, etc.), sie

formt das **Sonnensystem** (Planeten um die Sonne) und unsere **Galaxie**(Milliarden von Sternen werden durch Gravitation zusammengehalten). Gleichzeitig ist in den Sternen die **starke Kernkraft** am Werk: Sie ermöglicht in den Kernfusionsprozessen die Bildung neuer Elemente. Wenn sehr große Sterne explodieren (Supernovae), kommen sowohl die starke als auch die schwache Kraft zum Tragen, um im explosiven Gemisch Elemente zu erzeugen, die dann ins All geblasen werden. Die Atome, aus denen unser Planet und wir bestehen, wurden einst in solchen Sternen geschaffen – durch ein komplexes Zusammenspiel der Kräfte während der Explosion und der nachfolgenden **Gravitation**, die diese Materie später wieder zu neuen Sternen und Planeten zusammengezogen hat. Man kann sagen: **Die Grundkräfte zusammen haben die Landschaft des Universums geschaffen.**

Manchmal beobachten wir auch ein direktes Zusammenwirken unterschiedlicher Grundkräfte an einem Objekt: Ein **Komet** zum Beispiel wird auf seiner Bahn von der Gravitation der Sonne angezogen und umgelenkt, während die Sonne ihn erwärmt und Material abträgt – das Wegströmen dieses Materials (Staub und Gas) wird vom **Sonnenwind**(einem Strom geladener Teilchen, also elektromagnetisch beeinflusst) als Schweif weggepustet. So sieht man einen Kometenschweif immer von der Sonne wegweisen: das ist die elektromagnetische Kraft (in Form der Teilchen und magnetischen Felder des Sonnenwinds), die gegen die Gravitation (die den Kometen hält) eine sichtbare Erscheinung erzeugt.

Ob im Kleinen (zwei Atome, die ein Molekül bilden) oder im Großen (eine Galaxie, in der Sterne kreisen) – überall greifen die unsichtbaren Hände der vier Kräfte ineinander.

## Das empfindliche Gleichgewicht – warum unser Universum genau richtig eingestellt ist

Nun wissen wir, welche Kräfte im Universum wirken und dass sie alle wichtig sind. Eine faszinierende Tatsache ist, **wie perfekt abgestimmt** diese Grundkräfte sind. Man kann sich das Universum wie ein gigantisches Uhrwerk vorstellen, in dem jede Kraft mit genau der richtigen Stärke wirkt, damit am Ende komplexes Leben möglich ist. Würde man an den „Reglern" dieser Kräfte auch nur ein klein wenig drehen, käme das Uhrwerk ins Stolpern – ja, es könnte sogar komplett auseinanderfallen. Aber was heißt das konkret?

Stellen wir uns vor, die **Gravitationskraft** wäre nur ein kleines bisschen stärker als sie ist. Was würde passieren? Sterne würden stärker zusammengepresst. Sie würden ihren Brennstoff schneller verbrauchen und möglicherweise frühzeitig kollabieren (zusammenstürzen). Planeten müssten näher an ihren

Sonnen kreisen, um nicht in sie hineinzustürzen, oder würden überhaupt schneller von der Schwerkraft eingefangen. Das ganze Universum wäre „kleiner" und dynamischer – Sterne könnten so rasch entstehen und vergehen, dass es für langfristige Entwicklungen wie Leben keine ruhigen Epochen gäbe. Wäre die Gravitation dagegen etwas schwächer, hätten sich viele Strukturen gar nicht erst gebildet: Gaswolken im jungen Universum hätten sich nicht genügend zusammengezogen, um Sterne zu zünden – es gäbe viel weniger Sterne, vielleicht gar keine Galaxien, und somit auch keine Planeten und keinen sicheren Hafen für Leben. Die Schwerkraft muss genau so sein, dass Sterne moderat lange stabil brennen können (unsere Sonne z.b. etwa 10 Milliarden Jahre) und Planeten in angenehmer Entfernung um sie kreisen können.

Betrachten wir die **elektromagnetische Kraft**. Wäre sie stärker, würden Elektronen viel fester an Atomkerne gebunden sein. Chemische Reaktionen – die ja erfordern, dass Atome Elektronen austauschen oder teilen – könnten viel schwerer stattfinden. Vielleicht könnten sich Moleküle dann kaum bilden, oder nur sehr träge reagieren. Leben, das auf komplexer Chemie beruht, wäre dadurch eventuell unmöglich oder sehr anders. Wäre die elektromagnetische Kraft deutlich schwächer, dann würden Atome ihre Elektronen nicht gut festhalten: schon geringste Störungen könnten Moleküle auseinanderreißen. Zudem würden die

Elektronen weit vom Kern weg sein, Atome wären viel größer, vielleicht so groß, dass keine stabilen Molekülstrukturen entstehen, weil alles „wabbelig" und leicht trennbar wäre. Die Stabilität der Materie, so wie wir sie kennen, hängt davon ab, dass die elektromagnetische Anziehung zwischen Elektron und Proton genau im richtigen Bereich liegt, um stabile Atome und zugleich vielfältige chemische Bindungen zu ermöglichen.

Eine besonders heikle Abstimmung gibt es bei den **Kernkräften**: Die starke Kernkraft muss genau stark genug sein, um die Protonen im Kern zusammenzuhalten, aber nicht zu stark, sonst würde sie seltsame Folgen haben. Man nimmt an, dass wenn die starke Kraft nur ein kleines bisschen stärker wäre, mehr Protonen und Neutronen sich allzu bereitwillig aneinanderlagern könnten. Sterne könnten dann z.B. fast *allen* Wasserstoff sofort in Helium und schwerere Elemente umwandeln, was ihre Lebensdauer drastisch verkürzt. Oder es könnten sich in den allerersten Momenten nach dem Urknall viel zu viele leichte Elemente in schwere umwandeln – möglicherweise gäbe es dann kaum Wasserstoff mehr, sondern fast nur schwere Elemente. Ohne Wasserstoff aber kein Wasser, keine einfachen Sterne wie unsere Sonne (die hauptsächlich aus Wasserstoff besteht), kein langanhaltender Brennstoff für Sterne. Wäre die starke Kraft etwas schwächer, dann, wie bereits erwähnt, könnten viele Atomkerne gar nicht existieren – vielleicht würde nur Wasserstoff stabil bleiben. Das Universum bestünde dann fast nur aus Wasserstoff und Helium (das entsteht auch durch die schwache Wechselwirkung in Sternen, aber viele Elemente würden nicht entstehen). Schwere Elemente wie Kohlenstoff, Sauerstoff, Stickstoff – die Bausteine des Lebens – wären selten oder gar nicht vorhanden. Damit würde auch Leben, wie wir es kennen, nicht existieren.

Die **schwache Kernkraft** muss ebenfalls in einem passenden Bereich liegen. Wenn sie viel stärker wäre, würden radioaktive Zerfälle häufiger und energiereicher ablaufen. Sterne könnten anders abbrennen oder vielleicht instabil werden, weil die Prozesse, in denen Protonen und Neutronen sich umwandeln, schneller oder chaotischer ablaufen. Wäre sie deutlich schwächer, könnten Sterne Schwierigkeiten haben, überhaupt zu leuchten, weil der Mechanismus, der Wasserstoff in Helium umwandelt, gehemmt wäre. Auch die Bildung bestimmter Elemente in Supernova-Explosionen hängt von schwachen Umwandlungen ab – wäre die schwache Kraft zu schwach, könnten manche Elemente nach einer Supernova nicht in der heutigen Form entstehen. Außerdem sind einige Arten von Strahlung (wie die Sonne Neutrinos emittiert) abhängig von der schwachen Kraft; wenn diese fehlte, wären Sterne vielleicht „zu stabil" im Inneren und könnten ihre Energie nicht effizient transportieren.

Diese Überlegungen zeigen: **Schon kleine Änderungen in der Stärke oder Funktionsweise der Grundkräfte könnten katastrophale Folgen haben.** Das Universum hat genau die richtigen „Rezepte", damit komplexe Strukturen und letztlich Leben entstehen konnten. Wissenschaftler nennen das manchmal das „feinabgestimmte Universum". Man kann darüber staunen, ohne gleich etwas Mystisches anzunehmen – schließlich, so argumentieren manche, würden wir gar nicht hier sein und diese Frage stellen, wenn es anders wäre. Tatsache ist, dass wir in einem Universum leben, in dem **alle vier Kräfte im Einklang** wirken und ein stabiles Ganzes ermöglichen: Planeten kreisen ruhig um Sterne, Sterne brennen lange genug, Atome verbinden sich zu Molekülen, und diese bilden die vielfältige Materie und Chemie, die nötig ist, damit beispielsweise ein Gehirn entstehen kann, das über sich selbst nachdenkt.

**Kräfte, Energie und Leben – Evolution und Energieflüsse**

Leben ist Bewegung und Veränderung – und beides wird durch Kräfte angetrieben. Ohne Kräfte gäbe es keine Fortbewegung, keinen Stoffwechsel, kein Wachstum. Schauen wir darauf, wie die Grundkräfte in biologischen Prozessen eine Rolle spielen und wie sie den Fluss der **Energie** ermöglichen, der für die Evolution und das Gedeihen des Lebens so wichtig ist.

Beginnen wir mit dem **Ursprung des Lebens** auf der Erde. Die Erde empfängt Energie von der Sonne in Form von Sonnenlicht (elektromagnetische Strahlung).

Diese Energie ist nur nutzbar, weil es in der Materie Wechselwirkungen gibt: Pflanzen zum Beispiel nutzen die elektromagnetische Kraft, um Lichtenergie in chemische Energie umzuwandeln (Photosynthese). Dabei treffen Photonen (Lichtteilchen) in den Chloroplasten einer Pflanzenzelle auf Moleküle, werden von Elektronen absorbiert (eine Wechselwirkung elektromagnetischer Art) und lösen dadurch chemische Reaktionen aus, die Zucker aufbauen. Hier fließt also Energie dank der elektromagnetischen Grundkraft vom Sonnenlicht in lebende Organismen. Ohne die elektromagnetische Kraft gäbe es keinen Weg, Licht zu „fühlen" und zu nutzen – weder in Technik (Solarzellen) noch in der Biologie (Photosynthese, Sehen mit den Augen ist übrigens ein ähnlicher Prozess: Licht trifft Rezeptorzellen, verändert Moleküle durch elektromagnetische Wechselwirkung, was einen Nervenimpuls auslöst).

Im **Stoffwechsel** aller Lebewesen werden chemische Reaktionen genutzt, um Energie bereitzustellen. Wenn du z.B. isst, wird die Nahrung in deinem Körper langsam abgebaut; dabei werden Bindungen zwischen Atomen gelöst oder umgruppiert (elektromagnetische Kräfte werden überwunden oder neu geknüpft). Jedes

Mal, wenn eine Bindung sich löst und neue entsteht, wird Energie frei oder benötigt – dein Körper steuert diese Prozesse so, dass letztlich Energie in Form eines besonderen Moleküls (ATP) zur Verfügung steht. Diese Energie treibt dann wiederum „molekulare Maschinen" an – Proteine, die etwas ziehen, pumpen oder bewegen (wie das Motorprotein in Muskeln, das wir erwähnt haben, oder Transportproteine, die Stoffe durch Membranen schleusen). Und was ist *Kraft* anderes als konzentrierte Energie, die Bewegung erzeugen kann?

Evolutionär haben Lebewesen gelernt, die vorhandenen Kräfte zu nutzen: Pflanzen festigen ihre Zellen mit Zellwänden (Stabilität durch elektromagnetische Bindungen), Tiere entwickelten Knochen und Schalen (um der Gravitation zu trotzen und sich schützend zu stützen).

Auch im Bereich der Fortbewegung hat das Leben sich der physikalischen Kräfte bedient: Fische und Wale nutzen **Wasserwiderstand und Auftrieb** (beides wieder durch Kräfte von Wassermolekülen – elektromagnetisch – bedingt) um zu schwimmen. Vögel nutzen **Auftriebskräfte der Luft** und haben sich so entwickelt, dass sie mit minimalem Kraftaufwand (Flügelschlag gegen Luft, Gravitation zieht sie gleichzeitig nach unten) in der Luft schweben können. Pflanzen nutzen die Kraft der **Osmose** (Teilchendruck) und **Kapillarkräfte**, um Wasser von den Wurzeln bis in die Blätter zu transportieren – dabei ziehen

Wasserteilchen einander elektromagnetisch in engen Röhrchen nach oben und überwinden die Schwerkraft bis zu einem gewissen Grad, so kann ein Baum sehr hoch wachsen und trotzdem werden die Blätter oben versorgt. Unser Herz-Kreislauf ist im Prinzip auch ein ausgeklügeltes hydraulisches System: Das Herz (eine muskuläre Pumpe) erzeugt Druck, der das Blut durch Adern treibt (fluidische Kräfte, Reibung mit den Gefäßwänden, etc.), und die Schwerkraft macht den Rückfluss aus dem Kopf langsamer, daher unterstützen Venenklappen und Muskelpumpen diesen Rückfluss.

Auf der Ebene der **Evolution** kann man sogar sagen: Die Umweltkräfte haben Lebewesen geprägt. Tiere an Land mussten der Schwerkraft entgegenwirken – daher kräftige Knochen und Muskeln. In Wasser, wo Auftrieb Kräfte teilweise kompensiert, konnten andere Körperformen entstehen (Fische mit weniger massiven Knochen, da Wasser sie trägt). Vögel passten sich an, mit Flügeln die Luftkraft zu nutzen. Die elektromagnetischen Sinne entwickelten sich: zum Beispiel können manche Haie elektrische Felder von Beutetieren spüren (ein Sinn für elektromagnetische Kraftänderungen), und Zugvögel orientieren sich am Erdmagnetfeld (sie besitzen eine Art „Magnetkompass" in ihrem Organismus, vermutlich magnetische Partikel oder quanteneffekte in Proteinen, die das Magnetfeld spürbar machen). Auch wir Menschen nutzen seit Urzeiten Kräfte: vom Gebrauch der Muskelkraft mit

Hebeln und Werkzeugen bis zur Beherrschung des Feuers (eine chemische Reaktion, also elektromagnetische Wechselwirkung). So gesehen ist die **ganze Evolution** ein ständiges Ausloten und Nutzen der physikalischen Kräfte auf immer neue Weise.

Ein weiteres Beispiel: **Energieflüsse im Ökosystem.** Die Sonne liefert Licht (EM-Kraft), Pflanzen wandeln es in chemische Bindungsenergie um, Pflanzenfresser nutzen diese, Räuber fressen Pflanzenfresser – bei jeder Stufe werden Kräfte frei (Bewegung, Wärme) und am Ende zersetzen Mikroorganismen die Reste, wobei wieder chemische und thermische Kräfte wirken. Die Energie fließt also von der elektromagnetischen Strahlung über chemische Bindungen und mechanische Bewegungen letztlich als Wärme zurück in die Umgebung. Kräfte vermitteln diesen Fluss: Vom photonenausgelösten Elektronentransport in der Pflanze bis zum Muskelzug des Räubers, der seiner Beute nachrennt.

**Ohne Kräfte keine Energieübertragung, und ohne Energie kein Leben.** Das Leben hat im Verlauf der Evolution Mechanismen hervorgebracht, die die Naturkräfte optimal ausnutzen: stabile Strukturen gegen Gravitation, effiziente Chemie dank elektromagnetischer Bindungen, sogar kontrollierte Nutzung der Kernkraft (manche Pilze etwa nutzen die Energie der natürlichen Strahlung minimal, oder in der

Zukunft denkt man über Bakterien nach, die radioaktive Abfälle abbauen könnten – eher theoretisch, aber zeigt: selbst die exotischen Kräfte könnten biologisch relevant sein).

Insgesamt kann man staunen, wie elegant die Kräfte der unbelebten Welt die Grundlage dafür bilden, dass belebte Systeme entstehen. Kräfte sorgen für **Ordnung und Bewegung**, zwei Dinge, die Leben definieren (Organismus haben eine innere Ordnung und können sich bewegen/ändern). Die Evolution hat nur im Rahmen der Möglichkeiten gearbeitet, die die physikalischen Kräfte zuließen. Hätten die Kräfte andere Werte, wie zuvor diskutiert, hätten sich wahrscheinlich ganz andere Formen entwickelt – oder gar keine.

### Felder – die unsichtbaren „Spielfelder" der Kräfte

Wir haben nun viel von Kräften gesprochen, die „wirken" und „anziehen" oder „abstoßen". Vielleicht fragst du dich: **Wie** übt die Erde eigentlich ihre Schwerkraft auf dich aus, obwohl du sie gar nicht berührst? Oder wie kann ein Magnet durch Luft hindurch eine Büroklammer anziehen? Wie schafft die Sonne es, die Erde in ihrem Orbit zu halten, obwohl der Weltraum dazwischen leer ist? Die Antwort der Physik lautet: durch **Felder**. Aber keine Sorge – das ist kein mysteriöses Konzept, sondern ein logisches Modell, um die Fernwirkung von Kräften zu erklären.

Ein *Feld* kannst du dir als eine unsichtbare „Verteilung" einer Größe im Raum vorstellen. Im Fall der Gravitation sprechen wir vom **Gravitationsfeld**: Die Erde erzeugt um sich herum einen „Raum", in dem an jedem Punkt eine Kraft auf eine Masse wirken würde, wenn dort eine Masse hinkommt. Du stehst auf der Erde, also befindest du dich in ihrem Gravitationsfeld – und spürst die Kraft nach unten. Wärst du weiter oben (z.B. auf einem hohen Berg), wärst du immer noch im Gravitationsfeld, aber etwas weiter vom Erdmittelpunkt entfernt, sodass die Kraft ein klein wenig schwächer wäre (weil das Feld mit der Entfernung schwächer wird). Das Gravitationsfeld der Erde erstreckt sich praktisch unendlich weit, wird aber immer schwächer. Der Mond ist auch noch im Gravitationsfeld der Erde, deshalb umkreist er uns. Gleichzeitig ist der Mond im Gravitationsfeld der Sonne, wie wir alle – aber die Erde ist näher und massereicher relativ zum Mond, daher bleibt der Mond an uns gebunden.

Felder sind also die Art und Weise, wie wir uns **die Ausbreitung einer Kraft im Raum** vorstellen. Eine Ladung (z.B. ein Elektron) erzeugt ein **elektrisches Feld** um sich herum. Wenn eine andere Ladung in die Nähe kommt, spürt diese das Feld in Form einer Kraft – sie wird angezogen oder abgestoßen. Ein Magnet erzeugt ein **magnetisches Feld** im Raum. Streust du Eisenspäne um einen Magneten, machen die Späne das unsichtbare Magnetfeld sichtbar: Sie richten sich entlang der sogenannten Feldlinien aus. Diese hübschen Muster zeigen, dass der Raum um den Magneten geformt ist, als gäbe es unsichtbare „Linien", an denen entlang eine Kraft wirkt. Wenn nun eine Büroklammer in dieses Feld kommt, wird sie entlang dieser Feldlinien gezogen – hin zum Magneten.

Wichtig ist: Felder sind **nicht** etwas Mystisches oder gar „übersinnlich". Sie sind ein wissenschaftliches Konzept, um zu beschreiben, dass eine Kraft auch **auf Distanz** wirken kann. Früher war das ein großes Rätsel: Wie kann die Sonne die Erde beeinflussen über 150 Millionen Kilometer Leere? Oder wie konnte Newtons Schwerkrafttheorie erklären, dass zwei Massen sich anziehen ohne ein Seil dazwischen? Das Feld-Begriff löst dieses Rätsel, indem man sagt: Die Sonne verändert den Raum um sich (erzeugt ein Gravitationsfeld), und dieses Feld wirkt hier bei uns noch, wenn auch schwächer, sodass die Erde eine Kraft Richtung Sonne spürt.

Man kann sich Felder wie „**Kraftlandschaften**" vorstellen: Jede Masse formt die Landschaft des Gravitationsfeldes – je näher man der Masse kommt, desto tiefer geht es in so eine Art „Tal" hinein, aus dem man schwer wieder herauskommt (das spüren wir als Schwerkraft). Jede Ladung formt die Landschaft des elektrischen Feldes – positive Ladung könnte man als Hügel sehen, negative als Senken, und andere Ladungen rollen dann von Hügeln herunter oder fallen in Senken hinein (bildlich gesprochen, um das Anziehen/Abstoßen zu verdeutlichen). Diese Bilder sind vereinfacht, aber helfen, sich vorzustellen, dass **überall um uns Felder existieren**, erzeugt von allen Objekten mit Masse oder Ladung.

Auch die starke und schwache Kraft kann man mittels Feldern beschreiben, allerdings sind diese nur in den winzigen Räumen innerhalb von Atomen relevant. Physiker sprechen dort von Quantenfeldern – jedes Teilchen ist gewissermaßen eine Anregung eines Feldes. So kann man sogar sagen: **Alles ist Feld** – was wir Teilchen oder Materie nennen, sind lokal konzentrierte Feldphänomene. Das geht dann allerdings sehr tief in die moderne Physik hinein.

Für unseren Alltag reichen die klassischen Vorstellungen: Das **Gravitationsfeld** der Erde hält uns fest. Das **elektrische Feld** einer geladenen Türklinke kann uns einen Schlag versetzen, wenn wir als anders geladener Körper sie anfassen. Das **magnetische Feld** der Erde richtet unsere Kompassnadel nach Norden aus, und Vögel spüren dieses Feld, um ihren Weg zu finden. Wir leben also eingebettet in verschiedenste Felder.

Man hört manchmal in esoterischen Zusammenhängen Begriffe wie „Energiefeld" oder „Aura". In der Wissenschaft gibt es solche **Begriffe auch, aber anders definiert**: Ein physikalisches Feld kann Energie *tragen*. Beispielsweise steckt Energie im elektromagnetischen Feld einer eingeschalteten Mikrowelle – genug, um dein Essen zu erwärmen. Oder im Gravitationsfeld der Erde steckt Energie: Wenn du einen Gegenstand anhebst, steckst du Energie in das Feld (man sagt, der Gegenstand hat Lageenergie), lässt du ihn fallen, gibt das Feld diese Energie zurück in Form der Bewegung des Gegenstands. Felder und Energie sind also tatsächlich eng verknüpft. Allerdings handelt es sich bei wissenschaftlichen „Energiefeldern" immer um ganz konkrete, messbare Felder (Gravitationsfeld, elektrisches Feld, magnetisches Feld, usw.), nicht um eine mystische Aura. Man kann mit Instrumenten elektrische und magnetische Felder nachweisen; man kann Gravitationsfelder durch ihre Wirkung messen (z.B. mit Pendeln, Fallversuchen oder modernen Geräten).

In diesem Sinne kannst du dir merken: **Kräfte wirken über Felder.** Die vier Grundkräfte entsprechen vier Arten von Feldern: dem Gravitationsfeld, dem elektromagnetischen Feld, dem Feld der starken Wechselwirkung und dem Feld der schwachen Wechselwirkung. Die letzten beiden sind zwar nicht greifbar in unserem täglichen Erleben, aber in Teilchenbeschleunigern und Experimenten sehr wohl nachweisbar. Beispielsweise beobachten Physiker die schwache Wechselwirkung indirekt durch die Teilchen, die sie verursacht (etwa Neutrinos aus der Sonne, die auf der Erde gemessen werden können – Neutrinos sind Boten der schwachen Prozesse in der Sonne).

Eine weitere schöne Veranschaulichung: **Wellen** in Feldern. Wir wissen schon, Licht ist eine elektromagnetische Welle – eine Schwingung des elektromagnetischen Feldes. Ebenso kann man sich **Gravitationswellen** vorstellen: wenn sehr schwere Massen (wie schwarze Löcher) sich bewegen, erzeugen sie winzige Schwingungen im Gefüge des Gravitationsfeldes – 2015 wurden solche Gravitationswellen erstmals direkt gemessen. Das sind Kräuselungen der Raumzeit, also des Gravitationsfelds, die sich ausbreiten. Es zeigt, dass diese Felder wirklich „Dinge" sind, die existieren und sich ändern können – sie sind nicht nur gedankliche Konstrukte.

Im Alltag wirst du Felder vor allem daran bemerken, dass Kräfte auch ohne direkten Kontakt wirken. Immer wenn dir das auffällt – der Magnet zieht das Metall an, die Haare stehen zum Luftballon, die Erde zieht am Mond – dann denk daran: Da ist ein Feld am Werk, das diese unsichtbare Verbindung herstellt.

**Was uns im Innersten zusammenhält und bewegt**

Wir haben in diesem Kapitel die **unsichtbaren Kräfte des Lebens** kennengelernt. Von der Schwerkraft, die uns Bodenhaftung gibt, über die elektromagnetische Kraft, die praktisch alle greifbaren Dinge in Form hält und technisch nutzbar ist, bis zu den geheimnisvollen Kernkräften, die Atome stabilisieren und Sterne leuchten lassen. Diese vier Grundkräfte sind die Antwort der Physik auf die Frage, warum überhaupt etwas passiert und warum die Welt nicht starr und leblos ist. Sie *halten* uns im Innersten zusammen – buchstäblich, denn ohne sie würden unsere Atomkerne zerfallen und unsere Körper sich in Nichts auflösen. Und sie *bewegen* uns – jede unserer Bewegungen, jedes Wachsen einer Pflanze, jeder Windhauch, jedes Herzklopfen, jeder Planet, der am Himmel wandert, all das geschieht durch Kräfte.

Obwohl wir sie nicht sehen können, können wir ihre Wirkungen überall wahrnehmen. Es sind treue, unsichtbare Begleiter unseres Alltags und des gesamten kosmischen Dramas. Kleine Änderungen in ihrem fein abgestimmten Zusammenspiel hätten gewaltige Auswirkungen – es zeigt uns, wie kostbar und fragil die Balance unseres Universums ist. Indem wir diese Kräfte verstehen, bekommen wir ein tieferes Verständnis davon, **was die Welt im Innersten zusammenhält**. Es sind keine Magier oder geheimnisvolle Zauberei, sondern nachvollziehbare natürliche Kräfte und Felder, die uns jedoch in ehrfürchtiges Staunen versetzen dürfen. Denn aus dem Zusammenspiel von nur vier Kräften entstand die unendliche Vielfalt von Formen, Bewegungen und letztlich auch das Leben und Bewusstsein.

Vielleicht blickst du jetzt mit neuen Augen auf einen scheinbar einfachen Vorgang – wie einen fallenden Apfel, einen Magneten am Kühlschrank oder dein eigenes Klopfen des Herzens – und erkennst die unsichtbaren Helfer am Werk. Diese unsichtbaren Kräfte des Lebens sorgen dafür, dass unser Universum **stabil und lebendig** bleibt. Sie sind die stetigen, leisen Architekten jeder Sekunde, jedes Atemzugs und jedes Sternenflimmerns. Indem wir sie würdigen und verstehen, kommen wir dem großen Ganzen ein Stück näher – jenem großen Ganzen, in dem wir versuchen, unseren Platz zu finden.

# Kapitel 4 – Ordnung und Chaos – Wie Muster, Struktur und Komplexität entstehen

Die meisten natürlichen Prozesse wirken zunächst chaotisch. Viele Teilchen oder Lebewesen bewegen sich scheinbar zufällig, und einzelne Ereignisse sind oft unvorhersehbar. Trotzdem entstehen in der Welt auf allen Skalen bemerkenswerte Muster und Strukturen. Wie ist das möglich?

In diesem Kapitel geht es darum, wie aus einfachen Abläufen komplexe Ordnungen erwachsen. Wir schauen uns Prinzipien der Selbstorganisation an und betrachten, wie aus wenigen Regeln komplexe

Strukturen entstehen, zum Beispiel bei Schneeflocken, Vogelschwärmen oder im Pflanzenwachstum. Wir sehen, dass auch aus scheinbarem Chaos unerwartet geordnete Muster hervorgehen können. Dabei ist Thermodynamik wichtig: Wie entsteht Ordnung, obwohl das Gesetz der Entropie Unordnung vorhersagt? Wir erklären, warum offene Systeme mit stetigem Energiefluss lokale Ordnung aufbauen können. Auch die Evolution spielt eine Rolle, da sie als komplexes System zwischen Stabilität und Wandel balanciert. Am Ende verstehen wir, wie Komplexität aus einfachsten Prozessen entsteht und warum Struktur kein Zufall ist.

# Warum die Welt nicht im Chaos versinkt

Obwohl viele Prozesse auf den ersten Blick chaotisch und zufällig wirken, verhindern Naturgesetze und Wechselwirkungen, dass die Welt völlig unstrukturiert ist. Einzelne Teilchen oder Ereignisse mögen unvorhersagbar erscheinen, doch auf größeren Skalen mitteln sich Zufälligkeiten oft aus. Wenn sich sehr viele Elemente beteiligen, entsteht oft ein stabiles Gleichgewicht. Beispielsweise bewegen sich Moleküle in einem Behälter wild durcheinander, doch insgesamt üben sie einen gleichmäßigen Druck auf die Behälterwand aus. Auch wenn ein Gas scheinbar wirr ist, kann man seine Temperatur oder den Druck genau berechnen. Ähnliche Effekte kennt man von der Statistik: Würfelt man sehr oft mit einem fairen Würfel, verteilen sich die Zahlen auf lange Sicht annähernd gleichmäßig. Je mehr Würfelwürfe oder Zufallsprozesse zusammenkommen, desto stabiler folgen die Ergebnisse diesen Gesetzmäßigkeiten.

In der Thermodynamik strebt ein abgeschlossenes System immer dem Zustand maximaler Entropie entgegen – das heißt, der Gesamtzustand wird immer unwahrscheinlicher und „chaotischer". Ein anschauliches Beispiel: Fällt ein Glas zu Boden, wird es in viele Scherben zerbrechen, aber diese Scherben formen sich nicht von selbst wieder zu einem Glas. Ohne Energiezufuhr nimmt die Unordnung zu und die ursprüngliche Ordnung geht verloren. Solche alltäglichen Erfahrungen lassen das Gesetz der Entropie verständlich erscheinen. Trotzdem beobachten wir in der Natur überall Ordnung.

Beispielsweise reguliert ein Thermostat in einem Heizsystem die Raumtemperatur: Er schaltet die Heizung ein, wenn es zu kalt wird, und wieder aus, wenn es warm genug ist. Dank dieser Rückkopplung kann die Temperatur langfristig konstant gehalten werden, selbst wenn äußere Einflüsse wie offene Fenster schwanken. Dieses Prinzip kennen wir aus vielen technischen Geräten und in der Natur: In vielen Ökosystemen stellen sich Rückkopplungseffekte ein.

Wenn sich zum Beispiel eine Tierart stark vermehrt, erschöpft sie ihre Nahrungsquellen schneller. In der Folge nimmt die Population ab, bis das Gleichgewicht wiederhergestellt ist. Dieser negative Rückkopplungseffekt verhindert extremes Wachstum und sorgt dafür, dass nicht alles ins Chaos abgleitet.

Ähnlich wirkt das Gesetz der großen Zahl: In der Biologie mittelt sich viel aus. Wenn eine Pflanze ihre Samen in den Wind streut, landen viele Körner zufällig. Die meisten fallen auf unpassende Plätze, einige jedoch treffen geeigneten Boden. Ist die Anzahl groß genug, verteilen sie sich am Ende vergleichbar regelmäßig, sodass an geeigneten Stellen zuverlässig Nachkommen wachsen. Das Prinzip lautet: Viele kleine Zufallsprozesse erzeugen im Mittel vorhersagbare Muster.

Selbst auf kosmischen Skalen existieren ordnende Einflüsse. Planeten umkreisen die Sonne auf festen Bahnen, weil die Gravitation und die Bewegung jedes Himmelskörpers streng nach Newtons Gesetzen ablaufen. Trotz vieler kleiner Störungen bleibt die Gesamtbewegung geordnet: Jahr für Jahr verläuft eine Erdumrundung auf einer Ellipsenbahn. Auch Sonnen- und Mondzyklen kehren regelmäßig wieder. Diese Rhythmen im Weltall sind keine Zufallsprodukte, sondern Ergebnis fundamentaler physikalischer Gesetze. Sogar wirbelnde Stürme oder Meeresströmungen folgen Großwetterlagen oder

Strömungsgesetzen, die übergeordnete Muster erzeugen.

In der Chemie finden sich stabile Ausgleichszustände. Gibt man verschiedene Stoffe zusammen, laufen Reaktionen, bis ein dynamisches Gleichgewicht erreicht ist. Die Konzentrationen der Produkte bleiben dann konstant, obwohl ständig Moleküle reagieren. Hat man zum Beispiel ein Glas Essig und Natron, schäumt es kurz, bis sich eine Mischung einstellt; anschließend bleibt sie über längere Zeit gleich. Diese Vorhersagbarkeit zeigt, dass chemische Prozesse trotz vieler zufälliger Reaktionen feste Muster folgen.

Die Vielzahl dieser Beispiele verdeutlicht: Obwohl lokale Zufallsprozesse existieren, verhindern gesamtgesellschaftliche und physikalische Mechanismen, dass alles chaotisch wird. Wechselwirkungen und Gesetzmäßigkeiten sorgen dafür, dass sich geordnete Verhältnisse einstellen. Wir erleben deshalb nicht nur reines Chaos, sondern die geordnete Seite des Zufalls.

# Selbstorganisation und emergente Ordnung

Selbstorganisation bezeichnet Prozesse, bei denen viele Einzelteile eines Systems ohne zentrale Steuerung gemeinsam eine geordnete Struktur bilden. Jeder einzelne „Akteur" folgt einfachen lokalen Regeln, und aus dem Zusammenspiel entsteht spontan ein Muster, das man „emergent" nennt: Die Gesamtheit zeigt Eigenschaften, die man allein aus den Teilsystemen nicht vorausahnen kann. Ein bekanntes Beispiel ist ein Vogelschwarm. Jeder Vogel fliegt nach simplen Regeln: Er hält Abstand zu seinen nächsten Nachbarn, orientiert sich an deren Flugrichtung und bleibt der Gruppe sozusagen verbunden. Es gibt keinen Leiter, der den Schwarm steuert – trotzdem bewegt sich der gesamte Schwarm wie ein großes, fließendes Gebilde. Ein Vogel nimmt nur wahr, was unmittelbar um ihn herum geschieht, aber durch die kollektiven Reaktionen entsteht zusammen eine komplexe Flugformation. Dabei kann sich der Schwarm blitzschnell neu ordnen, z. B. bei Fressfeindern, obwohl kein Vogel im Inneren etwas „plant".

Auch insektenartige Systeme verhalten sich selbstorganisiert: Termiten oder Ameisen bauen komplexe Nester, indem jedes Tier sehr einfachen Instinkten folgt. Im Fall eines Termitenhügels trägt jeder Arbeiter Erde ab, wenn er sie findet, und legt Tunnel an. Er reagiert dabei nur auf chemische Spuren und die Beschaffenheit des Bodens. Trotzdem entstehen so ausgeklügelte Belüftungs- und Kühlsysteme im Inneren des Hügels. Niemand hat diesen Bau im Voraus geplant – die Ordnung resultiert allein aus der Zusammenarbeit zahlloser Insekten, die jeweils simple

Regeln befolgen. Ähnliches passiert bei Bienen: Ohne Bauplan aus der Königin entsteht im Bienenstock ein perfekt sechseckiges Wabenmuster. Jede Arbeiterbiene fügt Wachs hinzu, wo der Nachbar Platz gelassen hat, und so entsteht gemeinsam ein stabiler Wabenbau aus vielen Einzelzellen. Auch hier zeigt sich Emergenz: Die perfekte Ordnung der Waben ist nicht das Werk eines einzelnen, sondern das Ergebnis vieler lokaler Aktionen.

Ein weiteres Phänomen der Selbstorganisation ist Synchronisation. Man findet sie in der Natur und in der Technik: Tausende Glühwürmchen in manchen tropischen Gebieten beginnen zum Beispiel gleichzeitig zu blinken, obwohl jedes Insekt nur die Lichtsignale seiner unmittelbaren Nachbarn registriert. Nach einer Weile gleichen sie alle ihre Leuchtimpulse aneinander an, bis schließlich alle im Einklang blinken. Ein ähnliches Prinzip sorgt im menschlichen Herzen für einen regelmäßigen Herzschlag: Millionen von Herzmuskelzellen senden elektrische Signale an ihre Nachbarn. Jede Zelle feuert nur, wenn bestimmte Bedingungen erfüllt sind, und so entzündet sich die nächste Zelle. Am Ende schlägt das Herz in einem geordneten Rhythmus, obwohl keine zentrale Zelle den Takt vorgibt.

Selbst einfache physikalische Systeme können sich synchronisieren. In einem bekannten Experiment wurden mehrere Pendel an einer losen Leiste aufgehängt. Anfangs pendeln sie unabhängig nebeneinander. Doch durch minimale Kopplungen über die geteilte Leiste fangen sie an, im Einklang zu schwingen. Jeder Pendel beeinflusst seine Nachbarn nur ganz leicht, aber nach einigen Schwingungen bewegen sie sich gemeinsam im Takt. Auch dies ist Selbstorganisation: Die Regel ist simpel (jede Schwingung beeinflusst die Leiste und damit die anderen Pendel), und das Ergebnis ist eine geordnete Gesamtschwingung.

Man findet Muster auch in spontanen Reaktionen chemischer Systeme. Ein Beispiel ist die Belousov-Zhabotinsky-Reaktion: In einem Gefäß mit bestimmten Chemikalien entstehen dabei schimmernde Farbwellen und Spiralen. Die Farbveränderungen breiten sich dabei wie Wellen über die Flüssigkeit aus, obwohl keine äußere Steuerung eingreift. Diese wellenförmigen Muster entstehen allein durch die Wechselwirkung der Chemikalien (eine Reaktion-Diffusion), und zwar ohne äußeres Eingreifen. Solche Experimente zeigen, dass auch rein chemische Prozesse sich selbst organisieren und dabei visuell geordnete Strukturen ausbilden können.

Selbst in alltäglichen Situationen kann man Selbstorganisation beobachten. In Parkanlagen entstehen zum Beispiel oft unbefestigte Trampelpfade: Wenn viele Menschen denselben Weg nehmen, treten Abnutzungsspuren auf und es bildet sich ein erkennbarer Pfad durchs Gras. Keiner der Spaziergänger plante diesen Weg, sondern jeder ging einfach den direktesten Weg zu seinem Ziel. Trotzdem entstand aus diesen vielen Einzelschritten automatisch ein klarer, geordneter Fußweg. Dieses Phänomen zeigt, wie durch einfaches individuelles Verhalten und lokale Entscheidungen eine scheinbar geplante Struktur in der Landschaft entstehen kann.

Auch in der Mathematik und Informatik finden sich solche Prinzipien. Ein bekanntes Beispiel ist das sogenannte „**Game of Life**" von John Conway. Man stellt sich ein einfaches Raster vor, auf dem Zellen nach sehr simplen Regeln leben oder sterben (zum Beispiel: Eine Zelle überlebt, wenn sie genau zwei oder drei Nachbarn hat; andernfalls stirbt oder neu entsteht eine Zelle). Überraschenderweise entwickeln sich daraus nach wenigen Schritten sehr komplexe Muster. Aus einem zufälligen Ausgangsmuster können sich geometrische Formen, pulsierende Strukturen oder wandernde Linien ergeben. Dieses Computerexperiment zeigt: Selbst wenn die Regeln extrem einfach sind, kann wiederholtes Anwenden dieser Regeln sehr komplexe, emergente Ordnungen hervorbringen.

Diese Beispiele verdeutlichen: In vielen Systemen entstehen Ordnungsmuster ohne einen Plan, sondern lediglich durch das Zusammenwirken einzelner Teile. Vögel, Insekten, chemische Teilchen, Menschen – alle folgen einfachen Regeln oder Reizen in ihrer Umgebung, und zusammen führt ihr Verhalten zu überraschend geordneten Strukturen. Man sagt: Das Ganze ist mehr als die Summe seiner Teile.

## Komplexe Strukturen aus einfachen Regeln

Aus sehr einfachen Bausteinen können komplizierte Muster entstehen. Ein typisches Beispiel ist die **Schneeflocke**: Wenn Wasser gefriert, ordnen sich die Wassermoleküle nach festen Regeln an. Wegen der Molekülstruktur bilden sich immer sechseckige Kristalle. Dieses physikalische Gesetz bewirkt, dass jede Schneeflocke eine sechseckige Grundform hat. Dennoch ist keine Schneeflocke genau wie die andere, denn winzige Unterschiede im Kristallisationsprozess erzeugen jedes Mal ein einzigartiges, verzweigtes Muster. Die Flocke wird filigran und kompliziert, obwohl sie nur nach den einfachen Gesetzmäßigkeiten der Wassermolekülanordnung gewachsen ist.

Auch beim Wachstum von **Pflanzen** reichen oft wiederholte, einfache Anweisungen, um komplexe Formen hervorzubringen. Viele Bäume und Sträucher wachsen durch wiederholte Verzweigungen: Zuerst wächst der Hauptstamm, dann gabelt er sich in Äste, diese weiter in Zweige und Zweige wiederum in feinere Verästelungen. Jede Gabelung folgt der gleichen Regel, nur an anderen Stellen. Dadurch bildet sich ein komplexes Baum- oder Pflanzengeflecht, obwohl der Ablauf jedes Mal nach demselben Prinzip erfolgt. Bei Farnen oder Tannen setzt sich dieses Muster fort – etwa in den spiraligen Anordnungen von Blättern oder Tannenzapfen. Auch der Romanesco-Blumenkohl zeigt ein eindrucksvolles fraktales Muster: Sein Blütenstand verzweigt sich immer wieder gleichförmig. Jeder Teil des Blumenkopfes ähnelt einer verkleinerten Kopie des Ganzen. Diese Selbstähnlichkeit entsteht, weil die Pflanze ihre Verzweigungen stets nach denselben Wachstumsregeln bildet. So sieht man, dass die Mathematik der Natur Muster schafft – auch mit den einfachsten Regeln.

Ähnlich verfahren einige **Tiere und Pilze**: Manche Pilzkulturen oder Bakterien bilden auf Petrischalen spiralige oder konzentrische Ringe. Wenn die Mikroorganismen wachsen und dabei Chemikalien abgeben, können sich aus anfänglich ungeordneten Zuständen geordnete Koloniemuster ausbilden. Die einzelnen Zellen folgen jeweils nur lokalen Signalen (z. B. einer Nahrungsquelle oder einer chemischen Substanz), aber zusammen entsteht ein räumliches Muster.

Ein **Gewitterblitz** ist ein bemerkenswertes Beispiel aus der unbelebten Physik. Der Blitz entlädt sich entlang des Wegs mit dem geringsten Luftwiderstand. Dabei folgt er der Elektrizität, die sich baumartig verzweigt.

Die Blitzkurve sieht verwinkelt und komplex aus, erinnert an die Äste eines Baumes oder ein Fraktal. Jede Gabelung des Blitzes entsteht, weil an einer Stelle die Luftionisation beginnt. Es gibt keine vorgegebene Form des Blitzes – die Struktur ergibt sich spontan aus den elektrischen Feldverhältnissen. Trotzdem hat jeder Blitz die gleiche physikalische Grundlage: Er nutzt die freie Energie in der Wolke. So sorgt eine sehr einfache Regel (entladene Elektrizität sucht den Weg des geringsten Widerstands) dafür, dass ein kompliziertes, verzweigtes Muster entsteht.

Auch alltägliche Vorgänge können komplexe Muster erzeugen. Wenn man etwa eine Flüssigkeit in einer Schale langsam umrührt, entstehen Ringe oder Spiralen auf der Oberfläche. In Schäumen ordnen sich Blasen häufig zu gleich großen Polygonen an. In Seifenschaum teilen sich benachbarte Blasen Ränder, sodass sie zusammen ein sechseckiges Muster bilden. Jeder Einzelne strebt nur nach minimaler Oberfläche, doch das Ergebnis ist eine beeindruckend regelmäßige, honigwabenähnliche Anordnung.

Diese Beispiele zeigen: Komplexe Strukturen ergeben sich aus wenigen Grundregeln. Ob sich Wassermoleküle in einer Schneeflocke verbinden, Zellen in einer Pflanze teilen oder Elektrizität einen Blitz bildet – überall wirken einfache Gesetze. Durch die Wiederholung und das Zusammenspiel dieser Regeln kann aus scheinbarem Chaos etwas sehr

Geordnetes erwachsen. Struktur ist demnach kein Zufall, sondern Folge grundlegender Regeln, die sich oft in der Natur wiederholen.

# Thermodynamik, Entropie und der scheinbare Widerspruch

Ein fundamentales Prinzip der Physik besagt, dass die Gesamtentropie eines abgeschlossenen Systems niemals abnimmt. Entropie kann man sich als Maß für die Unordnung oder Zufälligkeit eines Systems vorstellen. In einem abgeschlossenen Raum wird durch zufällige Prozesse immer mehr Unordnung produziert. Das anschauliche Beispiel hierzu ist: Ein Turm aus Bausteinen bleibt nur in seiner Ordnung bestehen, wenn man ständig daran arbeitet. Lässt man ihn unbeaufsichtigt fallen, zerbröckeln die Steine, und sie bleiben unstrukturiert liegen. Um den Turm wieder aufzubauen, müsste man Energie aufwenden (die Steine zurechtrücken). So etwas Ähnliches gilt im Universum: Zustände mit sehr vielen möglichen Anordnungen sind wahrscheinlicher als speziell geordnete Zustände. Ein Glas mit Wasser und Eis erreicht irgendwann ein Mischgleichgewicht, in dem Moleküle zufällig im Glas verteilt sind – nur durch Energiezufuhr (z. B. Kälte von außen) könnte es in den speziellen geordneten Zustand eines reinen Eises zurückkehren.

Ein weiteres Beispiel ist ein schmutziges Zimmer: Wenn niemand aufräumt, häuft sich Staub und Müll an. Das Chaos nimmt zu, ohne dass Ordnung automatisch wiederkehrt. Nur durch Einsatz von Energie (hier: menschliche Arbeit) lässt sich das Zimmer aufräumen. Überträgt man dieses Bild auf physikalische Systeme, wird klar: Ordnung entsteht nicht einfach von allein, sondern erfordert Energie. In physikalischen Begriffen heißt das: Ein geschlossenes System, dem keine Energie zu- oder abgeführt wird, entwickelt immer mehr Unordnung.

Gerade dieser Sachverhalt scheint einem Widerspruch vorzulegen: Überall um uns herum sehen wir geordnete Strukturen, obwohl doch das Gesetz der Entropie fortlaufend unordentliche Zustände bevorzugt. Um diesen scheinbaren Widerspruch aufzulösen, ist es wichtig zu erkennen, dass die meisten natürlichen Systeme *nicht*abgeschlossen sind. Sie tauschen Energie mit ihrer Umgebung aus.

## Offene Systeme und Energieflüsse

Offene Systeme können Energie oder Materie mit ihrer Umgebung austauschen. Ein solches System kann lokal Entropie senken, während es insgesamt weiter Unordnung erzeugt. Der Schlüssel liegt im ständigen Energiefluss: Wenn Energie hinein- oder herausfließt, kann ein Teil des Systems geordneter werden.

Die **Erde** ist ein typisches offenes System: Sie empfängt unablässig Energie von der Sonne. Pflanzen nutzen dieses Sonnenlicht, um durch die Photosynthese geordnete Kohlenstoffverbindungen (Zucker) aufzubauen. Sie nehmen also mit dem Sonnenlicht Energie auf und schaffen daraus Ordnung (lebendige Biomasse). Dabei entsteht zwar lokal in der Pflanze Ordnung, aber die Sonne strahlt selbst Wärme in den Weltraum ab, wodurch die Gesamtentropie zunimmt. Ein ähnliches Prinzip zeigt sich bei Lebewesen: Menschen und Tiere nehmen Nahrung (Energie) zu sich, um sich zu organisieren (unsere Zellen behalten Struktur), und geben gleichzeitig Abwärme an die Umgebung ab. Dadurch erhöht sich zwar die Unordnung außerhalb, aber innen wird Ordnung aufgebaut.

Auch in der unbelebten Natur entstehen bemerkenswerte geordnete Strukturen durch Energiefluss. Erwärmt man etwa eine Flüssigkeit von unten (zum Beispiel einen Topf mit Wasser auf dem Herd), kann man Konvektionszellen beobachten. Die warme Flüssigkeit steigt auf, kältere sinkt ab, und über der Herdplatte bilden sich kleine Wirbel und Wellen. Diese Muster entstehen einzig dadurch, dass Wärme (Energie) von unten zugeführt wird. Solange das Feuer brennt, bleiben diese Wirbel bestehen; geht die Energiequelle aus, zerfallen sie wieder. Ein weiteres Beispiel ist ein Hurricane: Dieser gewaltige

Wirbelsturm ordnet sich selbst, so lange er über warmem Ozean kreist. Er nutzt die Wärme des Wassers als Energiequelle. Die aufsteigende warme Luft erzeugt Kondensation und Winddrift, was wiederum den Sturm in Form hält. Über dem Land, wo keine Wärme mehr zugeführt wird, fällt der Sturm in sich zusammen.

Auch viele technische Geräte basieren auf diesem Prinzip. Ein Kühlschrank schafft Ordnung (niedrige Temperatur innen) durch einen ständigen Energieverbrauch (Strom). Er pumpt Wärme aus dem Inneren heraus und gibt sie an die Raumluft ab. Im Innenraum sinkt dadurch die Entropie (es wird kälter), während im Außenraum durch die abgegebene Wärme die Entropie steigt. Insgesamt nimmt die Unordnung weiterhin zu, doch lokal im Kühlschrank entsteht Ordnung. Solange man dem Kühlschrank Energie zuführt, hält er seinen Inhalt organisiert.

Diese Beispiele verdeutlichen den Grundsatz: Offene Systeme können lokale Ordnung aufbauen, indem sie Energie aufnehmen und abgeben. Dabei erzeugen sie stets globale Unordnung in der Umgebung. Durch offene Energieflüsse ist also kein echtes Paradoxon mehr da: Ordnung entsteht nur, wenn Energie investiert wird, und auf größerer Ebene wächst weiter die Gesamtentropie.

# Beispiele aus Natur, Biologie, Technik und Gesellschaft

## Natur

Auch in der unbelebten Natur finden sich viele geordnete Muster. **Kristalle** sind ein Paradebeispiel: In Salzkristallen oder Schneekristallen ordnen sich Atome oder Moleküle regelmäßig zu einem Gitter an. Obwohl die Teilchen zunächst zufällig aneinanderschlagen, fügen sie sich im Festkörper zu einer klaren Struktur. Auch auf Erdoberfläche entstehen Muster: Wüsten bilden Winddünen mit klaren Wellenmustern, weil der Sand nach festen physikalischen Regeln vom Wind geformt wird. Ausgetrockneter Schlamm zeigt oft feine, netzartige Risse, wenn die Erde schrumpft. Diese Risse entstehen, weil die Spannungen beim Trocknen stets ähnlich verlaufen, und bilden so ein geometrisches Netz aus Bruchlinien. Lavafelder nach einem Vulkanausbruch zeigen ein weiteres Muster: Wenn geschmolzenes Gestein abkühlt und erstarrt, bricht es oft in fast regelmäßig sechseckige Säulen. Dieses „Lava-Pflaster" ist das Resultat von Temperaturveränderung und Materialspannung, die bei der Abkühlung immer wieder zum gleichen Muster führen.

In noch größeren Maßstäben sieht man geordnete Strukturen: Unser Sonnensystem und ferne Galaxien sind zum Beispiel spiralförmig aufgebaut. Die Planeten unseres Systems kreisen in mehr oder weniger flachen Bahnebenen, weil die Planetenentstehung nach Drehimpulserhaltung funktioniert. Ferne Spiralgalaxien zeigen schöne spiralförmige Muster, weil die Gravitation und Rotation das Gas in die charakteristische Form zwingt. Auch das Klima der Erde bildet stabile Muster wie Passatwinde und Meeresströmungen, die sich immer wiederholen, weil die Erdwärme und Rotation konstante Bedingungen schaffen.

Diese Beispiele zeigen: Naturkräfte und einfache physikalische Regeln führen in der unbelebten Welt zu erstaunlich regelmäßigen Mustern. Ganz ohne Leben oder Bewusstsein formt sich im Sand, in den Sternen und in Kristallen Ordnung.

## Biologie

In der Biologie gibt es ebenfalls viele faszinierende Muster und Strukturen. Oft folgen sie einfachen Regeln des Wachstums oder der Entwicklung. Ein prominentes Beispiel sind die **Muster auf Tierhäuten**: Zebras haben sich evolutionär Streifen zugelegt, Leoparden Flecken. Diese Muster entstehen während der Embryonalentwicklung durch biochemische Prozesse: Hautzellen reagieren auf Signalmoleküle und teilen sich unterschiedlich, wodurch gestreifte oder gepunktete Bereiche entstehen. Keine einzelne Zelle weiß, sie ein Streifen ist – dennoch ergibt sich das Gesamtmuster.

Auch in **Pflanzen** entstehen Muster: Blütenblätter ordnen sich häufig spiralig um den Blütenstand an. Sonnenblumen zeigen eindrucksvolle Spiralreihen von Samen, die dem sogenannten Fibonacci-Verhältnis folgen. Diese Spiralanordnungen entstehen dadurch, dass jedes neue Blatt oder Samenkorn möglichst im Winkel der vorherigen Positionen angeordnet wird, um Lücken möglichst klein zu halten. So entsteht eine regelmäßige, spiralförmige Struktur ganz automatisch. Beim Blumenkohl vom Typ Romanesco wiederholen sich ganze kleinste Röschen in fraktaler Weise, da sich die Pflanze bei jeder Teilung nach denselben Regeln aufgliedert.

Auch Tiere können geordnete, bauliche Strukturen erschaffen. Insekten wie Termiten und Bienen bauen beeindruckende Nester und Waben: In einem Termitenhügel legt jede Termite Erde ab und gräbt Tunnel, basierend auf einfachen Instinkten und chemischen Signalen. Durch das Zusammenspiel dieser einzelnen Handlungen entsteht ein ausgeklügeltes Belüftungs- und Kühlsystem im Inneren des Hügels – ganz ohne Architektenplan. Bei Bienen bauen die Arbeiterinnen eine Wabe aus perfekten sechseckigen Zellen, weil jede Biene Wachs dort anlegt, wo Platz ist, und durch Oberflächenspannung die Zellen sich zu echten Sechsecken formen. Man nennt dies **Bauteilharmonie**: Obwohl jede Biene nur ein kleines Wachsstück platziert, entsteht insgesamt eine hoch organisierte Struktur.

In höheren biologischen Systemen zeigen sich ebenfalls Ordnungsmuster. Im **menschlichen Körper** feuern etwa Millionen von Herzmuskelzellen zusammen, sodass das Herz regelmäßig schlägt. Keine einzelne Zelle steuert diesen Rhythmus an, vielmehr geben Zellen elektrische Signale weiter und folgen selbst lokalen Impulsen. So koordiniert sich das Herz als Ganzes, obwohl jede Zelle nur sehr einfache Impulse erhält. Vergleichbar arbeiten viele Nervenzellen im Gehirn zusammen, um Gedanken oder Bewegungen hervorzubringen. In Ökosystemen herrscht oft ein stabiles Gleichgewicht zwischen Räubern und Beute: Steigt die Zahl einer Art zu stark an, beeinflusst das Fressfeindenachschub und dämpft ihr Wachstum. Diese **Rückkopplungen** sorgen in der Biologie ebenso für Muster und Stabilität.

## Technik

Auch in von Menschen geschaffenen Systemen lässt sich Selbstorganisation beobachten. Ein bekanntes Beispiel ist das **Internet**: Es ist ein riesiges Netzwerk von Computern weltweit, das sich ohne zentrale Steuerung entwickelt hat. Jeder neue Computer verbindet sich einfach über Router und Server mit anderen, und so entsteht ein verteiltes Datennetz, das komplex funktioniert. Niemand hat das Internet komplett geplant – trotzdem entsteht daraus ein sehr geordnetes System von Verbindungen, in dem Informationen fließen. Ähnlich wächst das **Stromnetz**: Wenn ein neues Kraftwerk oder ein neues Haus mit Strom versorgt werden soll, werden dort Leitungen verlegt, und das Netz passt sich mit ausgedehnten Verzweigungen an. Obwohl es keinen „Netz-Ingenieur" gibt, der jede Leitung plant, bilden die Kraftwerke und Verbraucher ein enges Versorgungsnetzwerk.

Moderne **Schwarmrobotik** nutzt gezielt Selbstorganisation: Viele kleine Roboter (Drohnen oder Bodenroboter) folgen einfachen Regeln – etwa Abstand zu Nachbarn halten oder Richtung auf ein Ziel einstellen. Ohne zentrale Steuerung kann ein solcher Schwarm trotzdem gemeinsam komplexe Aufgaben lösen, zum Beispiel ein Objekt transportieren oder ein Gebiet erkunden. Jeder Roboter agiert nur lokal und gibt Informationen an seine Nachbarn weiter. Die Gesamtschwarm funktioniert jedoch koordinierter und flexibler, als es eine zentrale Planung ohne viele Ressourcen leisten könnte. Auch in der Software findet man ähnliche Phänomene: Algorithmen für künstliche Intelligenz (wie neuronale Netze) arbeiten mit vielen Schichten einfacher Einheiten, die gemeinsam eine Mustererkennung oder komplexe Entscheidung treffen.

Solche Beispiele zeigen: Auch in der Technik können große, gut funktionierende Strukturen ohne „Chef" entstehen. Sie beruhen auf dem Prinzip, dass viele einzelne Teile mit einfachen Regeln zusammenspielen und so ein koordiniertes Ganzes formen.

## Gesellschaft

In menschlichen Gesellschaften entwickeln sich Strukturen oft ebenfalls spontan. Sprache zum Beispiel entsteht nicht durch einen einzigen Erfinder, sondern durch die Nutzung vieler Menschen. Wörter und Grammatik formen sich allmählich: Jeder spricht so, wie er lernt und versteht, und gemeinsam einigen sich die Sprecher auf Bedeutung und Reihenfolge. So entsteht eine geordnete Sprache, obwohl kein einzelner Planer bestimmt hat, wie alle Sätze aussehen. Ähnlich verbreiten sich gesellschaftliche Normen oder Modetrends. Wenn sich viele Menschen einer bestimmten Mode zuwenden, wird sie plötzlich zum scheinbar „offiziellen" Stil. Kein Zentralkomitee hat diese Kleidung ausgewählt; es ergab sich durch das kollektive Verhalten und die Nachahmung der Menschen.

Auch Märkte organisieren sich selbst: Angebot und Nachfrage regeln die Preise ganz ohne zentrale Planung. Wenn ein Produkt knapp wird, steigt der Preis, was automatisch dazu führt, dass weniger davon gekauft oder mehr davon produziert wird. Keiner setzt den Preis fest, sondern er ergibt sich aus dem Zusammenspiel vieler Einzelentscheidungen. Ebenso erkennt man in Städten spontane Ordnung: Straßen und Wege entstehen oft dort, wo es die meisten Fußgänger gab, nicht immer nach einem starren Stadtplan. In Parks haben Trampelpfade das Beispiel schon gezeigt. In Städten verteilen sich Verkehrsströme je nach Tageszeit; Staus und freie Wege ändern sich dynamisch, ohne dass jemand alle Fahrer lenkt.

Ein modernes Beispiel ist die **Wissensorganisation im Internet**: Die Online-Enzyklopädie Wikipedia entstand aus der freiwilligen Mitarbeit vieler Menschen. Jeder schreibt Artikel zu Themen, die ihn interessieren, ohne dass eine zentrale Instanz Vorgaben macht. Trotzdem fügt sich all dieses Wissen zu einer geordneten Enzyklopädie zusammen. Niemand plant das gesamte Buch; dennoch gibt es ein strukturiertes, umfassendes Nachschlagewerk. Ähnliches gilt für soziale Netzwerke: Themen und Diskussionen entstehen in Gruppen und verbreiten sich durch Mitwirkung vieler, ohne dass es eine zentrale Redaktionsvorgabe gibt. Am Ende kann aus chaotisch erscheinenden Beiträgen ein klar umrissenes gesellschaftliches Bild entstehen.

# Evolution als komplexes System in Balance

Die Evolution der Arten ist ein Paradebeispiel für ein selbstorganisiertes komplexes System. Durch Vererbung und zufällige Mutationen ändern sich Lebewesen über viele Generationen hinweg: Neue Eigenschaften treten auf, andere verschwinden. Dieser Prozess folgt keinem genauen Plan, aber auch nicht reinem Zufall: Natürliche Auslese sorgt dafür, dass unter den veränderten Organismen nur diejenigen überleben und sich fortpflanzen, die am besten an ihre Umwelt angepasst sind.

Einfach ausgedrückt entstehen so aus sehr unscheinbaren Anfangsbedingungen schrittweise komplexe Formen. Ein Einzeller etwa kann sich in einer günstigen Umgebung vermehren und neue Varianten hervorbringen. Nach und nach haben sich aus den ersten Einfachzellern im Laufe von Milliarden Jahren vielzellige Organismen entwickelt – Pflanzen, Tiere und schließlich auch Lebewesen mit komplexen Nervensystemen wie wir Menschen. Jeder evolutionäre Schritt war dabei klein, doch zusammen führen sie zu erstaunlicher Komplexität.

Gleichzeitig hält Evolution das System in gewisser Hinsicht geordnet. Die meisten zufälligen Mutationen verschwinden sofort wieder oder haben nur geringe Auswirkungen, so dass sich bestehende Baupläne nicht abrupt zerstören. Ökosysteme befinden sich deshalb oft in einem stabilen Gleichgewicht: Tier- und Pflanzenarten leben in einem Geflecht von

Abhängigkeiten, das kleinste Veränderungen abfedern kann. Erst wenn es größere Umweltveränderungen gibt, löst sich dieses Gleichgewicht auf, und neue Arten können entstehen. Ein anschauliches Beispiel ist das große Aussterben am Ende der Kreidezeit: Als die Dinosaurier starben, bot sich neuen Tiergruppen die Möglichkeit, sich explosionsartig zu entwickeln. Danach entstanden innerhalb relativ kurzer Zeit viele neue Arten (etwa Vögel und Säugetiere).

Ein weiteres Beispiel aus der Gegenwart sind Bakterien, die innerhalb weniger Tage Resistenzen gegen Antibiotika entwickeln. Kleine, zufällige Mutationen in einer Bakterienpopulation können dazu führen, dass einzelne Bakterien ein Medikament überleben. Diese wenigen Überlebenden vermehren sich schnell, und schon nach kurzer Zeit ist eine Bakteriengeneration mit neuen Abwehrmechanismen gegen das Antibiotikum entstanden. Dies zeigt, dass evolutionäre Prozesse – Mutation und Selektion – selbst in kleinem Maßstab sehr rasch zu komplexen Anpassungen führen können.

Die Evolution beschränkt sich nicht nur auf Wettbewerb. Viele komplexe Organismen sind auch durch Zusammenarbeit entstanden. Manche Bakterien gingen eine Symbiose ein: Sie lebten gemeinsam mit anderen Zellen in einer engen Partnerschaft. Daraus entwickelten sich im Laufe der Zeit Organellen wie Mitochondrien in unseren Zellen, die früher einmal eigenständige Bakterien waren. Diese winzigen Strukturen produzieren jetzt Energie für die Zelle – das Ergebnis einer kooperativen Entwicklung, nicht eines einzelnen Plans.

Insgesamt gleicht Evolution einem Balanceakt: Sie produziert Vielfalt und neue Formen, ohne dabei ins rein chaotische Durcheinander zu stürzen. Aus kleinen Änderungen und großer Zeit erwächst ein abgestimmtes System. Evolution ist damit kein ungeordnetes Chaos, sondern ein dynamischer Prozess, der Stabilität und Wandel verbindet.

Zusammenfassend lässt sich sagen, dass Ordnung und Struktur in der Welt keineswegs zufällig sind. Überall dort, wo wir Muster erkennen, wirken zugrundeliegende Prozesse nach festen Regeln. Selbst wenn Prozesse spontan wirken, folgen sie doch einfachen Gesetzmäßigkeiten, aus denen komplexe Muster entstehen. Ob Schneeflocken, Biotope oder soziale Netzwerke – überall wirken dieselben Prinzipien der Selbstorganisation und der Energieflüsse. Dadurch wird verständlich, warum Natur, Leben und Gesellschaft einem geordneten Muster folgen und nicht im Chaos versinken.

Alles in allem zeigt sich: Ordnung ist keine Laune des Zufalls, sondern das Ergebnis von Gesetzmäßigkeiten und Energieumsatz in komplexen Systemen. Indem wir die Grundlagen der Selbstorganisation und der

Thermodynamik verstehen, erkennen wir, wie
Komplexität aus einfachen Bausteinen entstehen kann
und warum unsere Welt viel strukturierter ist, als es auf
den ersten Blick erscheinen mag.

# Kapitel 5: Beziehung und Resonanz – Wie du in der Welt eingebettet bist

## Zwischenmenschliche Beziehungen als Spiegel und Resonanzraum des Selbst

Stell dir vor, du betrittst einen Raum voller Freunde mit
ausgezeichneter Laune. Wahrscheinlich merkst du, wie
sich auch deine Stimmung hebt. Ebenso kann ein
einzelner schlecht gelaunter Mensch die Atmosphäre
merklich dämpfen. Solche Alltagssituationen zeigen,
wie wir Menschen einander emotional anstecken.
Zwischenmenschliche Beziehungen fungieren dabei oft
wie ein **Spiegel**: Wir sehen uns selbst in den
Reaktionen und dem Verhalten unserer Mitmenschen.
Man sagt nicht umsonst, Beziehungen seien der **Spiegel
unserer Seele**, denn in ihnen erkennen wir
Eigenschaften an uns, die uns alleine kaum bewusst

würden. Wenn dich zum Beispiel die Unpünktlichkeit eines Freundes übermäßig stört, mag das darauf hinweisen, dass du selbst sehr hohe Ansprüche an Zuverlässigkeit hast – etwas, das dir durch diese Freundschaft erst richtig klar wird. Beziehungen halten uns also einen Spiegel vor und ermöglichen uns so, uns selbst besser zu verstehen.

Neben dem Spiegelbild, das uns andere vorhalten, sind Beziehungen aber auch ein **Resonanzraum** für unser Selbst. Resonanz bedeutet in der Physik das Mitschwingen: Trifft ein schwingendes Objekt den richtigen Ton, beginnt ein anderes Objekt mit gleicher Frequenz mitzuschwingen. Übertragen auf Menschen heißt das, dass wir in Resonanz miteinander treten können – wir „schwingen mit". Das geht über bloßes Spiegeln hinaus: In resonanten Beziehungen beeinflussen sich beide Seiten gegenseitig, ähnlich wie zwei Stimmgabeln, die sich aufeinander einstimmen. Entscheidend ist, dass beide Beteiligten ihre eigenen Gedanken und Gefühle in die Interaktion einbringen und aufeinander reagieren. So entwickeln beide Seiten im Zusammenspiel ihre sozialen Fähigkeiten ständig. Ein anschauliches Beispiel ist die Beziehung zwischen einem Neugeborenen und seiner Bezugsperson: Schon hier formen die wechselseitigen Reaktionen – ob Lächeln erwidert oder Schreien beruhigend beantwortet wird – die späteren Beziehungsmuster des. Das Kind „spiegelt" sich im Verhalten der Bezugsperson und baut gleichzeitig durch die Resonanz dieser frühen Beziehung grundlegendes Vertrauen oder Misstrauen auf.

Auch im späteren Leben lässt sich dieses Prinzip beobachten. Hast du schon bemerkt, dass du unwillkürlich lächelst, wenn dir jemand mit echter Herzlichkeit ein Lächeln schenkt? Oder dass du nervös wirst, wenn die Stimmung in einer Gruppe angespannt ist? Hier spielen neurologische Mechanismen wie sogenannte **Spiegelneuronen** eine Rolle: Das sind spezielle Nervenzellen im Gehirn, die uns die Gefühle und sogar Bewegungen anderer Menschen nachempfinden. Sie sorgen dafür, dass wir zum Beispiel mitfühlen, wenn wir jemanden weinen sehen, oder mitlachen, wenn alle um uns herum herzhaft lachen. Durch diese unbewusste **emotionale Ansteckung** übertragen sich Stimmungen von Mensch zu. Man kann sich das wie ein Echo vorstellen, das von Person zu Person widerhallt. So entsteht ein Resonanzraum, in dem unsere eigene Stimmung verstärkt oder abgeschwächt wird – je nachdem, mit welchen Schwingungen wir in Kontakt kommen.

Wichtig ist: Resonanz bedeutet nicht immer nur positive Verstärkung. Beziehungen können uns auch negatives Feedback geben, das uns herausfordert. Ein Freund, der dir ehrlich rückmeldet, dass du in letzter Zeit verschlossen wirkst, spiegelt vielleicht deine innere Abkapselung und fordert dich ungewollt dazu auf, dich zu öffnen. Ein Konflikt mit den Eltern oder Geschwistern kann verborgene wunde Punkte in uns zum Klingen bringen. Unsere **ungelösten Themen gehen in Resonanz** mit einem Gegenüber, das genau diese Seiten in uns berührt – sei es Eifersucht, Ungeduld oder Angst. So unangenehm solche Konflikte sind, so sehr halten sie uns doch auch ein Spiegelbild vor: Sie zeigen, woran wir innerlich arbeiten dürfen. In einer echten Resonanzbeziehung hat dieses gegenseitige Berühren jedoch kein destruktives Ziel, sondern dient dem Wachstum beider Seiten. Es ist ein Unterschied, ob man nur ein **Echo** seiner selbst in anderen sucht oder echte Resonanz erfährt. Echo bedeutet, dass wir letztlich nur uns selbst bestätigt hören – wir bleiben in unserer Identität unverändert, weil wir alles Fremde abblocken oder es uns einverleiben, ohne uns zu. **Resonanz** hingegen bedeutet, dass eine Begegnung uns verwandelt: Wir lassen uns auf den anderen ein und werden durch die Erfahrung ein Stück weit. So gesehen bietet jede zwischenmenschliche Beziehung die Chance, etwas Neues über sich selbst zu lernen und sich weiterzuentwickeln.

Betrachten wir ein einfaches Beispiel aus dem Alltag: Angenommen, du bist schüchtern und zurückhaltend. In der Schule oder am Arbeitsplatz gehst du eher in der Gruppe unter, weil du dich selten traust, deine Meinung zu sagen. Nun begegnest du einem Menschen –

vielleicht einem neuen Mitschüler oder Kollegen –, der selbst sehr offen und herzlich ist. Diese Person ermutigt dich unbewusst, auch offener zu werden: Sie stellt dir Fragen, lacht über deine vorsichtig gemachten Witze und zeigt echtes Interesse an deinen Gedanken. Plötzlich findest du dich in Gesprächen wieder, in denen du aus dir herausgehst. Hier passiert Resonanz im positiven Sinne: Dein Gegenüber reagiert auf dich, gibt dir ein Gefühl von Sicherheit, und du **begünstigst dich** daraufhin, mehr von dir zu zeigen. Du siehst dich selbst in den Augen dieses anderen Menschen auf neue Weise – vielleicht als jemand, der doch witzig oder interessant sein kann. Deine Identität formt sich im Austausch, wie ein Musikinstrument, das durch das Zusammenspiel mit anderen immer besser klingt.

Umgekehrt kann eine Begegnung auch unangenehme Selbst-Erkenntnisse spiegeln. Wenn beispielsweise mehrere Freundschaften daran scheitern, dass du dich nie meldest und dich zurückziehst, dann hält dir dieses wiederholte Beziehungsmuster den Spiegel vor: Offenbar sendest du Signale von Desinteresse, und die anderen ziehen sich ebenfalls zurück. So schmerzhaft diese Erkenntnis ist, so wertvoll kann sie sein, um dein eigenes Verhalten zu reflektieren. In diesem Resonanzraum – sozusagen dem sozialen Echo deiner selbst – erkennst du die Auswirkungen deines Tuns. Indem du das Spiegelbild wahrnimmst, kannst du aktiv gegensteuern, vielleicht indem du lernst, deine

Wertschätzung öfter zu zeigen oder verbindlicher in deinen Zusagen zu sein.

Zusammenfassend sind zwischenmenschliche Beziehungen sowohl Spiegel als auch Resonanzboden unseres Selbst. Sie ermöglichen es uns, uns selbst neu kennenzulernen, indem wir uns in anderen erkennen. Durch das **Mitschwingen** mit anderen Menschen – sei es in Emotionen, Gedanken oder Handlungen – entstehen geteilte Erfahrungen, die uns prägen. Jeder freundschaftliche Rat, jedes mitfühlende Zuhören und sogar jedes Reiben an Meinungsverschiedenheiten trägt dazu bei, unser Verständnis von uns selbst zu formen. Kein Mensch ist eine Insel, und gerade im Austausch mit anderen entdecken wir Facetten unserer Persönlichkeit, die im Alleinsein stumm geblieben wären. Beziehungen eröffnen uns damit einen Weg der Selbsterkenntnis: Wir wachsen im **Resonanzraum der Gemeinschaft** zu dem Menschen heran, der wir sind.

# Resonanz in der Natur und im Kosmos

Wenn wir von Resonanz sprechen, geht es nicht nur um menschliche Interaktionen. Das gesamte Universum ist voller Resonanzphänomene – physischer wie auch symbolischer. **Natur** und **Kosmos** schwingen auf vielfältige Weise, und wir als Menschen sind in diese Schwingungen eingebettet. Hast du dich schon einmal

nachts unter einen klaren Sternenhimmel gestellt und
ein Gefühl von tiefer Verbundenheit gespürt? Viele
Menschen berichten, dass sie beim Blick in die Weiten
des Alls ahnen, wie alles im Universum
zusammenhängt. Dieses Staunen ist mehr als ein
romantischer Gedanke: Es findet tatsächlich auf vielen
Ebenen Resonanz zwischen uns und der Natur statt.

Beginnen wir auf der konkreten, physischen Ebene.
**Resonanz in der Natur** zeigt sich zum Beispiel im
Synchronisieren von Rhythmen. Ein bekanntes
Phänomen sind synchron blinkende Glühwürmchen: In
bestimmten Regionen versammeln sich Hunderte dieser
Leuchtkäfer und beginnen nach kurzer Zeit, im
Gleichtakt zu blinken, sodass ganze Bäume rhythmisch
aufleuchten. Was zunächst wundersam klingt, ist ein
natürlicher Prozess: Jedes Glühwürmchen passt sein
Timing minimal an das der anderen an, bis ein
gemeinsamer Takt entsteht. Ähnliches beobachtet man
bei Grillen, die im Chor zirpen, oder bei Fröschen, die
abends im Teich fast im Einklang quaken. Auch
unbelebte Gegenstände können durch Resonanz
aufeinander reagieren. Ein klassisches Experiment ist
das von Uhren: Hängt man zwei Pendeluhren an die
gleiche Wand, beginnen ihre Pendel nach einiger Zeit
synchron zu schwingen – vermittelt durch minimale
Vibrationen im Untergrund. Resonanz sorgt hier dafür,
dass sich ein gemeinsamer Rhythmus etabliert.

Unser Planet selbst kennt Resonanzphänomene. Die Erde besitzt eine **Schwingung**, die als Schumann-Resonanz bekannt ist – elektromagnetische Wellen in der Atmosphäre, die bei etwa 7,8 Hertz schwingen (ungefähr wie ein tiefer, kaum hörbarer Herzschlag der Erde). Gewitter und Blitzentladungen halten diesen „Resonanzklang" ständig aufrecht. Für viele Lebewesen, uns eingeschlossen, könnte diese stabile Frequenz unbewusst eine Rolle spielen. Beispielsweise liegen bestimmte Hirnwellen im ähnlichen Frequenzbereich wie diese Erdschwingung, und manche Menschen fühlen sich in der Natur besonders ruhig, als ob sie sich an einen Grundrhythmus ankoppeln. Auch Tag und Nacht sind ein Resonanzrhythmus: Unsere **innere Uhr** tickt annähernd im 24-Stunden-Takt und wird täglich vom Sonnenlicht justiert. Fast alle Lebewesen – von Einzellern bis zum Menschen – folgen diesem Tagesrhythmus. Wenn die Sonne aufgeht, werden wir aktiv; bei Einbruch der Dunkelheit schaltet unser Körper auf Ruhe. Dieser angeborene Biorhythmus zeigt, wie eng unser Leben in kosmische Zyklen eingebunden ist. Dein Schlaf-Wach-Rhythmus **resoniert** mit der Erdrotation, ob du dir dessen bewusst bist oder nicht.

Schauen wir noch weiter hinaus in den **Kosmos**: Auch hier begegnet uns das Prinzip der Resonanz. Planeten und Monde beeinflussen einander durch die Schwerkraft und geraten oft in rhythmische

Wechselwirkungen. So ist unser Mond zum Beispiel in **gebundener Rotation** mit der Erde – er dreht sich in genau dem gleichen Takt um die eigene Achse, wie er die Erde umkreist. Deshalb sehen wir stets dieselbe Mondseite. Dieses 1:1-Verhältnis ist ein Resonanzeffekt im Orbit. Andere himmlische Körper weisen erstaunliche Verhältnisse auf: Die drei inneren Jupiter-Monde Io, Europa und Ganymed beispielsweise umkreisen Jupiter in einem 4:2:1-Verhältnis – während Ganymed eine Runde dreht, hat Europa zwei und Io vier Runden absolviert. Diese **orbitalen Resonanzen** stabilisieren ihre Bahnen und haben konkrete Folgen, etwa Gezeitenkräfte, die Io innerlich aufheizen und seine Vulkane speien lassen. Das All ist voller solcher Harmonien, in denen Schwerkraft und Bewegung sich auf Perioden einigen, als würden sie einem kosmischen Taktstock folgen.

Beeindruckend ist auch, dass **Sterne schwingen**. Unsere Sonne zum Beispiel zittert und klingt gewissermaßen wie ein riesiger, dröhnender Ball. In ihrem Inneren und auf ihrer Oberfläche laufen Wellen und Schwingungen ab, die winzige Helligkeitsschwankungen verursachen. Astronomen haben eine eigene Forschung – die Helioseismologie – entwickelt, um aus diesen Schwingungen das Innenleben der Sonne zu entschlüsseln. Man hat festgestellt, dass die Sonne in unterschiedlichen Frequenzen schwingt, ähnlich wie ein Musikinstrument verschiedene Töne erzeugt. Wir können diese Klänge zwar nicht direkt hören, aber wir können sie messen und sichtbar machen. Wenn wir poetisch sein wollten, könnten wir sagen: Die Sterne singen ihre eigenen Lieder im All. Es ist ein stilles Konzert, das ständig um uns erklingt, und mit den richtigen Instrumenten (Teleskopen und Detektoren) können wir diese Resonanzen erfassen.

Auch auf der Ebene der Materie selbst ist Resonanz ein fundamentales Prinzip. Atome absorbieren und emittieren Licht nur in ganz bestimmten Frequenzen – das ist der Grund, warum wir bunte Spektrallinien sehen, wenn wir das Licht einer Glühbirne oder eines Sterns durch ein Prisma schicken. Jedes Atom hat seine „Lieblingstöne", die es zum Schwingen anregen. Ohne dies zu vertiefen, sei erwähnt, dass die moderne Physik auf dem Konzept von Schwingungen und Wellen aufgebaut ist: Licht ist eine Welle, Elektronen haben Welleneigenschaften, und sogar Teilchen können in Resonanz miteinander treten (man denke an das Phänomen der **Quantenverschränkung**, bei dem zwei Teilchen über beliebige Distanzen in verbundenem Zustand schwingen – obwohl hier der Begriff Resonanz eher metaphorisch passt).

Auf **symbolischer** Ebene schließlich erleben wir Resonanz zwischen Mensch und Natur, wenn wir in Mustern und Strukturen Ähnlichkeiten erkennen. Hast du zum Beispiel schon einmal bemerkt, dass ein

Schneckenhaus, ein Wirbelsturm und eine Spiralgalaxie sich alle in Form einer Spirale winden? Solche **Spiralmuster** finden sich erstaunlich oft auf verschiedensten Skalen. Die Sonnenblume mit ihrem spiralförmigen Samenmuster, das Schneckenhaus, ein kreiselnder Tornado und die majestätische Galaxie – sie alle folgen dem gleichen ästhetischen Prinzip. Das deutet darauf hin, dass bestimmte **Ordnungsprinzipien** universell sind. Natürlich entstehen diese Muster aus unterschiedlichen Kräften (biologische Wachstumsgesetze, Luftströmungen, Gravitation), doch für uns als Beobachter ergibt sich eine resonante Schönheit: Wir sehen die Verbindung des Kleinen und des Großen. Es ist, als würde sich eine Idee durch die gesamte Natur **widerhallen** – von der Muschel bis zum Milchstraßensystem.

Ein weiteres verbindendes Element zwischen uns und dem Kosmos ist die Herkunft unserer **Bausteine**. Es ist wissenschaftlich belegt, dass wir Menschen buchstäblich aus Sternenstaub bestehen. Die Elemente in deinem Körper – Kohlenstoff, Sauerstoff, Eisen und viele mehr – wurden einst in den glühenden Innenleben von Sternen geschmiedet. Wenn massereiche Sterne in Supernova-Explosionen vergehen, schleudern sie diese schweren Elemente ins All. Aus solchen Überresten formen sich neue Sternengenerationen und Planeten. Jedes Atom in deinem Körper hat im Durchschnitt bereits vier vollständige Zyklusreisen durch Sterne und interstellaren Raum hinter sich. Einige der Partikel, aus denen du bestehst, stammen nicht einmal aus unserer eigenen Milchstraße, sondern aus fernen Galaxien, die ihr Material in den Kosmos hinausgeblasen haben und das dann irgendwann auf der jungen Erde landete. Man kann es so ausdrücken: Die Materie, aus der dein Körper gebaut ist, hat Sterne leuchten gesehen. Wenn du nachts die Sterne betrachtest, schaust du auf gewissermaßen auf deine kosmischen Verwandten. In deinem Blut schwimmen Eisenatome, die vor Milliarden Jahren in einer Supernova entstanden sind. **Resonanz im Kosmos** heißt hier: Wir sind Teil desselben Stoffkreislaufs und gehören zum selben großen Ganzen. Diese Erkenntnis kann ein tiefes Gefühl von Eingebundensein auslösen.

Wenn wir uns also bewusst machen, wie viel Resonanz in der Natur und im Universum existiert, merken wir, dass **Verbundenheit** ein Grundprinzip ist. Nichts steht völlig für sich allein. Jeder Baum, der im Wind rauscht, antwortet auf die Luftströmungen um ihn herum. Jedes Herz eines Lebewesens schlägt im Takt mit seinem inneren Biorhythmus, oft synchronisiert mit äußeren Faktoren wie dem Licht der Sonne. Selbst unser Planet tanzt im Gleichtakt mit seiner Umgebung – etwa wenn die Gravitation der Sonne Jahr für Jahr zuverlässig den Wechsel der Jahreszeiten bestimmt und damit das Leben aller Organismen taktet.

Für uns Menschen bedeutet dies: Wir sind in ein Netz
physikalischer und biologischer Resonanzen
eingebettet. Wenn wir in den Wald gehen und plötzlich
unseren Herzschlag beruhigt und gleichmäßig fühlen,
dann ist das vielleicht kein Zufall – die ruhig
schwingenden Reize der Natur (das gleichmäßige
Rauschen eines Baches, das rhythmische Zirpen der
Grillen) beeinflussen uns. Unser Körper und unser
Geist **antworten** auf diese äußeren Schwingungen.
Viele Menschen berichten, dass sie beim
Meeresrauschen oder beim Blick in ein Lagerfeuer in
eine Art Einklang mit sich selbst kommen. Man kann
sagen, sie treten in Resonanz mit der Natur und dadurch
auch mit sich.

Resonanz in Natur und Kosmos zeigt uns letztlich, dass
wir Teil eines großen Orchesters sind. Die Welt um uns
ist kein stummes, getrenntes Gegenüber, sondern eher
wie ein Feld voller Musik, auf die wir ständig reagieren
– meist unbewusst. Je aufmerksamer wir diese
Verbindungen wahrnehmen, desto mehr spüren wir
vielleicht, dass wir nie völlig allein oder abgetrennt
sind. Wir bestehen aus Sternenmaterial, wir leben im
Takt der Erde, wir erkennen universelle Muster überall
um uns herum. **Eingebettet in die Welt** zu sein, ist
keine bloße Metapher, sondern die Realität auf allen
Skalen: physisch, biologisch und emotional. Genau
dieses Bewusstsein hilft uns, das nächste Thema besser

zu verstehen: wie man überhaupt empfänglich wird für all diese feinen Schwingungen, die uns umgeben.

## Resonanz, Empfänglichkeit und feine Wahrnehmung

Resonanz kann nur entstehen, wenn beide Seiten mitschwingen – das gilt für zwei Menschen in einem Gespräch genauso wie für uns und die Welt um uns herum. Doch um mitschwingen zu können, muss man zunächst **empfänglich** sein. Hast du schon einmal ein Radio manuell eingestellt? Nur wenn der Empfänger genau auf die Frequenz des Senders abgestimmt ist, hörst du ein klares Signal; schon kleine Abweichungen führen zu Rauschen. Ähnlich braucht es in uns Menschen eine Art innere Feinabstimmung, um die Resonanzen des Lebens wahrzunehmen. **Feine Wahrnehmung** bedeutet, die leisen Töne zu hören, die subtilen Schwingungen zu spüren, die oft vom Lärm des Alltags überdeckt werden.

In der heutigen Zeit prasseln unzählige Eindrücke auf uns ein: ständige Informationen vom Smartphone, Verkehrsgeräusche, viele Termine und Aufgaben. Diese Dauerstimulation kann dazu führen, dass wir innerlich verstummen für die leisen Signale. Um Resonanz zu erleben – sei es mit einem anderen Menschen, mit der Natur oder mit sich selbst – müssen wir empfänglich werden, das heißt **zur Ruhe kommen und aufmerken**.

Empfänglichkeit ist eine aktive Haltung: Es bedeutet nicht, wehrlos allem ausgeliefert zu sein, sondern aufmerksam und offen zu beobachten, was ist.

Ein Beispiel: Du sitzt mit einem guten Freund zusammen, doch deine Gedanken kreisen um etwas, das morgen ansteht. Obwohl dein Freund gerade von etwas Wichtigem in seinem Leben erzählt, dringen seine Worte nicht wirklich zu dir durch – dein „Empfänger" ist gewissermaßen verstimmt, du schwingst nicht mit. Vielleicht nickst du und hörst doch kaum zu. In so einem Moment findet kaum Resonanz statt; ihr seid zwar körperlich beisammen, aber emotional auf unterschiedlichen Frequenzen. **Feinfühligkeit** würde hier bedeuten, die eigenen Gedanken beiseite zulegen und dich bewusst auf deinen Freund einzustimmen. Du merkst vielleicht an seinem Gesichtsausdruck oder am Ton seiner Stimme, dass ihn das Thema belastet. Indem du dies wahrnimmst, kannst du emphatisch reagieren – etwa indem du gezielt nachfragst oder einfach mitfühlend zuhörst. Sobald dein Freund merkt, dass du wirklich bei ihm bist, ändert sich die Stimmung: Er fühlt sich verstanden, du fühlst dich verbunden. Resonanz entsteht, weil du empfänglich warst und die feinen emotionalen Schwingungen aufgegriffen hast.

Empfänglichkeit lässt sich auch gegenüber der Natur üben. Viele Menschen erleben, dass ein Spaziergang im Wald sie erdet und beruhigt. Warum? Sicher tragen frische Luft und Bewegung dazu bei. Aber ein weiterer Aspekt ist die **sinnliche Wahrnehmung** der Umgebung. Wenn du achtsam durch den Wald gehst, hörst du vielleicht plötzlich Geräusche, die dir vorher nicht auffielen – das Knistern der Blätter unter deinen Füßen, das entfernte Klopfen eines Spechts, das Rauschen der Baumkronen im Wind. Du spürst den Wechsel von kühlem Schatten und wärmendem Sonnenlicht auf der Haut. Du atmest den Duft von Moos und Erde ein. Jeder dieser Sinne ist wie ein Antennenpaar, das auf Empfang geschaltet ist. Indem du so lauschst und spürst, trittst du in Resonanz mit dem Wald. Deine Atemfrequenz könnte sich unbewusst dem ruhigen Rhythmus der Umgebung anpassen. Dein Herzschlag verlangsamt sich. Stresshormone sinken nachweislich, wenn wir uns aufmerksam in der Natur aufhalten – ein Zeichen dafür, dass unser Körper diese Resonanz mit der Umwelt positiv aufnimmt. Tatsächlich haben Studien gezeigt, dass achtsame Naturerfahrung unser Wohlbefinden steigert und sogar das Immunsystem stärkt. Es ist, als würde unser Organismus sich **einstimmen** auf die natürliche Umgebung, was eine harmonisierende Wirkung hat.

Feine Wahrnehmung hat viel mit **innerer Stille** zu tun. Im Lärm hören wir die feinen Klänge nicht. Genauso müssen wir in uns selbst still werden, um die leisen Regungen unserer Intuition oder der Stimmungen anderer wahrzunehmen. In unserer modernen Welt ist es fast zu einer besonderen Fähigkeit geworden, still zuhören zu können – ohne sofort zu reagieren oder sich ablenken zu lassen. Doch genau hierin liegt der Schlüssel zur Resonanz. Wenn du jemandem wirklich zuhörst, merkst du vielleicht plötzlich, was zwischen den Zeilen mitschwingt: ein Zögern, ein versteckter Kummer, oder umgekehrt eine Begeisterung, die noch zaghaft ist. Diese **Zwischentöne** bemerkt man nur mit geschärften Sinnen und offenem Herzen. Wirst du dafür empfänglich, verändert sich die Qualität der Beziehung schlagartig: Der andere spürt, dass er gesehen und gehört wird, ohne viele Worte.

Interessanterweise berichten auch Künstler und Wissenschaftler oft von einem Zustand der empfänglichen Resonanz, wenn sie kreativ sind oder eine Eingebung haben. Schriftsteller sprechen davon, dass sie manchmal das Gefühl haben, eine Geschichte „fließt durch sie hindurch", als wären sie nur Empfänger einer Inspiration. Musiker stimmen ihre Instrumente und auch sich selbst, bevor sie beginnen – sie horchen in die Stille, um dann im richtigen Moment in die Melodie einzusetzen. Dieser Moment des **Innehaltens** ist universell bedeutsam: Es ist das Öffnen des inneren Raums für Resonanz. Nur wenn der Raum nicht mit Lärm und Eile gefüllt ist, kann etwas Neues erklingen.

Empfänglichkeit bedeutet auch, Verletzlichkeit zuzulassen. Um wirklich in Resonanz zu gehen, müssen wir unsere Schutzschilde – Zynismus, Ablenkung, emotionales Panzerfahren – ein Stück weit herunterfahren. Denn Resonanz berührt uns. Wenn du dich auf jemanden einlässt, kann es passieren, dass dessen Freude zu deiner Freude wird, aber auch dessen Leid dich schmerzt. Das erfordert Mut. Vielleicht kennst du die Erfahrung, dass es leichter sein kann, sich abzukapseln, als sich wirklich einzufühlen, gerade wenn jemand leidet. Doch diese Abschottung verhindert Resonanz. Erst wenn wir uns trauen, mitzufühlen, spüren wir die tiefe Verbindung, die daraus entsteht. **Mitgefühl** ist letztlich eine hohe Form der Resonanz: Du lässt dich vom Innenleben eines anderen bewegen, ohne deine Grenzen ganz zu verlieren.

Feinfühlige Resonanz zeigt sich nicht nur im Emotionalen, sondern auch in der Wahrnehmung **künstlerischer und geistiger** Impulse. Wenn du etwa ein Gedicht liest oder ein Gemälde betrachtest, kann es sein, dass dich etwas daran innerlich „anklingen" lässt – ein Vers, der genau deine aktuelle Stimmung trifft, oder ein Farbspiel, das dich an eine eigene Erinnerung erinnert. Dieses Gefühl, dass dich ein Kunstwerk tief berührt, ist Resonanz zwischen dir (mit deinen Erfahrungen und deinem Empfinden) und dem Werk (mit den eingewobenen Empfindungen des Künstlers). Du bringst Empfänglichkeit mit, und die Bedeutung entfaltet sich in dir. Deshalb kann das gleiche Lied bei einem Menschen Gänsehaut auslösen, während es einen anderen kalt lässt – Resonanz ist immer eine zweiseitige Angelegenheit.

Wir können **üben**, empfänglicher zu werden. Das fängt mit kleinen Dingen an: etwa bewusst einmal nichts tun und lauschen. Schon fünf Minuten in Stille auf den eigenen Atem achten kann viel bewirken. Dabei merkt man oft erst, wie unruhig der Geist eigentlich ist, wie ungewöhnlich es geworden ist, einfach wahrzunehmen ohne ständigen Input. Doch mit der Zeit können solche Übungen die Sinne schärfen. Vielleicht stellst du fest, dass du nach einer Weile Dinge bemerkst, die dir früher entgangen wären: die feine Mimik eines Kollegen im Gespräch, die Anzeichen dafür, dass ein Freund Hilfe braucht, auch wenn er es nicht direkt sagt, oder die Wirkung, die ein Abendrot mit seinen Farben auf dein Gemüt hat.

Feine Wahrnehmung und Empfänglichkeit stehen in einem engen Zusammenhang mit dem Wort **Resonanz** selbst. Resonanz bedeutet „widerhallen". Etwas kann nur widerhallen, wenn es einen Resonanzraum gibt. Indem du in dir Raum schaffst – durch Achtsamkeit, durch Pausen im Getriebe des Alltags – gibst du dem Leben die Chance, in dir widerzuhallen. Dann hörst du vielleicht dein eigenes Echo, das dir sagt, was du wirklich fühlst oder brauchst, anstatt dass es vom ständigen Rauschen überlagert wird. Oder du hörst das Echo dessen, was die Welt dir zuflüstert – sei es durch die Worte eines lieben Menschen oder die stille Weisheit eines Spaziergangs im Park.

Zusammengefasst: **Resonanzfähigkeit** lässt sich als eine Mischung aus Aufmerksamkeit, Achtsamkeit und Offenheit beschreiben. Je empfänglicher wir werden, desto mehr spüren wir die feinen Verbindungen, die ohnehin da sind. Es ist, als würde man einen Sender genau auf Frequenz bringen: Plötzlich stellen sich Klarheit und Tiefe ein, wo vorher nur Oberflächliches war. Diese innere Einstellung bereitet auch den Boden für das nächste Thema, denn nur durch Empfänglichkeit können Begegnungen ihre volle prägende Kraft entfalten.

# Identität durch Begegnung – wie wir durch andere geprägt werden

Wer bist du? Diese Frage hast du dir vielleicht schon in früheren Kapiteln gestellt. Man könnte meinen, die Identität eines Menschen sei etwas, das allein in seinem Inneren entsteht – ein fester Wesenskern, unabhängig von der Umwelt. Doch tatsächlich formt sich unser **Ich** zum großen Teil in **Begegnung mit anderen. Du wirst du selbst erst im Kontakt mit der Welt.** Niemand entwickelt seine Persönlichkeit isoliert wie ein Einsiedler; wir alle werden von den Menschen, denen wir begegnen, und den sozialen Beziehungen, in denen wir leben, zutiefst geprägt.

Bereits die Psychologie geht davon aus, dass etwa die Hälfte dessen, was unsere Persönlichkeit ausmacht, auf Umwelt und Erziehung zurückzuführen ist (die andere Hälfte etwa auf genetische Anlagen). Das soziale Umfeld spielt also eine enorme Rolle für die Frage, wer wir werden. So entwickeln wir nicht nur eine persönliche Identität aufgrund unserer individuellen Eigenschaften, sondern immer auch eine **soziale Identität**: als Mitglied von Gruppen mit bestimmten Normen und Werten. Du definierst dich zum Beispiel vielleicht als Teil deiner Familie, deiner Klasse, deines Sportvereins, einer Online-Community oder kulturellen Gruppe. All diese Zugehörigkeiten liefern Puzzleteile für dein Selbstbild. Sie beantworten Fragen wie: *Wozu gehöre ich? Was ist mir wichtig? Wie verhalte ich mich, um dazuzugehören?* Die Werte und Erwartungen dieser Gruppen prägen unbewusst mit, was du für „normal" oder „richtig" hältst – und somit auch, wie du dich selbst siehst.

Schauen wir auf einige **Lebensphasen**, um zu verstehen, wie Identität durch Begegnung entsteht. In der Kindheit sind zunächst die engsten Bezugspersonen – meist Eltern oder Pflegepersonen – entscheidend. Ein Kind lernt „Ich" zu sagen, weil es in Beziehung tritt: Die Eltern reagieren auf seine Bedürfnisse, sprechen es mit Namen an, spiegeln seine Emotionen. Wenn ein kleines Kind hinfällt und sich erschrocken umschaut, bietet das Gesicht der Eltern Orientierung: Ein liebevoller, beruhigender Blick signalisiert *Es ist alles gut*, und das Kind beruhigt sich. Ein erschrockener, ängstlicher Blick hingegen kann die eigene Angst verstärken. So formt jede dieser frühen Begegnungen Schritt für Schritt das Selbstgefühl. Ein Kind, dem viel Zugewandtheit und Sicherheit gespiegelt wird, entwickelt in der Regel mehr Urvertrauen und ein stabileres Ich-Gefühl. Hier sehen wir wieder Resonanz am Werk: Die **Begegnung als Spiegel**– die Reaktionen der Eltern – prägt die Identität des Kindes.

In der Jugend verschiebt sich der Fokus meist von den Eltern hin zu **Gleichaltrigen**. Freunde, Klassenkameraden und die allgemeine Peergroup werden zu wichtigen Spiegeln. Als Jugendlicher probierst du vielleicht verschiedene **Rollen** aus, um zu sehen, worauf du Resonanz bekommst. Du beobachtest, wie andere auf dich reagieren, und das feedback formt dein Selbstbild weiter. Vielleicht hast du erlebt, dass du mit einem bestimmten Humor gut ankommst und beginnst, dich selbst als „witzigen Typ" zu sehen. Oder du stellst fest, dass du für deine Hilfsbereitschaft geschätzt wirst, was dich in dem Selbstbild bestärkt, ein verlässlicher Freund zu sein. Genauso können schmerzhafte Begegnungen Spuren hinterlassen: Wird jemand in der Schule gemobbt und ständig abgelehnt, kann sich ein Selbstbild als „Außenseiter" oder „nicht gut genug" einschleichen. Diese Überzeugungen entstehen nicht im luftleeren Raum – sie sind das Echo dessen, was die soziale Umgebung zurückspiegelt. Auch im Erwachsenenalter endet dieser Prozess nicht. **Identität** ist kein einmal gefügtes Puzzle, das dann für immer so bleibt. Sie ist eher ein fortwährendes Mosaik, an dem jede Begegnung einen Stein hinzufügen oder verschieben kann. Ein Mensch, der in den Beruf einsteigt, übernimmt neue Rollen (z.b. die des Kollegen oder der Chefin) und lernt durch die Zusammenarbeit, vielleicht ganz neue Fähigkeiten an sich kennen. Der ruhige Uni-Absolvent mag in einem kreativen Start-up-Team plötzlich ungeahnte Führungsqualitäten entwickeln, weil die Kollegen ihm das Vertrauen geben und er in dieser Umgebung über sich hinauswächst. Oder jemand, der sich immer als Einzelgänger sah, tritt in eine Partnerschaft ein und erlebt sich auf einmal als liebevoller, zugewandter Teil eines Duos – eine Identität, die ohne diese Beziehung nie so zum Vorschein gekommen wäre.

Jede enge Beziehung, ob Freundschaft oder Liebe, bringt uns Aspekte unserer selbst näher. In einer liebevollen Partnerschaft erfahren wir vielleicht zum ersten Mal, wie es ist, absolut akzeptiert zu werden – was unser Selbstwertgefühl enorm stärken kann. Oder wir lernen durch den anderen neue Hobbys, Musik oder Denkweisen kennen, die uns bereichern. Man „färbt" gegenseitig aufeinander ab. In einer funktionierenden Beziehung unterstützen sich die Partner idealerweise auch gegenseitig in ihrer Entwicklung: Man ermutigt sich, neue Schritte zu gehen, und freut sich über die Erfolge des anderen, als wären es die eigenen. All das fließt in unser Selbstbild ein: Wir sind *derjenige, der von X geliebt wird, diejenige, die mit Y durchs Leben geht*, und durch diese Augen sehen wir uns selbst anders – hoffentlich in einem positiveren Licht.

Doch auch schwierige Begegnungen können unser Selbst prägen. Ein strenger Chef, der einen ständig kritisiert, kann dazu führen, dass man sich selbst als Versager zu sehen beginnt – oder, im anderen Extrem, dass man einen starken Ehrgeiz entwickelt, es allen zu beweisen. Ein Verrat durch eine vertraute Person kann einen skeptischer und vorsichtiger werden lassen, was künftig Teil der Identität sein kann (*„Ich bin jemand, der niemanden so leicht vertraut."*). So schmerzhaft solche Erfahrungen sind, sie werden Teil unserer Geschichte und damit unseres Selbstverständnisses. Wichtig ist, dass wir erkennen: Diese geprägten Teile unseres Ichs stammen **aus Begegnungen,** sie sind nicht angeboren oder unveränderlich. Was durch Begegnung geprägt wurde, kann durch neue Begegnungen auch wieder verändert werden. Jemand, der Misstrauen gelernt hat, kann durch die Erfahrung einer wirklich verlässlichen, treuen Freundschaft allmählich wieder Vertrauen fassen und dieses Vertrauen in sein Selbstbild integrieren (*„Ich bin jemand, der wieder hoffen und vertrauen kann."*).

In der Soziologie und Psychologie spricht man auch vom „**Looking-Glass Self**", dem Spiegelbild-Selbst: Wir stellen uns vor, wie wir in den Augen der anderen wirken, und diese Vorstellung beeinflusst wiederum, wie wir uns selbst sehen. Ein einfaches Beispiel: Wenn du einen Witz erzählst und alle lachen herzhaft, fühlst du dich als lustiger Mensch bestätigt und wirst vielleicht noch einen Witz erzählen. Bleibt das Lachen aber aus und es tritt peinliches Schweigen ein, fühlst du dich plötzlich unsicher und denkst vielleicht, du seist langweilig oder ungeschickt. Unsere Selbstwahrnehmung **pendelt** also oft in Resonanz mit der Reaktion unseres Umfelds. Wir ziehen Schlüsse über uns selbst anhand dessen, was uns zurückgemeldet wird. Deshalb sind wohlwollende, bestärkende Begegnungen so wichtig – sie können uns Flügel verleihen. Ein Lehrer, der an einen Schüler glaubt und ihm das spüren lässt, kann dessen Lebensweg nachhaltig beeinflussen, weil der Schüler beginnt, auch an sich selbst zu glauben.

Umgekehrt kann eine Gesellschaft, die einen Menschen permanent abwertet (etwa aufgrund von Vorurteilen, Diskriminierung oder sozialer Kälte), bei diesem Menschen ein Gefühl der Wertlosigkeit erzeugen. Das zeigt die Verantwortung, die wir füreinander tragen: Wir prägen einander allein durch die Art, wie wir uns begegnen. Worte, Blicke und Taten – sie alle spiegeln dem Gegenüber etwas über dessen „Wert" oder

Identität wider. Natürlich sind wir nicht völlig ausgeliefert – im Laufe des Lebens entwickeln wir meist eine stabilere innere Basis, sodass wir nicht jede Meinung von außen übernehmen. Dennoch bleiben wir offen für Resonanz und Spiegelung, bewusst oder unbewusst.

In der heutigen vernetzten Welt treten wir sogar mit Menschen in Resonanz, die wir persönlich nie getroffen haben. Durch soziale Medien, Bücher, Filme und andere Medien erhalten wir Einblicke in unzählige andere Lebensentwürfe und Persönlichkeiten. Auch diese Begegnungen – wenn auch indirekt – können unsere Identität beeinflussen. Ein Jugendlicher sieht vielleicht ein Vorbild auf YouTube, das selbstbewusst seine Meinung sagt, und schöpft daraus Mut, auch offener zu seiner eigenen Meinung zu stehen. Oder man liest den Erfahrungsbericht einer Person, die eine ähnliche Herausforderung überwand, und beginnt sich selbst in einem neuen Licht zu sehen, gestärkt durch das Gefühl: *Wenn der das geschafft hat, kann ich das vielleicht auch.*

Schließlich lohnt sich ein Blick auf das eingangs erwähnte Gegensatzpaar **Echo vs. Resonanz** im Kontext von Identität. Wenn wir nur im „Echo-Kammer"-Sinne leben – also uns mit Menschen umgeben, die uns immer nur bestätigen, was wir ohnehin denken, und alles Fremde ausblenden – dann bleibt unsere Identität starr. Wir hören immer nur unser eigenes Echo, unsere Überzeugungen werden nie hinterfragt, und wir entwickeln uns wenig weiter. Das mag komfortabel sein, aber es begrenzt unser Wachstum. Echte Resonanz dagegen bedeutet Begegnung mit dem Anderen, dem Fremden, dem Herausfordernden – und gerade dadurch **Transformation**. In Resonanz-Begegnungen gehen wir in den Austausch, riskieren vielleicht, dass unsere Sichtweise verändert wird, und erlauben dem Gegenüber, einen Eindruck bei uns zu hinterlassen. In solchem Austausch **verwandelt** sich unser Selbst manchmal ein Stück weit. Das kann bedeuten, dass man nach einer tiefen Aussprache mit einem Freund plötzlich Klarheit über eine eigene Lebensentscheidung gewinnt. Oder dass eine Reise in ein fremdes Land – mit dem Eintauchen in eine andere Kultur – dazu führt, dass man bestimmte Werte oder Gewohnheiten daheim anders bewertet und anpasst. Jedes Mal, wenn du merkst *„Durch diese Erfahrung bin ich nicht mehr ganz derselbe wie vorher"*, hast du Identität durch Begegnung erfahren.

Unser Ich ist also kein einsamer Fels, sondern eher ein Fluss, der durch viele Landschaften fließt und von jedem Ufer etwas mitnimmt. Natürlich gibt es Konstanten in der Persönlichkeit, aber viele unserer Vorlieben, Abneigungen, Ziele und selbst Eigenschaften entstehen in Ko-Regulation mit unserem Umfeld. Indem wir uns dessen bewusst werden, können wir auch **aktiver** mitgestalten, wer wir werden wollen. Wenn du weißt, dass dich dein Umfeld prägt, kannst du z.B. gezielt ein Umfeld suchen, das dich positiv beeinflusst. Manchmal hört man den Rat: *„Umgib dich mit Menschen, die so sind, wie du selbst sein möchtest."* Da ist viel Wahres dran. Denn im Miteinander färben wir ständig aufeinander ab. Wer inspirierende, freundliche, kluge Menschen um sich hat, wird eher dazu angeregt, diese Qualitäten selbst zu entfalten. Wer sich nur mit Zynismus und Negativität umgibt, läuft Gefahr, genau diese Haltung zu übernehmen.

Am Ende dieses Abschnitts könnte man sagen: **Identität ist Begegnung.** Ohne Du kein Ich. Wir definieren uns in Relation – als Tochter, als Freund, als Mitglied einer Gemeinschaft, als Gegner in einer Debatte, als Helfer in der Not. Jede dieser Rollen ist eine Facette unserer Identität, und sie treten nur in Beziehung zu anderen zutage. Das bedeutet auch: Unser Selbst ist dynamisch und wachstumsfähig, solange wir uns auf neue Begegnungen einlassen. In dem Maß, wie wir anderen wirklich begegnen – mit Empfänglichkeit und Resonanz – eröffnen wir uns Möglichkeiten, uns selbst neu zu erfahren.

# Eingebunden statt verloren – das Gefühl von Zugehörigkeit im modernen Leben

In einer Welt von fast acht Milliarden Menschen kann man sich erstaunlicherweise sehr **allein** fühlen. Moderne Städte sind voller Leute, doch viele Einwohner fühlen sich anonym und isoliert. Online sind wir vernetzt mit hunderten „Freunden", doch echte Nähe bleibt manchmal aus. Das Paradox unserer Zeit ist, dass die Möglichkeiten zu kommunizieren so hoch sind wie nie, während gleichzeitig viele Menschen ein tiefes **Sehnsuchtsgefühl nach Zugehörigkeit** verspüren. Wir wollen **eingebunden** sein – Teil von etwas, das größer ist als wir selbst – und nicht verloren gehen im Meer der Gesichter.

Zugehörigkeit bedeutet, das beruhigende Gefühl zu haben, einen Platz in der Welt zu haben, an dem man willkommen ist. Das kann im Kleinen die Familie sein oder der Freundeskreis, und im Großen das Gefühl, Teil einer Nation, Kultur oder sogar der gesamten Menschheit zu sein. Ohne Zugehörigkeit fehlt uns etwas Grundlegendes: Wir sind schließlich soziale Wesen, die seit Urzeiten in Gruppen gelebt haben. Einst war es überlebenswichtig, zu einer Sippe oder einem Stamm zu gehören – ausgeschlossen zu werden bedeutete Gefahr und Einsamkeit. Diese alte

Programmierung steckt noch in uns. **Einsamkeit** empfinden wir deshalb als schmerzhaft, nicht nur seelisch, sondern tatsächlich auch körperlich. Langanhaltende Einsamkeit kann Krankmacher sein: Studien zeigen, dass soziale Isolation das Risiko für Erkrankungen und frühzeitige Sterblichkeit stark erhöht – vergleichbar mit bekannten Gesundheitsrisiken wie starkem Rauchen. Unser Körper und Geist senden damit eine klare Botschaft: *Zugehörigkeit ist so wichtig wie Nahrung und Sicherheit.* Ohne Bindungen verkümmern wir auf einer menschlichen Ebene.

Leider zeigen neuere Untersuchungen, dass in modernen Gesellschaften viele vor allem junge Menschen an Einsamkeit leiden. In Deutschland beispielsweise gab über die Hälfte der 18- bis 35-Jährigen an, sich zumindest moderat einsam zu fühlen. Fast jeder zweite junge Erwachsene fühlt sich also sozial isoliert oder allein – eine erstaunlich hohe Zahl, die verdeutlicht, dass Zugehörigkeit im modernen Leben kein Selbstläufer mehr ist. Obwohl theoretisch so viele Interaktionsmöglichkeiten bestehen, klafft in der erlebten Verbundenheit eine Lücke. Warum ist das so?

Ein Grund mag in der **Individualisierung** unserer Gesellschaft liegen. Wir werden dazu ermutigt, *unabhängig* zu sein, unser eigenes Ding zu machen, eigenständig Karriere zu verfolgen, mobil und flexibel zu bleiben. Das hat viele Vorteile und Freiheiten gebracht – man ist nicht mehr zwangsläufig an den Geburtsort oder die traditionelle Familienrolle gebunden. Doch die Kehrseite von viel individueller Freiheit kann ein Mangel an eingebundenen Gemeinschaften sein. Früher wuchs man vielleicht selbstverständlich in ein Dorfnetzwerk, in den Familienbetrieb oder in feste Glaubensgemeinschaften hinein. Heute muss sich jeder seine Zugehörigkeiten oft selbst neu suchen: nach Umzügen, Jobwechseln oder Lebensphasen, in denen man sich neu orientiert. Freundeskreise zerstreuen sich, wenn alle an unterschiedliche Orte gehen. Familien leben über Kontinente verstreut. Kurz gesagt: Es ist komplexer geworden, langfristige Gemeinschaft zu erleben.

Hinzu kommt die digitale Kommunikation. Sie ist Fluch und Segen zugleich für das Zugehörigkeitsgefühl. Im Internet kann man theoretisch auf unzählige Gleichgesinnte treffen – für jedes noch so spezielle Hobby gibt es ein Forum, für jede Lebenslage eine Selbsthilfegruppe, für jeden Musikgeschmack eine Fangemeinde. Dieses Finden von *Communities* kann äußerst wertvoll sein: Jemand, der sich im direkten Umfeld unverstanden fühlt, entdeckt vielleicht online Menschen, die ticken wie er, und schöpft daraus Kraft und Selbstbewusstsein. Auf der anderen Seite bleibt digitale Verbindung oft an der Oberfläche. Likes und Kommentare ersetzen kein echtes Zuhören und In-den-Arm-Nehmen. Man kann viele Kontakte haben und sich dennoch innerlich leer fühlen, weil die Interaktionen schnell, kurz und teilweise unverbindlich sind. So berichten etliche gerade junge Leute, dass sie zwar ständig mit anderen chatten, aber das Gefühl echter Nähe vermissen. Es ist das eine, Teil einer Social-Media-Gruppe zu sein, und etwas anderes, wirklich einen Freund zu haben, der einen kennt und auf den man sich verlassen kann.

Das **Gefühl von Zugehörigkeit** entsteht vor allem dort, wo man *als ganzer Mensch* gesehen und akzeptiert wird. Wo man nicht nur eine Rolle spielt oder eine Maske aufsetzt, sondern authentisch sein kann. Viele versuchen, dieses Gefühl in verschiedenen Bereichen zu finden: Zum Beispiel im Beruf (Teil eines Teams mit gemeinsamer Mission), in Interessengruppen (vom Sportverein bis zur Umweltinitiative), in spirituellen oder religiösen Gemeinschaften, in Nachbarschaften oder kulturellen Vereinen. Jede solche Gruppe gibt ein Stück Identität und Heimat. Wenn du sagst *„Ich bin Mitglied bei…"* oder *„Wir von der Gruppe X…"*, dann zeigt das, dass du ein *Wir-Gefühl* entwickelt hast, das dein Ich-Gefühl ergänzt. Menschen, die in solchen „Wir"-Netzen geborgen sind, fühlen sich seltener verloren.

Aber was, wenn man das noch nicht gefunden hat? Das moderne Leben kennt leider Phasen, wo man tatsächlich *verloren* wirken kann: neu in einer fremden Stadt, Single nach einer langen Beziehung, im

Homeoffice neu eingestellt ohne Kollegen vor Ort, oder schlicht schüchtern und ohne großes soziales Netzwerk. In solchen Momenten fühlt man sich leicht wie ein kleines Blatt im Wind, irgendwo zwischen all den Strukturen, aber nirgends richtig dazugehörig. Es ist wichtig zu erkennen, dass dieses Gefühl kein persönliches Versagen ist, sondern ein verbreitetes Phänomen unserer Zeit. Es gibt sogar schon Begriffe wie „**Einsamkeitsepidemie**", um zu beschreiben, dass in vielen westlichen Ländern die sozialen Bindungen brüchiger geworden sind.

Doch es gibt auch gute Nachrichten: Man kann Zugehörigkeit **finden und schaffen**. Oft beginnt das damit, sich verletzlich zu zeigen und aktiv auf andere zuzugehen – was Mut kostet, aber enorm belohnt werden kann. Vielleicht erinnerst du dich an eine Situation, in der du dich fremd gefühlt hast und dann hat dir jemand eine einfache Freundlichkeit gezeigt, dich angesprochen oder eingeladen. Augenblicklich ändert sich das Gefühl: Plötzlich bist du gesehen und in Interaktion, nicht mehr unsichtbar. Solche kleinen Brücken sind der Anfang von Zugehörigkeit. Daraus können Bekanntschaften werden, aus Bekanntschaften Freundschaften, und aus Freundschaften Gemeinschaften.

Manchmal hilft es auch, **gemeinsame Aktivitäten** zu suchen. Menschen fühlen sich oft dann verbunden, wenn sie zusammen etwas erleben oder schaffen. Das kann Sport sein – ein Team, das zusammen trainiert, schwitzt und Siege oder Niederlagen teilt, entwickelt ein starkes Band. Oder Kunst – wer einmal in einem Orchester gespielt oder im Chor gesungen hat, kennt das erhebende Gefühl, im selben Moment denselben Klang zu erzeugen wie die anderen, völlig im Einklang. Die Resonanz der Stimmen oder Instrumente wird zum Symbol für die seelische Resonanz in der Gruppe. Auch Engagement verbindet: Wenn du z.B. in deiner Nachbarschaft mithilfst, ein Fest zu organisieren, erlebst du ein Gemeinschaftsgefühl mit Leuten, die vorher vielleicht nur Fremde von nebenan waren. Es ist erstaunlich, wie schnell Zusammenhalt entsteht, wenn Menschen an einem Strang ziehen.

Zugehörigkeit hat auch mit **gegenseitiger Verantwortung** zu tun. In einer intakten Gemeinschaft achtet man aufeinander. Das gibt Sicherheit. Denk an ein kleines Beispiel: Du bist krank, und eine gute Freundin bringt dir Suppe vorbei – das Gefühl, dass da jemand ist, der dein Fehlen bemerkt und sich kümmert, vermittelt Zugehörigkeit. In vielen modernen Kontexten geht diese Verantwortlichkeit leider verloren, weil man denkt „Das ist Privatsache" oder „Ich will mich nicht aufdrängen". Doch gerade solche Gesten sind es, die uns spüren lassen, dass wir nicht verloren sind. Vielleicht müssen wir uns trauen, sowohl solche Gesten anzubieten als auch anzunehmen.

Ein interessantes Konzept der Soziologie ist das der **Resonanzbeziehungen** in der Gesellschaft (entwickelt von Hartmut Rosa). Es besagt grob, dass qualitativ gute Beziehungen – seien es zu Menschen, zur Arbeit oder zur Umwelt – dadurch gekennzeichnet sind, dass wir uns von ihnen **angesprochen und berührt** fühlen und selbst darauf antworten können. Im Gegensatz dazu stehen „stumme" Beziehungen, die nur zweckorientiert und kalt sind (z.B. rein funktionale Kontakte ohne echtes Interesse). Je mehr resonante, also echt wechselseitig erfüllende Beziehungen jemand in seinem Leben hat, desto eingebundener und lebendiger fühlt er sich. Zugehörigkeit im modernen Leben könnte man darum auch als ein Netz von Resonanzen definieren: Man hat einige Menschen, Orte oder Tätigkeiten, bei denen man spürt *„Hier bin ich gemeint, hier bin ich beteiligt"*. Das muss nicht gleich die große epische Gemeinschaft sein – oft genügen ein paar enge Vertraute, ein Lieblingsverein oder regelmäßige Treffen mit Gleichgesinnten, um dieses Gefühl zu nähren.

Dennoch sehnen sich viele auch nach einem **tieferen Sinn-Zusammenhang**: dem Wissen, wo man im großen Bild hingehört. Früher boten Religion oder Tradition automatisch Antworten darauf („Du bist Teil dieser Glaubensgemeinschaft, dieser Dorfgemeinschaft, dieser Familie..."). Heute muss das jeder ein Stück weit selbst herausfinden. Manche finden Zugehörigkeit in der nationalen Identität oder in einer kulturellen Szene, andere in weltanschaulichen Bewegungen. Wieder andere erweitern das Zugehörigkeitsgefühl auf alles Lebendige – zum Beispiel Menschen, die ein starkes Gefühl der Einheit mit der Natur empfinden und sagen würden: *„Ich gehöre zur Erde, sie ist meine Heimat, und alle Lebewesen sind meine Mitgeschöpfe."* Dieses erweiterte Wir-Gefühl kann ebenfalls sehr tröstlich und sinnstiftend sein. Es adressiert die existenzielle Frage: *„Wo ist mein Platz im Universum?"*

Vielleicht können wir in diesem Buchkapitel, das ja **Du bist das Universum** heißt, sogar noch einen Schritt weiter gehen: Wenn du dir vergegenwärtigst, dass du aus Sternenstaub bestehst und dein Bewusstsein ein Teil dieses kosmischen Geflechts ist, dann bist du **nie wirklich allein**. Du bist eingebunden in die größte denkbare Gemeinschaft – die des Universums selbst. Das ist natürlich eine abstrakte Vorstellung und ersetzt nicht die menschliche Nähe im Alltag. Aber sie kann ein Fundament legen: das Gefühl, *grundsätzlich* dazu zu gehören. Albert Einstein sprach einmal sinngemäß davon, dass der Mensch sich als getrennt von der Gesamtheit wahrnimmt – eine Art optische Täuschung des Bewusstseins – und dass unsere Aufgabe ist, diesen Kreis des Mitgefühls immer weiter zu ziehen, bis er alle Lebewesen und die ganze Natur umfasst. Ein solcher Blickwinkel kann helfen, sich weniger verloren zu fühlen: Wir sind ein untrennbarer Teil der Schöpfung, nicht draußen vor.

Zurück auf die Erde und in den Alltag: Wie können wir **heute Zugehörigkeit erleben,** ohne dabei unsere Individualität aufzugeben? Es geht wahrscheinlich um Balance. Einerseits dürfen wir uns als einzigartige Individuen begreifen, andererseits als soziale Wesen, die sich erst in der Verbindung vollständig fühlen. Das bedeutet praktisch: Zeit mit anderen ist wichtig, aber auch die Bereitschaft, in diese Beziehungen zu investieren. Zugehörigkeit fällt nicht einfach vom Himmel – sie entsteht durch gemeinsames Erleben, durch Verlässlichkeit, durch gegenseitiges Geben und Nehmen. In einer Freundschaft beispielsweise das Vertrauen zu haben, auch mal Schwäche zeigen zu dürfen, schafft Zugehörigkeit. In einer Gruppe, in der jeder auch mal zurücksteckt zugunsten des Gruppenwohls, spürt jeder: *Wir halten zusammen.*

Die moderne Welt bietet uns die Chance, uns unsere „Familie" in gewisser Weise auszusuchen – sei es Freundeskreis, Wahlverwandtschaft, Community. Wenn du dich verloren fühlst, kann es helfen, aktiv zu suchen, wo Leute sind, mit denen du resonieren könntest. Das erfordert manchmal Überwindung, aber die Belohnung ist groß. Und sei es ein Hobbykurs, ein Leseclub, eine politische Jugendgruppe oder ein Sportteam – überall dort finden sich oft Gleichgesinnte, aus denen später tieferes Zugehörigkeitsgefühl wächst. Das Gute an Resonanz ist: Sie pflanzt sich fort. Wenn du einmal erlebt hast, wie es ist, sich wirklich zugehörig zu fühlen, strahlst du das auch aus und ziehst wieder eher Menschen an, die dasselbe suchen.

Am Ende steht die Erkenntnis, dass **Zugehörigkeit** nichts ist, was der Vergangenheit angehört oder in einer digitalisierten Welt unmöglich wäre. Im Gegenteil, sie ist essenziell und wir haben viele Wege, sie herzustellen. Es mag anstrengender geworden sein, bewusste Entscheidungen dafür zu treffen, aber dafür sind die möglichen Verbindungen vielfältiger denn je. Wir können uns gleichzeitig lokal und global verbunden fühlen – mit den Menschen in unserer unmittelbaren Umgebung und mit Menschen auf anderen Kontinenten (durch Austausch und Verständnis). Wichtig ist, die Oberflächlichkeit zu durchbrechen und echte Resonanz herzustellen. Wenn aus einem zufälligen Treffen ein tiefer Austausch wird, wenn aus Bekanntschaften Freunde werden, wenn aus dem Gefühl des Fremdseins ein Gefühl des Angenommenseins wird – dann haben wir den Schritt von *verloren* zu *eingebunden* geschafft.

Zum Abschluss dieses Kapitels dürfen wir uns vergegenwärtigen: **Du bist eingebettet in die Welt**, vom ersten Atemzug an. Nicht nur physisch als Teil der Nahrungskette oder als Ansammlung von Sternenmaterial, sondern auch als soziales Wesen inmitten anderer. Deine Beziehungen spiegeln und formen dich, die Natur und das Universum resonieren mit deinem Leben, und dein Selbst entsteht im Echo der

Begegnungen. Wenn du dich manchmal allein fühlst, erinnere dich daran, dass das **Echo** nur darauf wartet, zur **Resonanz** zu werden – es braucht oft nur dein offenes Ohr und Herz und den Mut, den ersten Schritt zu tun. Du bist das Universum, und das Universum ist in dir – in jedem **Band der Verbundenheit** und in jeder Resonanz, die dein Leben zum Klingen bringt.

# Kapitel 6: Wer bin ich wirklich – jenseits von Rollen, Gedanken und Erwartungen

Wer bin ich wirklich? – Diese Frage stellt sich fast jeder Mensch irgendwann in seinem Leben. Oft drängt sie sich gerade dann auf, wenn gewohnte Sicherheiten ins Wanken geraten: wenn eine vertraute Rolle wegfällt, Erwartungen sich verändern oder das eigene Selbstbild zu bröckeln beginnt. Mitunter regt sich diese Suche nach dem „wahren Ich"aber auch in ruhigen Momenten des Alltags. Man blickt auf sein Leben – auf Erfolge, Pflichten und all die sozialen Rollen – und fragt sich, ob das wirklich alles ist, was einen ausmacht. Ob jung oder alt, die Frage nach der eigenen Identität kann jederzeit an die Oberfläche kommen.

Im Alltag definieren wir uns über vieles: über unseren Beruf, unsere familiären Rollen, unsere Hobbys und Leistungen. Wir übernehmen schon früh bestimmte Rollen und passen uns an das an, was andere von uns erwarten. Im Laufe der Zeit entsteht so ein Bild von uns selbst, geformt aus all diesen Erfahrungen, Gedanken und Zuschreibungen.

Doch entspricht dieses Bild dem, was wir im Kern sind? Besteht unsere Identität nur aus den Rollen, die wir spielen, und den Gedanken, die wir über uns denken? Tief im Inneren ahnen viele von uns, dass da „noch mehr" sein muss – etwas jenseits von Titeln und Etiketten, jenseits der ständigen inneren Monologe und fremden Erwartungen. In diesem Kapitel gehen wir der Frage nach, wer wir wirklich sind, wenn wir all diese Schichten einmal zur Seite legen. Was bleibt von uns übrig jenseits von Rollen, Gedanken und Erwartungen? Und wie können wir ein stabiles Gefühl für das eigene Selbst entwickeln, das unabhängig von äußeren Zuschreibungen Bestand hat?

In den folgenden Abschnitten gehen wir diesen Fragen schrittweise nach. Zunächst betrachten wir, wie unser Selbstbild durch Rollen, Erwartungen und Gedankenmuster geformt wird. Dann untersuchen wir den Unterschied zwischen dem, was wir denken, und dem, was wir wirklich sind – und führen das Konzept des inneren Beobachters ein, des Bewusstseins, das jenseits unserer Gedanken existiert. Anschließend schauen wir darauf, was passiert, wenn vertraute Rollen wegfallen und wie sich das auf unser Identitätsgefühl auswirkt. Schließlich geht es darum, wie wir ein dauerhaftes Selbstbild entwickeln können, das auf innerer Stabilität statt auf äußeren Zuschreibungen beruht.

# Selbstbild: Rollen, Erwartungen und Gedankenmuster

Unser **Selbstbild** – also das Bild, das wir von uns selbst haben – formt sich zu einem großen Teil aus den Rollen, die wir im Laufe des Lebens übernehmen, und aus den Erwartungen, die damit einhergehen. Viele Menschen definieren sich stark über das, was sie tun, und über die Positionen, die sie im sozialen Gefüge einnehmen. Schon von klein auf bekommen wir bestimmte Zuschreibungen: Wir hören vielleicht, wir seien „die Verantwortungsvolle", „der Lustige", „die Fleißige" oder „der Träumer". Solche Etiketten entstehen durch die Rollen, die wir in Familie, Schule und Freundeskreis spielen, und prägen, wie wir uns selbst sehen. Unsere Selbstdefinition entsteht also auch durch Spiegelung: Wir nehmen die Rückmeldungen unseres Umfelds auf und formen daraus ein Selbstbild. So kann ein Kind, dem immer wieder gesagt wird, es sei besonders hilfsbereit, dieses Merkmal als Teil seiner Identität verinnerlichen. Ein Jugendlicher, der von

Gleichaltrigen als „Außenseiter" oder „Streber" abgestempelt wird, übernimmt möglicherweise dieses Etikett in sein Selbstverständnis – ob es nun objektiv zutrifft oder nicht.

Auch kulturelle Rollenbilder prägen uns. Gesellschaftliche Erwartungen darüber, was „typisch männlich" oder „typisch weiblich" ist, oder was in einer bestimmten Kultur als Erfolg gilt, fließen oft unbewusst in unser Selbstverständnis ein. Wir richten unser Verhalten danach aus, um dazuzugehören und den Erwartungen gerecht zu werden.

**Rollen und externe Erwartungen:** Eine Rolle bringt meist klare Erwartungen mit sich – sowohl von außen als auch von uns selbst. Beispielsweise wird von jemandem in der Rolle der *Mutter* erwartet, sich fürsorglich um die Kinder zu kümmern. In der Rolle des *Vorgesetzten* erwartet man Führung und Entscheidungen. Oft übernehmen wir solche Erwartungen unbewusst in unser eigenes Denken: Wir versuchen, den Anforderungen gerecht zu werden, um Anerkennung zu finden und unser Selbstwertgefühl zu bestätigen. Rollen erfüllen dabei wichtige Funktionen für unser psychisches Gleichgewicht. Sie bieten uns zum Beispiel:

- **Struktur:** Sie geben dem Alltag einen Rahmen und klare Aufgaben.

- **Sinn:** Sie vermitteln das Gefühl, gebraucht zu werden, und stiften Zweck.

- **Zugehörigkeit:** Durch Rollen finden wir unseren Platz in Familie, Beruf und Gesellschaft.

- **Selbstwert:** Erfüllen wir eine Rolle erfolgreich, erfahren wir Anerkennung und Bestätigung.

Allerdings können uns Rollen mit ihren Erwartungen auch in vorgefertigte Muster drängen. Psychologische Experimente haben eindrucksvoll gezeigt, wie stark fremde Rollen das Verhalten beeinflussen können: Beim berühmten Stanford-Prison-Experiment in den 1970er-Jahren zum Beispiel wurden Versuchspersonen zufällig in die Rolle von „Wärtern" und „Gefangenen" versetzt. Innerhalb weniger Tage übernahmen sie diese Rollen derart überzeugend – die „Wärter" verhielten sich autoritär und hart, die „Gefangenen" unterwürfig und verzweifelt –, dass das Experiment vorzeitig abgebrochen werden musste. Ähnliche Studien belegen, dass Menschen unter dem Einfluss von Rollen manchmal Dinge tun, die ihrer eigentlichen Persönlichkeit widersprechen. Das zeigt, wie sehr wir uns von übernommenen Identitäten leiten lassen, oft ohne es vollständig zu merken.

Es ist nicht verwunderlich, dass wir unser Selbstbild oft eng mit unseren Rollen verknüpfen. Wir „sind" dann der Beruf, den wir ausüben, oder die Funktion, die wir erfüllen – zumindest in unserer eigenen Wahrnehmung. Damit verbunden sind bestimmte Gedankenmuster: Wir denken über uns in Kategorien wie *„Ich bin ein erfolgreicher Geschäftsmann"*, *„Ich bin eine gute Mutter"*, *„Ich bin ein Außenseiter"* oder *„Ich bin der Klassenbeste"*. Solche Überzeugungen wiederholen sich in unserem Geist und festigen sich mit der Zeit zu inneren Glaubenssätzen.

**Gedankenmuster und innere Glaubenssätze:** Neben den äußeren Rollen wirken auch unsere eigenen Gedanken und Bewertungen bei der Formung des Selbstbildes mit. Jeder Mensch entwickelt im Laufe des Lebens innere Monologe darüber, wer er ist und wie er sein sollte. Diese Gedankenmuster können auf persönlichen Erfahrungen basieren („Mir ist oft gesagt worden, ich sei schüchtern, also bin ich wohl ein schüchterner Mensch") oder auf übernommenen Idealvorstellungen („Ich muss immer stark sein und darf keine Schwäche zeigen"). Durch ständiges Wiederholen solcher Überzeugungen prägen sie unser Selbstverständnis nachhaltig. Positive Gedankenmuster – etwa die Überzeugung, kompetent oder liebenswert zu sein – stärken das Selbstvertrauen. Negative oder einschränkende Gedankenmuster – wie der Glaube, nichts wert zu sein, wenn man Fehler macht – können dagegen zu einem verzerrten oder labilen Selbstbild führen.

Solche inneren Überzeugungen beeinflussen auch unser Verhalten und damit wiederum, wie andere auf uns reagieren. Wer beispielsweise glaubt, ein Außenseiter zu sein, wird sich in Gruppen eher zurückhalten oder misstrauisch verhalten – was tatsächlich dazu führen kann, dass er weniger Anschluss findet. Diese Erfahrung bestätigt dann scheinbar das negative Selbstbild. Ein solcher Kreislauf, in dem Erwartungen sich selbst erfüllen, wird als *selbsterfüllende Prophezeiung* bezeichnet. Umgekehrt kann ein positives Selbstkonzept – etwa „Ich schaffe das!" – dazu beitragen, dass man Herausforderungen wirklich erfolgreicher meistert, weil man zuversichtlicher auftritt.

Auch kann unser festgefügtes Selbstbild dazu führen, dass wir neue Erfahrungen verzerrt wahrnehmen. Wer sich tief im Innern für „nicht gut genug" hält, neigt vielleicht dazu, eigene Erfolge abzuwerten („Das war nur Glück") und Kritik übermäßig wichtig zu nehmen – alles, um das bestehende Bild von sich selbst zu bestätigen. Umgekehrt mag jemand mit überhöhtem Selbstbild Warnsignale ignorieren, weil sie nicht ins eigene Weltbild passen. In all diesen Fällen schränken uns starre Rollen und Gedankenmuster ein, indem sie unseren Blick auf uns selbst fixieren und wenig Raum für Veränderung lassen.

So entsteht im Zusammenspiel von äußeren Rollen und inneren Gedanken allmählich das Bild, das wir von uns selbst haben. Es fühlt sich vertraut und zunächst stabil an, weil wir es über Jahre hinweg immer wieder bestätigen – durch unser Verhalten in den gewohnten Rollen und durch die Geschichten, die wir uns selbst erzählen. Doch dieses Selbstbild ist letztlich eine Konstruktion: ein Produkt aus sozialen Erwartungen, persönlichen Erfahrungen und mentalen Gewohnheiten. Die zentrale Frage ist: Inwiefern entspricht dieses konstruierte Bild tatsächlich unserem **wahren Selbst**? Oder anders gefragt: Was in uns existiert jenseits dieser Rollenbeschreibungen und Gedankenmuster? Diese Überlegungen führen uns zum Unterschied zwischen dem, was wir über uns **denken**, und dem, was wir **sind**.

## Was wir denken – und was wir sind

Wir alle führen in unserem Kopf einen nahezu ständigen inneren Dialog. Gedanken flitzen durch den Geist, kommentieren unsere Erfahrungen, bewerten uns selbst und andere, planen die Zukunft oder rekapitulieren die Vergangenheit. Angesichts dieses unablässigen Gedankenstroms ist es kein Wunder, dass wir uns leicht mit unseren Gedanken identifizieren. Wenn ständig Sätze wie *„Ich schaffe das nie"* oder *„Ich bin halt so und nicht anders"* im Kopf auftauchen, neigen wir dazu zu glauben, diese Gedanken würden uns definieren. Doch hier lohnt es sich, innezuhalten:

**Das, was wir denken, ist nicht automatisch das, was wir sind.**

Gedanken sind mentale Ereignisse – flüchtig, oft spontan und nicht immer zuverlässig. Untersuchungen schätzen, dass wir jeden Tag viele tausend einzelne Gedanken haben. Aus neurowissenschaftlicher Sicht entstehen Gedanken durch komplexe neuronale Prozesse, die oft unbewusst ablaufen. Das Gehirn erzeugt beständig Assoziationen, Erinnerungen und Vorhersagen – viele dieser geistigen „Zwischenrufe" dringen als flüchtige Gedanken in unser Bewusstsein, ohne dass wir sie willentlich produziert haben.

Ein großer Teil unserer Gedanken läuft automatisiert ab, ohne dass wir es bewusst steuern. Schon in wenigen Minuten kann unser Geist in ganz verschiedene Richtungen springen: Eben denkt man an das Mittagessen, im nächsten Moment taucht eine Kindheitserinnerung auf, kurz darauf sorgt man sich um ein anstehendes Meeting, und plötzlich drängt sich der Refrain eines Liedes ins Bewusstsein. Diese Sprunghaftigkeit zeigt, dass Gedanken oft spontan auftreten, ohne dass unser bewusstes Ich sie aktiv lenkt.

Unser Verstand produziert bisweilen auch echte Fehlsignale. Hört man nachts ein unbekanntes Geräusch, schießt vielleicht der Gedanke *„Da ist ein Einbrecher!"* durch den Kopf – obwohl es in Wirklichkeit nur der Wind ist. Gedanken malen sich

Szenarien aus, die mit der Realität nicht übereinstimmen. Oder nehmen wir an, man steht kurz davor, vor anderen Menschen zu sprechen, und plötzlich denkt man *„Ich blamiere mich bestimmt komplett.“* Dieser Gedanke entspringt der eigenen Unsicherheit, nicht zwingend den tatsächlichen Gegebenheiten. Würde man ihn ungeprüft als Wahrheit akzeptieren, könnte er lähmende Wirkung entfalten – obwohl objektiv noch gar nichts passiert ist.

Ähnlich verhält es sich mit impulsiven negativen Einfällen. Wahrscheinlich hat jeder schon einmal im Zorn einen drastischen Gedanken gehabt wie *„Dem würde ich jetzt am liebsten...!“*, nur um sich gleich darauf zu erschrecken oder zu schämen. Man merkt: So etwas würde man weder wirklich tun, noch entspricht es den eigenen moralischen Vorstellungen. Auch hier zeigt sich, dass nicht jeder Geistesblitz unsere wahren Absichten oder unseren Charakter widerspiegelt – Gedanken können momentane Emotionen abbilden, ohne Ausdruck unseres tiefsten Selbst zu sein.

Unsere Selbstwahrnehmung schwankt mit unseren Launen und Umständen, weil auch die Gedanken ständigen Schwankungen unterliegen. An einem Tag halten wir uns vielleicht für fähig und stark; am nächsten Tag – in schlechterer Stimmung – kommen Zweifel auf und wir denken, wir seien unfähig oder unwürdig. Es wäre fatal, jede vorübergehende

Eingebung für eine unverrückbare Wahrheit über unser Wesen zu halten.

Ein klassisches Missverständnis ist in diesem Zusammenhang das berühmte Zitat des Philosophen René Descartes: *„Ich denke, also bin ich."* Oft wird es dahingehend missverstanden, als wäre unser Denken der Beweis dafür, wer wir sind. Tatsächlich bedeutet es nicht, dass wir **das sind, was wir denken.** Nur weil ein Gedanke in unserem Kopf auftaucht – etwa *„Ich bin ein Versager"* oder *„Keiner mag mich"* – heißt das noch lange nicht, dass dieser Gedanke der Realität entspricht oder unser Wesen ausmacht. Gedanken können irren, übertreiben, verzerren oder schlicht zufällig sein. Jeder kennt die Erfahrung, dass einem plötzlich ein völlig unpassender oder absurder Gedanke in den Sinn kommt, ohne ersichtlichen Anlass. Wichtig ist, sich bewusst zu machen: Ein Gedanke ist erst einmal nur ein innerer Vorschlag – keine endgültige Tatsachenfeststellung.

Ein entscheidender Hinweis darauf, dass wir nicht mit unseren Gedanken gleichzusetzen sind, ist die Fähigkeit, unsere Gedanken zu **beobachten.** Wir können im Geiste einen Schritt zurücktreten und bemerken: *„Interessant, gerade denke ich, dass ich versagt habe."* In dem Moment, wo wir einen Gedanken bemerken, gibt es also zwei Ebenen: Da ist zum einen der Gedanke selbst – und zum anderen das Bewusstsein, das diesen Gedanken wahrnimmt. Dieser kleine Abstand, den wir zu unseren mentalen Vorgängen einnehmen können, zeigt uns: Es existiert mehr in uns als die Inhalte unseres Verstandes. Unsere Identität geht über die momentanen Gedankengänge hinaus. Was wir **sind**, ist nicht identisch mit dem, was wir in jedem Augenblick **denken**.

Diese Erkenntnis mag zunächst abstrakt klingen, hat aber weitreichende Konsequenzen. Sie bedeutet zum Beispiel, dass wir uns von belastenden oder selbstabwertenden Gedanken nicht vollständig beherrschen lassen müssen. Wenn ein kritischer Gedanke auftritt, können wir uns bewusst machen: *„Das ist nur ein Gedanke, nicht die absolute Wahrheit über mich."* Diese innere Distanzierung schafft einen Freiraum und ermöglicht es, anders mit dem Gedanken umzugehen. Doch woher kommt eigentlich diese Fähigkeit, die eigenen Gedanken gewissermaßen von außen zu betrachten? Hier kommen wir zum Konzept des **inneren Beobachters** – jenem Teil unseres Bewusstseins, der wahrnimmt, ohne sich mit dem Wahrgenommenen zu identifizieren.

# Der innere Beobachter: Bewusstsein jenseits der Gedanken

Wenn wir erkennen, dass wir unsere Gedanken beobachten können, stellt sich die Frage: **Wer** ist es eigentlich, der dort beobachtet? Viele philosophische und psychologische Ansätze gehen davon aus, dass es in uns eine Instanz gibt, die man den *inneren Beobachter* nennen kann. Damit ist das Bewusstsein gemeint, das all unsere Gedanken, Gefühle und Sinneseindrücke registriert, ohne selbst ein Gedanke oder Gefühl zu sein. Es ist gleichsam der stille Zeuge unserer Erlebnisse – der Teil von uns, der wahrnimmt, ohne zu urteilen.

Vielleicht haben wir alle schon einmal solche Momente des reinen Beobachtens erlebt: Augenblicke, in denen der sonst so laute Gedankenstrom zur Ruhe kommt und man einfach nur da ist, im Hier und Jetzt. Das kann geschehen, wenn man in einen wunderschönen Sonnenuntergang blickt, vertieft in eine Tätigkeit vollkommen die Zeit vergisst oder in stiller Meditation verweilt. In solchen Momenten tritt der kontinuierliche innere Monolog in den Hintergrund. An seine Stelle tritt ein Gefühl von Präsenz und Klarheit: Man nimmt wahr, was ist, ohne es sofort analysieren oder bewerten zu müssen. Dieses *beobachtende Bewusstsein* ist wach und aufmerksam, aber zugleich ruhig und unbeteiligt am Geschehen.

Natürlich erfordert es etwas Übung, diese Haltung des inneren Beobachtens einzunehmen. Unser Geist ist es gewohnt, sich sofort mit den auftauchenden Gedanken zu identifizieren. Methoden wie Achtsamkeitsmeditation zielen genau darauf ab: Man übt, die Rolle des Beobachters einzunehmen.

Beispielsweise konzentriert man sich auf den Atem und registriert dabei, welche Gedanken auftauchen, ohne ihnen nachzugehen. Anfangs schweifen die Gedanken schon nach Sekunden wieder ab – was deutlich macht, wie stark wir normalerweise in unseren Kopfkino-Geschichten gefangen sind. Doch mit der Zeit gelingt es immer besser, bewusst in die Beobachterperspektive zurückzukehren. Diese Fähigkeit lässt sich auch im Alltag stärken, etwa indem man zwischendurch inne hält und sich fragt: *„Was geht gerade in mir vor?"* Allein eine solche Frage schafft bereits Abstand zum Gedankenstrom.

In der Psychologie und in spirituellen Traditionen gibt es verschiedene Begriffe für das Phänomen des beobachtenden Bewusstseins. In der modernen Verhaltenstherapie, zum Beispiel der Akzeptanz- und Commitment-Therapie (ACT), spricht man vom *Beobachter-Selbst*. In der buddhistischen Lehre wird es als *reines Gewahrsein* bezeichnet. Gemeint ist jeweils dasselbe: ein Zustand des Gewahrseins, in dem man sich nicht mit den Inhalten des Geistes identifiziert, sondern sie aus einer gewissen Distanz betrachtet. Gedanken tauchen auf und vergehen, Gefühle steigen in uns hoch und flauen wieder ab, und auch die Rollen, die wir im Leben spielen, wechseln mit der Zeit – aber das bewusste **Erleben**, das all das wahrnimmt, bleibt als Konstante bestehen.

Diese Perspektive des inneren Beobachters zu kultivieren, kann äußerst hilfreich sein. Wenn wir uns mit dieser stillen Instanz identifizieren – statt mit den einzelnen, wechselhaften Gedanken oder Rollen – gewinnen wir innerlich an Stabilität. Plötzlich müssen wir nicht mehr auf jeden Gedanken „anspringen" oder jede innere Geschichte für bare Münze nehmen. Wir erkennen: *Hier bin **ich**, und dort sind **meine Gedanken**.* Diese klare Trennung kann sehr befreiend wirken. Denn sobald wir einen Gedanken als bloßen Gedanken erkennen, verliert er an Macht über uns. Ein beunruhigender Gedanke wie *„Ich genüge nicht"* kann kommen und gehen, ohne unser fundamentales Selbstwertgefühl zu erschüttern – sofern wir ihn als vorüberziehendes mentales Ereignis sehen und nicht als Definition unserer Person. Einige Menschen finden es hilfreich, sich dies auch sprachlich klarzumachen: Anstatt zu sagen „Ich bin wütend" könnte man formulieren „In mir ist gerade Wut". Dadurch bleibt man der Beobachter der Emotion, anstatt sich vollständig mit ihr zu identifizieren. Genauso kann man denken „Ich habe den Gedanken, dass…" statt „Ich bin …". Diese kleine Verschiebung im Ausdruck verdeutlicht, dass Gedanken und Gefühle etwas sind, das man *hat*, und nicht unbedingt das, was man *ist*.

Viele Menschen berichten, dass sie sich durch eine solche beobachtende Haltung gelassener und klarer fühlen. Auch wissenschaftliche Untersuchungen stützen das: Wer lernt, Gedanken ziehen zu lassen, anstatt sich von ihnen forttragen zu lassen, hat oft weniger Probleme mit Grübelkreisläufen und Stress. Statt sich in negativen Gedanken zu verfangen, gelingt es, schneller innerlich einen Schritt zurückzutreten. Diese innere Distanz hat auch praktische Folgen im Alltag: Sie schafft einen Moment des Innehaltens, bevor wir auf etwas reagieren. Angenommen, jemand kritisiert uns heftig. Ohne Abstand fühlen wir uns vielleicht sofort angegriffen und reagieren impulsiv verletzt oder wütend. Mit geschultem Beobachter hingegen bemerken wir zunächst: *„Die Kritik löst gerade Ärger in mir aus."* Allein dieses Gewahrsein kann verhindern, dass der Ärger uns unkontrolliert übermannt. Wir gewinnen einen Augenblick, um durchzuatmen und bewusst zu entscheiden, wie wir antworten wollen. Häufig führt das zu sachlicheren, gelasseneren Reaktionen – wir sind nicht mehr Spielball unserer spontanen Gefühlsregung. Wichtig ist dabei, dass es nicht darum geht, Gedanken zu verdrängen oder krampfhaft abzustellen – im Gegenteil. Der innere Beobachter nimmt alles wahr, was auftaucht, aber er haftet nicht daran. Diese akzeptierende Wahrnehmung verändert die Beziehung zu den Gedanken: Sie dürfen da sein, aber sie reißen uns nicht unkontrolliert mit.

Die Erfahrung, das eigene Bewusstsein als Beobachter zu erleben, zeigt eindrücklich, dass unser Wesenskern nicht identisch ist mit den wechselnden Inhalten unseres Geistes. Unsere wahre Identität liegt vielmehr in diesem bewusst wahrnehmenden *Sein* selbst. Dieser innere Zeuge ist neutral und beständig: Er ist da, ob wir gerade fröhlich oder traurig sind, erfolgreich oder im Scheitern begriffen, gelassen oder gestresst. In gewisser Weise könnten wir sagen, dass in diesem beobachtenden Gewahrsein unser „wirkliches Ich" zum Vorschein kommt – jenes Ich, das jenseits von Rollen, Gedanken und Gefühlswellen einfach **ist**.

# Wenn wir Rollen ablegen: Identitätsangst, Leere und Freiheit

Rollen geben uns Halt – umso verunsichernder kann es sein, wenn sie wegfallen oder wenn wir bewusst versuchen, uns von einer vertrauten Rolle zu lösen. Manchmal beginnt dieses Loslösen auch innerlich, ohne dass die äußeren Umstände es erzwingen: In der Lebensmitte beispielsweise erleben manche Menschen trotz äußerlich „perfekter" Lebensumstände eine diffuse Unzufriedenheit. Diese *Midlife-Crisis* ist im Kern ebenfalls ein Ringen um das wahre Ich – man fragt sich vielleicht, ob man bislang nur den Erwartungen anderer gefolgt ist, und ob die Person, die man geworden ist, wirklich einen selbst widerspiegelt. Auch das kann eine Form von Identitätskrise sein, noch während man die alten Rollen innehat.

Viele Menschen erleben dann eine Art **Identitätskrise**. Plötzlich fehlen die gewohnte Struktur und die eindeutige Definition, wer man ist und was man zu tun hat. Es entsteht nicht selten ein Gefühl der Leere. **Wer bin ich, wenn ich nicht mehr diese Rolle ausfülle?** Diese Frage kann quälend sein. Wenn jemand jahrzehntelang seine Erfüllung darin gefunden hat, zum Beispiel Lehrer*in, Ärztin oder Führungskraft zu sein, dann kann der Übergang in den Ruhestand ihn oder sie in ein tiefes Loch stürzen. Ähnlich ergeht es Eltern, deren Kinder aus dem Haus gehen – das sogenannte *Empty-Nest*-Gefühl: Die Aufgabe, die dem Leben Sinn gegeben hat, ist plötzlich nicht mehr da. Unweigerlich stellt sich die Frage nach dem eigenen Wert jenseits der Elternrolle. In solchen Phasen fühlen sich Menschen häufig orientierungslos, traurig oder sogar überflüssig.

Ähnlich kann das Ende einer langjährigen Partnerschaft – sei es durch Trennung oder durch den Verlust des geliebten Menschen – eine tiefe Identitätslücke reißen. Wer über Jahre „die Ehefrau von…" oder „der Partner von…" war, muss sich plötzlich als Einzelperson zurechtfinden. Neben der Trauer kommt dann oft die Frage auf: *Wer bin ich ohne diesen Menschen an meiner Seite?* Auch hier gilt es, das eigene Ich neu zu definieren, jenseits der vertrauten Rolle in der Beziehung.

Diese Identitätsangst rührt daher, dass wir unser Selbstbild sehr stark an die Rolle gebunden hatten. Fällt die „Säule" der Rolle weg, gerät das ganze Selbstverständnis ins Wanken. Man hat das Gefühl, einen Teil von sich selbst zu verlieren. Damit gehen oft Unsicherheit und Angst einher: Werden andere mich noch schätzen, wenn ich nicht mehr die Leistung bringe oder die Aufgabe erfülle, die sie von mir kennen? Werde *ich* mich selbst noch mögen können, wenn die äußeren Erfolgsnachweise und Verantwortlichkeiten fehlen? Solche Befürchtungen können dazu führen, dass Menschen sich krampfhaft an Rollen festklammern – auch wenn diese ihnen vielleicht längst nicht mehr guttun. Die Vorstellung, das vertraute Image aufzugeben, macht Angst.

Tatsächlich kann man beobachten, dass manche nahezu zwanghaft an einer einmal angenommenen Identität festhalten. Ein Jugendlicher etwa, dem der Ruf des „Rebellen" vorauseilt, spielt diese Rolle vielleicht immer extremer aus – selbst wenn er sich innerlich nach Anerkennung für andere Seiten seiner Person sehnt. Die Angst dahinter ist, ohne diese vertraute Identität unsichtbar zu werden oder nicht dazuzugehören. Ähnlich bleibt manch Erwachsener in einer Karriere, die ihn eigentlich unglücklich macht, weil das Selbstbild „Erfolgreicher Manager" zu sehr mit seinem Selbstwert verwoben ist, um es loszulassen.

Manchmal verstecken wir uns regelrecht hinter unseren Rollen, weil sie uns ein Gefühl von Sicherheit und Identität geben – wie eine Maske, die wir ungern ablegen. Ohne diese „Maske" fühlen wir uns vielleicht nackt und schutzlos. Doch so unangenehm die Leere und Verunsicherung zunächst sind, sie bergen auch eine Chance. Wenn alte Identifikationen wegbrechen, entsteht Raum für Neues. **Wer bin ich, wenn ich nicht mehr Manager, Mutter oder „der Lustige" in meinem Freundeskreis bin?** Anfangs mag darauf keine klare Antwort kommen – und genau dieses Nichtwissen fühlt sich beängstigend an. Aber in diesem Nichtwissen liegt auch eine Freiheit. Ohne die gewohnte Rolle eröffnen sich plötzlich andere Möglichkeiten, sich selbst zu definieren. Vielleicht entdeckt man verborgene Interessen oder vernachlässigte Talente, für die zuvor im eng getakteten Alltag kein Platz war. Oder man stellt fest, dass Menschen im Umfeld einen auch dann schätzen, wenn man nicht ständig die erwartete Rolle perfekt erfüllt – dass echte Beziehungen mehr tragen als die formale Rolle.

Ein wichtiger Schritt beim Loslassen von Rollen ist, die auftauchenden Gefühle zuzulassen. Es ist normal, um den Verlust einer vertrauten Identität zu trauern. Wer viele Jahre „mit Leib und Seele" beispielsweise Ärztin war, darf auch erst einmal den Schmerz spüren, wenn dieser Lebensabschnitt endet. Psychologen weisen darauf hin, dass jeder große Rollenwechsel einen kleinen Trauerprozess mit sich bringt – man nimmt Abschied von einem Kapitel des Lebens. Diese Trauer heißt nicht, dass es falsch war, sich mit Leidenschaft zu engagieren; sie zeigt nur, wie bedeutsam die Rolle für das eigene Leben war. Indem wir solche Gefühle anerkennen, statt sie zu verdrängen, schaffen wir die Basis, uns allmählich neu zu orientieren.

Nach der Phase der Leere und Unsicherheit stellt sich mit der Zeit häufig ein neues Empfinden ein: **Freiheit.** Freiheit von alten Erwartungen und Zwängen. Wenn wir nicht mehr an eine einzige Rolle gebunden sind, dürfen wir unterschiedliche Seiten unserer Persönlichkeit erkunden. Menschen berichten zum Beispiel, dass sie nach dem Ende einer karrierebestimmenden Phase zwar zunächst ins Straucheln gerieten, dann aber die neue Freiheit genossen haben – um neue Projekte anzugehen oder das Leben ohne den früheren Druck zu erleben. Jemand, der immer als „der Verantwortungsvolle" gegolten hat, empfindet vielleicht Erleichterung, auch einmal Verantwortung abzugeben. Eine Person, die lange die Rolle der stets hilfsbereiten Kümmerin innehatte, spürt möglicherweise zum ersten Mal, dass sie sich selbst etwas gönnen darf, ohne sofort für alle anderen da sein zu müssen.

Das Loslassen von Rollen ist also ein zweischneidiger Prozess: Einerseits konfrontiert er uns mit Ängsten, Unsicherheiten und dem Gefühl eines Verlustes. Andererseits bietet er die Möglichkeit, sich selbst auf einer grundlegenderen Ebene kennenzulernen – jenseits der bisherigen Etiketten. Durch die Erfahrung, dass das Leben weitergeht, auch wenn eine Rolle endet, wächst oft das Vertrauen in die eigene innere Substanz. Man erkennt, dass da ein „Ich" bleibt, selbst wenn äußere Beschreibungen wegfallen. Tatsächlich berichten viele Menschen im Rückblick, dass gerade das Durchleben einer solchen Identitätskrise sie letztlich selbstbewusster gemacht hat. Sie mussten herausfinden, wer sie *ohne* die äußere Rolle sind, und haben dadurch ein tieferes Selbstvertrauen gewonnen. Diese Erkenntnisse führen direkt zur Frage, wie man ein Selbstbild entwickeln kann, das auf dieser tieferen Ebene gründet und nicht mehr so leicht ins Wanken gerät, wenn sich die äußeren Umstände ändern.

## Ein stabiles Selbstbild jenseits äußerer Zuschreibungen

Wie lässt sich nun eine Identität formen, die auch ohne die stützenden Schablonen äußerer Rollen und Erwartungen Bestand hat? Ein erster Schritt ist das Bewusstsein, dass wir mehr sind als die Labels und Aufgaben, die uns bisher definiert haben. Eine gesunde Identität besteht idealerweise aus mehreren Säulen. Wer sich nicht nur über eine einzige Rolle definiert, bleibt flexibler, wenn das Leben eine Wendung nimmt. Es lohnt sich, den Blick nach innen zu richten und sich Fragen zu stellen wie: *Was kann ich? Was liebe ich?*

*Was zeichnet mich aus – unabhängig von meinen offiziellen Aufgaben und Titeln?* Solche Fragen helfen, die eigenen Stärken, Leidenschaften und Werte zu identifizieren, die nicht von äußeren Zuschreibungen abhängen.

**Innere Werte und Qualitäten:** Zentral für ein stabiles Selbstbild sind die persönlichen Werte und Charakterzüge. Sie bilden sozusagen den Kern, der erhalten bleibt, egal in welcher äußeren Rolle man sich gerade befindet. Es geht darum, herauszufinden, was einem wirklich wichtig ist im Leben. Zum Beispiel könnten Werte sein: *Integrität* (Aufrichtigkeit und Treue zu sich selbst), *Mitgefühl* (Empathie und Hilfsbereitschaft gegenüber anderen), *Kreativität* (Schöpfergeist und Offenheit für Neues) oder *Freiheit* (Unabhängigkeit und Eigenverantwortung). Wenn wir unser Handeln an solchen inneren Werten ausrichten, geben wir unserem Leben eine Richtung und Sinn, die nicht von äußeren Umständen diktiert werden. Eine Person, der Kreativität wichtig ist, mag diese heute als Ingenieur und morgen vielleicht als Hobby-Künstler ausleben – aber unabhängig vom Rahmen bleibt die kreative Ader ein Teil ihres Selbst. Genauso verhält es sich mit stabilen Eigenschaften: Jemand, der sich als mitfühlend begreift, behält dieses Selbstverständnis, ob er nun gerade in der Rolle eines Pflegers arbeitet oder „nur" im Freundeskreis zuhört und hilft.

Viele Menschen ziehen zudem ein Gefühl von Identität daraus, Teil von etwas zu sein, das über sie selbst hinausgeht – etwa Teil der Natur, einer Gemeinschaft oder einer spirituellen Idee. Wer sich als Teil der Menschheit oder als spirituelles Wesen begreift, verankert sein Selbstwertgefühl auf einer universellen Ebene. Diese Verbundenheit mit dem Größeren kann das eigene Ego relativieren und einem Halt geben, selbst wenn persönliche Rollen sich wandeln.

**Vielfalt der Rollen zulassen:** Ein stabiles Selbstbild jenseits äußerer Zuschreibungen bedeutet nicht, dass man fortan überhaupt keine Rollen mehr annimmt – sondern dass man sich nicht auf eine einzelne Rolle verengt. Wir dürfen uns als vielseitige Wesen begreifen, die im Laufe des Lebens unterschiedliche Rollen ausprobieren und ausfüllen können, ohne dass unser Kern verloren geht. Im Gegenteil: Jede neue Erfahrung kann unser Bild von uns selbst bereichern. Wer sich zum Beispiel jahrzehntelang über eine Fachkarriere definiert hat, kann im Ruhestand eine ganz neue Aufgabe finden – etwa als Lernender in einem neuen Hobby oder als ehrenamtliche Kraft – und dabei feststellen, dass er dennoch *derselbe Mensch* bleibt, nur mit erweiterten Facetten. Diese Flexibilität nimmt dem Wandel den Schrecken. Wenn wir erkennen, **dass** wir wandelbar sind, ohne uns selbst zu verlieren, können wir Veränderungen als Wachstumschancen sehen anstatt als Bedrohung für unser Ich.

Mit einem stabilen Kern fällt es auch leichter, in den unterschiedlichen Rollen man selbst zu bleiben – also **authentisch**zu sein. Authentizität bedeutet, dass das äußere Verhalten mit dem inneren Selbst übereinstimmt. Wer sich seines Wertes und seiner Werte bewusst ist, muss weniger Masken tragen, um Erwartungen zu erfüllen. Man zeigt in verschiedenen Situationen sein wahres Gesicht – lediglich die Rolle und der Kontext wechseln. Dadurch verringern sich innere Konflikte: Man erlebt sich als dieselbe Person, ob man nun im Berufsmodus ist oder im privaten Umfeld agiert.

Ebenso gehört es zu einem stabilen Selbst, die eigenen Grenzen zu kennen und zu wahren. Wer ein sicheres Gespür für sich selbst hat, kann auch einmal „Nein" sagen, wenn Anforderungen von außen nicht zu den eigenen Bedürfnissen oder Werten passen, ohne gleich Angst haben zu müssen, dadurch als Person abzuwerten. Dieses Grenzenziehen schützt die eigene Identität und verhindert, dass man sich von jeder äußeren Erwartung vereinnahmen lässt.

**Selbstannahme und innere Sicherheit:** Wichtig ist auch die Beziehung zu sich selbst. Ein stabiles Gefühl für das eigene Ich jenseits von äußeren Erfolgen entwickelt man, indem man lernt, sich selbst Wertschätzung entgegenzubringen – unabhängig von Leistung oder Rollenbild. Das bedeutet zum Beispiel, sich selbst Mitgefühl zu zeigen, wenn man scheitert, statt gleich das gesamte Selbstwertgefühl infrage zu stellen. Oder sich im Alltag kleine Freiräume zu gönnen, in denen man einfach **ist**, ohne etwas darstellen oder erreichen zu müssen. In solchen Momenten bewusster Selbstakzeptanz spürt man den eigenen Wert, der nicht von außen bestätigt werden muss. Im Austausch mit anderen kann man ebenfalls erfahren, dass man um seiner selbst willen geschätzt wird: Das Feedback echter Freunde oder vertrauter Menschen – losgelöst von Status und Leistung – macht deutlich, dass unser Menschsein an sich wertvoll ist. Mitunter kann es auch hilfreich sein, professionelle Unterstützung in Anspruch zu nehmen – etwa durch ein Coaching oder eine Therapie. Ein geschulter Blick von außen kann dabei helfen, festgefahrene Selbstbilder zu erkennen, blinde Flecken aufzudecken und neue Perspektiven auf sich selbst zu gewinnen.

Schließlich kommt alles zurück auf die zentrale Erkenntnis aus diesem Kapitel: dass jenseits aller Rollen, Gedanken und Erwartungen ein **Ich** existiert, das all dies überdauert. Dieses *grundlegende Selbst* kann man als das eigene Bewusstsein oder die innere Präsenz beschreiben – jenes Gefühl von „*Ich bin*", das keiner weiteren Beschreibung bedarf. Wer dieses innere Sein als Anker nimmt, entwickelt ein Selbstbild, das auch in stürmischen Zeiten Bestand hat. Denn selbst wenn äußere Umstände sich ändern, bleibt die Gewissheit bestehen: *Ich bin immer noch ich.* Diese

Sicherheit speist sich nicht aus einem Titel, nicht aus dem Urteil anderer und auch nicht aus flüchtigen Gedanken über mich, sondern aus dem unmittelbaren Erleben meiner selbst.

Selbst unter extremen Bedingungen – wenn alle äußeren Identitäten und Freiheiten genommen sind – besitzt der Mensch doch noch eine letzte Freiheit: die Wahl seiner inneren Haltung. Diese Erkenntnis stammt aus Berichten von Menschen, die schlimmste Verluste erlebt haben und dennoch einen Sinn und ein Selbstgefühl bewahren konnten. Sie zeigt, dass es einen unverlierbaren Teil unseres Selbst gibt, der über äußere Rollen hinausgeht: die Freiheit, zu entscheiden, wer wir innerlich sein wollen. Dieser innere Kern kann durch keine äußere Macht vollständig zerstört werden und bildet die Grundlage unserer Würde und Identität.

Übrigens ist die Suche nach dem wahren Selbst kein neues Anliegen der Neuzeit. Schon im antiken Griechenland prangte am Tempel von Delphi die Inschrift: „Erkenne dich selbst." Philosophen wie Sokrates betrachteten Selbsterkenntnis als Grundlage von Weisheit, und auch viele spirituelle Traditionen überall auf der Welt stellen die Frage nach dem wahren Ich ins Zentrum. Mit anderen Worten: Wenn wir uns fragen, wer wir wirklich sind, treten wir in einen uralten Dialog ein, der Menschen seit jeher beschäftigt.

Ein solch gefestigtes Selbstbild entsteht natürlich nicht über Nacht. Es entwickelt sich im Laufe eines Lebens durch bewusste Reflexion und Erfahrungen. Je mehr wir uns bewusst machen, wer wir jenseits der äußeren Zuschreibungen sind, desto mehr festigt sich ein vertrauensvolles Gefühl von Identität. Wir beginnen zu verstehen, dass die Frage *„Wer bin ich wirklich?"* keine einzelne endgültige Antwort hat, sondern dass wir uns die Freiheit nehmen können, uns immer wieder neu zu entdecken. Letztlich bedeutet ein stabiles Selbstbild jenseits von Rollen, Gedanken und Erwartungen, sich selbst als wertvoll und existent zu erachten – einfach weil man **ist**, nicht weil man etwas Bestimmtes *sein muss*. Diese innere Gewissheit bildet den sicheren Grund, auf dem wir stehen können, während sich die Welt um uns herum wandelt.

# Kapitel 7: Wie Zeit entsteht – Vergangenheit, Gegenwart und die Illusion der Zukunft

## Was ist Zeit – physikalisch, biologisch, psychologisch?

Zeit begleitet uns ununterbrochen, doch kaum jemand kann genau sagen, was sie eigentlich ist. Wir planen, messen, organisieren – stets mit Bezug auf Zeit. Sie erscheint so selbstverständlich, dass wir oft erst ins Grübeln geraten, wenn wir versuchen, sie zu beschreiben. Wir wissen intuitiv, was gemeint ist, wenn jemand sagt, dass die Zeit rennt oder nicht vergehen will – und dennoch bleibt ihr Wesen schwer zu fassen.

In der Physik ist Zeit eine grundlegende Größe, die es ermöglicht, die Reihenfolge von Ereignissen zu bestimmen. Ohne Zeit gäbe es keine Bewegung, keinen Wandel, kein Vorher und Nachher. Physikalisch betrachtet ist Zeit messbar, vergleichbar, objektiv. Sie verläuft in präzisen Einheiten – Sekunden, Minuten, Stunden –, und wir können sie mit Hilfe von Uhren in scheinbar exakter Form erfassen.

Doch neben der physikalischen Zeit gibt es auch die biologische Zeit. Sie manifestiert sich in unseren inneren Rhythmen: Schlaf und Wachsein, Appetit, Konzentrationsfähigkeit – all das verläuft nach inneren Takten, die häufig mit dem Tageslicht synchronisiert sind. Diese biologische Zeit läuft nicht immer exakt parallel zur mechanischen Uhrzeit. Wer beispielsweise eine längere Reise über Zeitzonen hinweg unternimmt, spürt schnell, wie sich innere Uhr und äußere Zeit voneinander lösen. Der sogenannte Jetlag ist ein Ausdruck dieser Verschiebung – unser Körper zeigt deutlich, dass Zeit auch eine physiologische Komponente besitzt.

Dann gibt es noch die psychologische Zeit: die Art und Weise, wie wir Zeit erleben. Sie unterscheidet sich oft deutlich von der physikalischen oder biologischen. Bestimmte Situationen lassen uns Minuten wie Stunden erscheinen – etwa wenn wir auf etwas warten oder angespannt sind. Andere Momente vergehen scheinbar im Flug, wenn wir vertieft sind oder uns wohlfühlen. Unser Gehirn konstruiert eine subjektive Zeit, die mit unserer Aufmerksamkeit, unseren Gefühlen und unserer Konzentration verknüpft ist.

Diese drei Perspektiven – physikalisch, biologisch, psychologisch – zeigen: Zeit ist nicht nur eine neutrale Hintergrundgröße. Sie ist ein Aspekt unserer Realität, der auf ganz unterschiedlichen Ebenen erlebt und verstanden wird. Was sie in jedem Fall gemeinsam haben: Ohne Zeit gäbe es kein Leben, kein Erleben, keine Geschichte.

# Zeit als subjektive Erfahrung – warum sie mal schnell, mal langsam vergeht

Ob man in einem Gespräch vertieft ist oder einen stillen Moment allein verbringt – das Gefühl für Zeit kann stark variieren. Mal scheint sie zu rasen, mal steht sie beinahe still. Dieses subjektive Zeitempfinden ist ein Phänomen, das jeder kennt – und es zeigt, dass Zeit nicht einfach linear verläuft, sondern von unserer Wahrnehmung stark beeinflusst wird.

Wenn wir uns voll und ganz auf etwas konzentrieren oder emotional eingebunden sind, vergeht die Zeit oft schneller. Ein inspirierendes Gespräch, eine kreative Arbeit oder das Lesen eines fesselnden Buches lässt uns den Blick zur Uhr vergessen. Wir sind im Moment, und unser Gehirn verarbeitet weniger Informationen über die verstrichene Zeit. Dadurch entsteht der Eindruck, als sei sie kürzer gewesen.

Umgekehrt erleben wir die Zeit als langsam, wenn wir ungeduldig sind oder nichts zu tun haben. In Wartezimmern, bei zähen Besprechungen oder in monotonen Situationen wirkt jede Minute länger. Das liegt daran, dass unser Gehirn mehr auf die Zeit selbst achtet. Wir zählen förmlich die Sekunden und nehmen jeden Moment bewusster wahr – allerdings nicht in dem Sinne, dass er intensiver erlebt wird, sondern eher als langgezogen und schleppend.

Ein weiterer Einflussfaktor ist die Menge an neuen Eindrücken. Neue Erfahrungen dehnen unser Zeitempfinden – zumindest im Rückblick. Ein Tag mit vielen Erlebnissen wirkt im Nachhinein länger und dichter als ein Tag mit wiederkehrenden Abläufen. Wer reist, Neues entdeckt oder seine Routine unterbricht, sammelt mehr Erinnerungen pro Zeiteinheit. Die Folge:

Rückblickend erscheint dieser Zeitraum reicher und damit länger.

Wiederholungen und Gewohnheiten hingegen komprimieren die Erinnerung. Wenn Tage sich ähneln, verschmelzen sie im Nachhinein zu einem einheitlichen Eindruck. Dadurch entsteht der Eindruck, dass die Zeit „immer schneller" vergeht – besonders im Erwachsenenalter, wenn das Leben oft geregelter abläuft als in der Jugend. Neurowissenschaftliche Studien deuten zudem darauf hin, dass sich mit dem Alter auch die Verarbeitungsgeschwindigkeit im Gehirn verändert. Ältere Menschen nehmen weniger Sinneseindrücke pro Zeiteinheit wahr, wodurch sich die Zeit subjektiv verkürzt. Bei Kindern und Jugendlichen, die neue Informationen noch intensiver aufnehmen, scheint die Zeit deshalb oft langsamer zu verlaufen.

Auch Emotionen wirken stark auf unser Zeitempfinden. Angst, Schmerz oder Anspannung dehnen den Moment – oft scheint er nicht enden zu wollen. In solchen Zuständen verarbeiten wir mehr Informationen pro Sekunde, etwa weil der Körper in Alarmbereitschaft ist. Glück, Freude oder Begeisterung hingegen können die Zeit regelrecht zum Verschwinden bringen. Je positiver das Erleben, desto schneller scheint es vorüberzugehen.

All das zeigt: Zeit ist nicht nur messbar, sie ist vor allem erlebbar. Unser subjektives Gefühl für sie entsteht in jedem Moment neu – und es hängt davon ab, wie aufmerksam, emotional und offen wir uns diesem Moment widmen.

# Wie Vergangenheit, Gegenwart und Zukunft im Bewusstsein konstruiert werden

In der Sprache sind Vergangenheit, Gegenwart und Zukunft scheinbar klar voneinander getrennt. Wir sprechen davon, was war, was ist und was sein wird – und glauben, diese drei Bereiche seien in der Realität ebenso deutlich abgegrenzt. Doch schaut man genauer hin, wird deutlich: Diese Einteilung entsteht vor allem in unserem Bewusstsein. Sie ist nicht etwas, das in der Welt existiert, sondern eine Struktur, die unser Geist verwendet, um Erlebnisse zu ordnen.

Vergangenheit existiert für uns nur in Form von Erinnerungen. Was gestern, vor einem Monat oder vor vielen Jahren geschah, ist nicht mehr real gegenwärtig. Es lebt nur in uns fort – als Erinnerung, als gespeichertes Bild, als Geschichte. Doch Erinnerungen sind keine exakten Kopien des Erlebten. Sie sind lückenhaft, subjektiv und werden bei jedem Abruf ein Stück weit neu zusammengesetzt. Das Gehirn rekonstruiert die Vergangenheit aus Fragmenten, ergänzt fehlende Details, interpretiert neu. Erinnern ist also kein Abrufen wie bei einer Datei, sondern ein kreativer, gegenwartsbezogener Vorgang.

Auch die Zukunft ist nicht greifbar. Sie ist ein Gedankenmodell – etwas, das in unserem Kopf entsteht, wenn wir Pläne machen oder uns etwas vorstellen. Ob diese Vorstellung dann tatsächlich eintritt, ist offen. Oft ändern sich Pläne, manchmal geschieht etwas völlig Unerwartetes. Das heißt: Zukunft findet im Jetzt statt, als Vorstellung, Hoffnung, Angst oder Projekt. Sie ist im gegenwärtigen Denken präsent, aber nicht als Realität.

Selbst die Gegenwart ist nicht so klar umrissen, wie es scheint. Psychologisch betrachtet besteht sie nicht aus einem einzelnen Punkt, sondern aus einem kurzen Zeitraum, in dem wir noch das Vergangene nachhallen und das Kommende antizipieren können. Wenn wir zum Beispiel eine Melodie hören, erkennen wir sie nur, weil unser Gehirn die letzten Töne noch im Hintergrund hält und mit dem aktuellen Ton abgleicht. Ohne diesen „bewussten Momentraum" könnten wir keine zusammenhängende Erfahrung machen.

Was heißt das? Vergangenheit, Zukunft und Gegenwart sind keine Orte, an denen wir uns unabhängig voneinander aufhalten können. Sie sind mentale Konstruktionen, mit deren Hilfe wir unser Erleben strukturieren. Sie entstehen im Geist, im Jetzt – in dem einzigen Moment, den wir wirklich erfahren. Alles andere ist Vorstellung oder Erinnerung, beides jeweils gegenwärtig gedacht.

Das klingt vielleicht abstrakt, hat aber konkrete Folgen: Wenn wir ständig mit unseren Gedanken in der Vergangenheit oder Zukunft sind, entgleitet uns die Gegenwart. Wir beschäftigen uns mit dem, was wir ohnehin nicht mehr ändern können oder mit dem, was noch gar nicht da ist. Dabei übersehen wir das Einzige, was tatsächlich zur Verfügung steht: der jetzige Augenblick.

# Zeit in der modernen Physik – Relativität, Raumzeit und Zeitpfeil

Die klassische Vorstellung von Zeit ist die eines gleichmäßig fließenden Stroms – von der Vergangenheit über die Gegenwart in die Zukunft. Jeder hat dasselbe Zeitmaß, und alles bewegt sich im selben Takt voran. Doch die moderne Physik zeigt: Diese Vorstellung ist zu einfach.

Albert Einstein revolutionierte Anfang des 20. Jahrhunderts das Verständnis von Zeit. Mit seiner Relativitätstheorie zeigte er: Zeit ist relativ – sie kann unterschiedlich schnell vergehen, je nachdem, wie schnell sich jemand bewegt oder wie stark die Gravitation in seiner Umgebung ist. Zwei Menschen, die sich mit unterschiedlichen Geschwindigkeiten bewegen oder sich in verschiedenen Schwerkraftfeldern befinden, erleben Zeit unterschiedlich.

Ein anschauliches Gedankenexperiment macht das deutlich: Wenn jemand in einem Raumschiff mit hoher Geschwindigkeit durchs All reist und nach Jahren zur Erde zurückkehrt, ist auf der Erde viel mehr Zeit vergangen als für die reisende Person. Beide haben die Zeit korrekt erlebt – aber unterschiedlich. Zeit ist also keine universelle Größe mehr, sondern hängt vom Standpunkt ab.

Noch weitergehend vereinte Einstein Zeit und Raum zu einer vierdimensionalen Struktur: der Raumzeit. Ereignisse haben nicht nur eine Position im Raum, sondern auch einen Platz in der Zeit. Raum und Zeit sind dabei nicht unabhängig voneinander, sondern Teil eines gemeinsamen Ganzen. Aus Sicht der Physik ist die Trennung zwischen Vergangenheit, Gegenwart und Zukunft nicht so eindeutig, wie es unser Alltag nahelegt. Es gibt sogar Theorien, die nahelegen: Alles – Vergangenes, Gegenwärtiges und Zukünftiges – existiert gleichzeitig im Raumzeitgefüge. Wir erleben die Dinge nur nacheinander, weil unser Bewusstsein sich entlang dieses Kontinuums bewegt.

Ein weiteres physikalisches Konzept ist der sogenannte Zeitpfeil. Obwohl die Grundgesetze der Physik keine bevorzugte Richtung der Zeit kennen – sie würden auch rückwärts funktionieren –, erleben wir Zeit als eindeutig gerichtet. Der Grund dafür liegt im zweiten Hauptsatz der Thermodynamik: In geschlossenen Systemen nimmt die Unordnung, auch Entropie genannt, mit der Zeit zu. Eine zerbrochene Tasse setzt sich nicht von allein wieder zusammen. Wärme fließt von warm nach kalt, nie umgekehrt. Dieses Prinzip ist verantwortlich für die „Einbahnstraße Zeit", die wir erleben.

Unser subjektives Zeitempfinden stimmt also in gewisser Weise mit physikalischen Gesetzmäßigkeiten überein – aber nur auf makroskopischer Ebene. Auf der fundamentalen Ebene sind Zeit und Raum flexibler, als wir denken. Das erschüttert unser intuitives Verständnis – zeigt aber auch, dass unser Bild von Zeit nicht die einzige Sichtweise ist.

# Philosophische und psychologische Betrachtung der Gegenwart

Wenn man sich Zeit als etwas denkt, das ständig in Bewegung ist, dann ist die Gegenwart dieser flüchtige Punkt zwischen dem, was war, und dem, was sein wird. Doch so klar, wie sie im Alltag erscheint, ist sie gar nicht zu greifen. Versucht man, die Gegenwart genau zu bestimmen, ist sie schon vorbei. Der Moment, in dem man sagt: „Jetzt!", ist in diesem Augenblick bereits vergangen.

Trotzdem ist die Gegenwart das Einzige, was wir real erleben können. Weder Vergangenheit noch Zukunft stehen uns tatsächlich zur Verfügung. Wir können über beides nachdenken, aber das geschieht jeweils im Jetzt. Unser Leben entfaltet sich nicht im Rückblick und nicht im Voraus – sondern in einer ununterbrochenen Folge von gegenwärtigen Augenblicken.

In der Psychologie wird deutlich, wie sehr die Gegenwart unser Wohlbefinden beeinflusst. Wenn wir gedanklich zu viel in der Vergangenheit verweilen – sei es in Form von Grübeln oder Bedauern – oder wenn wir uns ständig auf eine ungewisse Zukunft konzentrieren, wächst das Risiko für Stress, Angst oder depressive Stimmungen. Die Gegenwart ist dagegen der Ort, an dem wir Klarheit, Handlungskraft und Präsenz erleben. Menschen, die gelernt haben, ihre Aufmerksamkeit bewusst auf das zu richten, was gerade geschieht, berichten häufig von größerer innerer Ruhe und Stabilität.

In der Philosophie gibt es verschiedene Auffassungen darüber, was die Gegenwart eigentlich ist. Manche vertreten die Ansicht, dass nur der jetzige Moment real sei – die Vergangenheit existiere nicht mehr, die Zukunft noch nicht. Andere meinen, dass alles – auch das, was war und was noch kommt – gleichermaßen real sei, nur unsere Wahrnehmung bewege sich entlang einer Linie. Doch unabhängig von der philosophischen

Position ist klar: Das Leben, so wie wir es erfahren, spielt sich ausschließlich im Jetzt ab.

Diese Tatsache hat praktische Bedeutung. Denn nur im Jetzt können wir fühlen, handeln, entscheiden oder wahrnehmen. Rückblicke und Vorfreude haben ihren Platz, aber sie beziehen ihre Kraft aus dem aktuellen Moment. Wenn wir gegenwärtig sind, sind wir geistig präsent – und das erlaubt uns, bewusster und klarer zu leben.

# Warum die Zukunft eine Vorstellung ist und nur im Jetzt erlebt wird

Wir verbringen viel Zeit damit, über die Zukunft nachzudenken. Wir planen, hoffen, sorgen uns oder stellen uns vor, wie bestimmte Dinge verlaufen könnten. Das geschieht täglich – im Kleinen wie im Großen. Doch was ist diese „Zukunft" eigentlich? Wenn man genau hinsieht, erkennt man: Die Zukunft existiert nicht als etwas Reales, sondern nur als Vorstellung in unserem Kopf.

Jeder Gedanke an die Zukunft – ob er ein Ziel betrifft, ein Ereignis oder eine Befürchtung – entsteht in der Gegenwart. Und wenn das, was wir erwarten, tatsächlich eintritt, dann erleben wir es nicht als

Zukunft, sondern als Gegenwart. Der erhoffte Urlaub, das lang erwartete Gespräch, der entscheidende Schritt – all das geschieht nicht irgendwann abstrakt „in der Zukunft", sondern immer genau in dem Moment, in dem wir es erleben.

Das bedeutet: Die Zukunft ist eine Konstruktion. Wir stellen sie uns vor, entwickeln Erwartungen, legen Pläne fest – doch was wirklich geschieht, können wir nie ganz vorhersehen. Selbst wenn vieles planbar erscheint, bleiben viele Faktoren unkontrollierbar. Die echte Erfahrung macht sich erst im Jetzt bemerkbar – im Erleben, nicht im Entwurf.

Manchmal verbringen wir so viel Zeit mit der Vorstellung von etwas Zukünftigem, dass wir den Moment, in dem es tatsächlich eintritt, gar nicht bewusst erleben. Oder wir verschieben unser Lebensgefühl auf später: „Wenn ich erst dieses Ziel erreicht habe, dann werde ich zufrieden sein." Doch wenn dieser Zeitpunkt kommt, rückt oft schon das nächste Ziel in den Fokus – und die Gegenwart entgleitet erneut.

Umgekehrt kann auch die Sorge vor der Zukunft das Jetzt überschatten. Ängste beziehen sich meist auf das, was passieren *könnte*. Der Körper aber reagiert im Jetzt: Herzschlag, Atmung, Muskelspannung – all das spiegelt die gedankliche Vorwegnahme eines zukünftigen Problems wider. Obwohl die Situation vielleicht gar nicht eingetreten ist, erleben wir den Stress im aktuellen Moment. So wird die Zukunft real – als gegenwärtige Belastung, nicht als tatsächliches Ereignis.

Diese Erkenntnis führt zu einem einfachen, aber wichtigen Schluss: Unsere Lebensqualität hängt davon ab, wie bewusst wir den Moment erleben – nicht davon, wie perfekt wir die Zukunft planen. Natürlich ist es sinnvoll, sich auf kommende Dinge vorzubereiten. Doch der Wert des Lebens entfaltet sich immer nur in der aktuellen Erfahrung. Alles, was wir hoffen, fürchten oder erwarten, wird nur dann lebendig, wenn es tatsächlich geschieht – und dann ist es *jetzt*.

# Bedeutung der Gegenwart für Orientierung, Identität und Handlung

Die Gegenwart ist nicht nur der einzige Moment, in dem wir wirklich leben – sie ist auch die Grundlage für alles, was uns Orientierung, Handlungskraft und ein Gefühl von Identität gibt.

Beginnen wir mit der **Orientierung**. Unser Bewusstsein verwendet Vergangenheit und Zukunft, um das Leben zu strukturieren: Wir erinnern uns an Erfahrungen, um aus ihnen zu lernen, und entwerfen

Ziele, um uns zu entwickeln. Doch ob wir aus Erinnerungen Schlussfolgerungen ziehen oder ob wir Pläne für morgen machen – wir tun es stets im Jetzt. Die Gegenwart ist der Ort, an dem Vergangenheit bewertet und Zukunft gestaltet wird. Ohne einen klaren Bezug zum jetzigen Moment verlieren wir die Fähigkeit, sinnvoll zu handeln oder uns zu orientieren. Wer gedanklich nur in der Vergangenheit oder in einer fiktiven Zukunft lebt, hat Schwierigkeiten, Entscheidungen zu treffen. Die Klarheit für den nächsten Schritt entsteht immer im Hier und Jetzt.

Auch unsere **Identität** verankert sich im Gegenwärtigen. Viele Menschen neigen dazu, ihr Selbstbild ausschließlich aus der Vergangenheit abzuleiten: aus Erfahrungen, Erfolgen oder Verletzungen. Andere definieren sich fast ausschließlich über ihre Ziele, Rollen oder Ideale. Beide Perspektiven können hilfreich sein – solange sie nicht die direkte Erfahrung überlagern. Denn was du tatsächlich bist, zeigt sich in dem, wie du in diesem Moment fühlst, denkst, handelst. Du bist nicht nur die Summe deiner Erinnerungen oder deiner Pläne, sondern ein gegenwärtig lebendiges Wesen. Die Art, wie du jetzt sprichst, reagierst, Entscheidungen triffst – all das formt dein Selbstverständnis in jedem Augenblick neu. Identität ist nicht eingefroren, sondern in Bewegung, mit der Gegenwart als permanentem Bezugspunkt.

Und schließlich ist die Gegenwart der einzige Raum für **Handlung**. Alles, was wir tun, geschieht im Jetzt. Wir können nicht in der Vergangenheit handeln – sie ist vorbei. Auch in der Zukunft können wir noch nichts tun – sie ist noch nicht da. Wenn wir etwas verändern wollen, dann nicht „morgen", sondern mit dem, was wir jetzt entscheiden oder unternehmen. Das klingt banal, hat aber enorme Bedeutung: Denn viele Entscheidungen werden aufgeschoben in eine hypothetische Zukunft, in der alles besser passt. Doch Handlung erfordert Präsenz. Ob wir den ersten Schritt machen, etwas loslassen, etwas sagen oder eine neue Richtung einschlagen – es beginnt im gegenwärtigen Moment.

Die Gegenwart verbindet also alles: Sie ist Schnittpunkt von Orientierung (Vergangenheit), Vision (Zukunft), Identität (Selbstgefühl) und Handlung (Tat). Wer mit sich und der Welt im Reinen sein möchte, muss lernen, *jetzt* aufmerksam zu sein. In der Gegenwart findet nicht nur das Leben statt – sie ist das Leben. Alles andere sind Geschichten darüber.

# Kapitel 8: Was bleibt – wenn man alles loslässt

Stell dir vor, alles, was dir im Leben selbstverständlich erscheint, würde plötzlich wegfallen. Dein Besitz, dein beruflicher Titel, dein sozialer Status – all das existiert von einem Moment auf den anderen nicht mehr. Was bleibt dann noch von dir übrig? Diese Frage mag zunächst theoretisch klingen, doch viele Menschen werden in Krisenzeiten oder Umbrüchen genau damit konfrontiert. Wenn das vermeintlich stabile Fundament aus äußeren Dingen ins Wanken gerät, zeigt sich, wie sehr wir uns an bestimmte Aspekte unseres Lebens anklammern. Schon im natürlichen Lebenslauf begegnet uns das Loslassen immer wieder: Kinder müssen die Hand der Eltern loslassen, um selbstständig zu laufen. Jugendliche lösen sich von der Kindheit, um erwachsen zu werden. Eltern wiederum müssen lernen, ihre Kinder ziehen zu lassen, wenn sie flügge werden. Jede dieser Phasen ist mit Ängsten und Wehmut verbunden – und doch notwendig für die Weiterentwicklung aller Beteiligten. Dieses ständige Wechselspiel von Festhalten und Loslassen durchzieht das ganze Leben wie ein roter Faden.

In diesem Kapitel geht es darum, was passiert, *„wenn man alles loslässt"* – was übrig bleibt, wenn äußere Schichten unserer Identität abfallen. Dazu schauen wir zunächst darauf, woran wir im Leben typischerweise festhalten. Danach untersuchen wir, warum es Menschen so schwerfällt, Dinge loszulassen und welche psychologischen sowie sozialen Mechanismen hinter diesem Festhalten stecken. Anschließend betrachten wir, welche Veränderungen eintreten, wenn man beginnt, äußere und innere Strukturen loszulassen.

Dabei stellen sich grundlegende Fragen: Verliert man dabei sein Selbst? Oder gewinnt man im Gegenteil eine neue innere Freiheit? Abschließend widmen wir uns der zentralen Überlegung, was letztlich von uns bleibt, wenn alle äußeren Rollen, Besitzstände und Gewohnheiten wegfallen – und wie sich daraus ein neues Selbstverständnis entwickeln kann.

## Woran wir im Leben festhalten

Jeder Mensch entwickelt im Laufe des Lebens Bindungen an vieles, was ihm vertraut ist. Wir „haften" emotional an Gegenständen, Positionen und sogar an Vorstellungen. Zu den häufigsten Dingen, an denen wir festhalten, zählen materieller **Besitz**, sozialer **Status**, die **Rollen**, die wir erfüllen, unsere eigenen **Gedanken** und Überzeugungen sowie eingespielte **Gewohnheiten** im Alltag. Diese verschiedenen Formen der Anhaftung geben uns ein Gefühl von Sicherheit und Identität – zumindest so lange, wie sie ungestört bestehen.

**Besitz:** Materielle Dinge üben oft eine überraschend starke Anziehungskraft auf uns aus. Interessant ist in diesem Zusammenhang auch das Phänomen des **Hortens**: Manche Menschen können sich von fast nichts trennen und füllen ihre Wohnung mit immer mehr Gegenständen. Psychologisch steckt dahinter oft die Angst, etwas Wertvolles wegzugeben oder eine zukünftige *Möglichkeit* zu verlieren („Vielleicht brauche ich das später nochmal"). Jeder Gegenstand scheint eine Bedeutung zu haben und Sicherheit zu spenden. Am anderen Ende des Spektrums stehen Minimalist*innen, die bewusst versuchen, nur sehr wenige Dinge zu besitzen. Ihr Bericht ist oft, dass weniger Besitz ihnen mehr Freiheit gibt – sie fühlen sich nicht mehr von Dingen „besessen" im doppelten Sinne. Diese beiden Extreme zeigen, wie unterschiedlich Menschen mit materiellem Festhalten umgehen, aber auch wie sehr Besitz unser Lebensgefühl beeinflussen kann. Sei es das eigene Smartphone, das geliebte Buch aus der Kindheit oder ein Geschenk von einem wichtigen Menschen – Gegenstände werden mehr als bloßes Eigentum. Wir verbinden mit ihnen Erinnerungen und Emotionen. Aus einem einfachen Objekt kann so ein Schatz werden, den wir nicht mehr hergeben wollen. Oft definieren wir uns sogar über unseren Besitz: Ein Haus, ein Auto oder modische Kleidung können zum Symbol dafür werden, wer wir sind oder sein möchten. Verliert oder gibt man solch einen Gegenstand her, fühlt es sich nicht selten wie ein Verlust eines Teils von uns selbst an. Studien zeigen, dass das Gehirn bei der Trennung von liebgewonnenen Objekten tatsächlich ähnlich reagiert wie bei körperlichem Schmerz. Das erklärt, warum es so schwerfallen kann, sich von Dingen zu trennen, selbst wenn sie faktisch keinen großen Wert mehr haben.

**Status:** Neben dem physischen Besitz hängen viele Menschen stark an ihrem gesellschaftlichen oder beruflichen Status. Titel und Erfolge – etwa der Abschluss einer renommierten Universität, die Position als Teamleiterin im Job oder ein gewisser Bekanntheitsgrad – werden Teil des Selbstwertgefühls. Status vermittelt Anerkennung und Zugehörigkeit: Wer in der sozialen Hierarchie oben steht oder spezielle Auszeichnungen vorweisen kann, erfährt Bestätigung von außen. Kein Wunder, dass wir diesen Status nur ungern aufgeben. Historisch betrachtet hatte Status durchaus reale Konsequenzen: In frühen Gemeinschaften sicherte Ansehen oft Zugang zu Ressourcen und Partnern. Kein Wunder also, dass das Streben nach Status tief verwurzelt ist. Auch heute noch verknüpfen viele den eigenen Wert mit dem gesellschaftlichen Ansehen. Es zeigt sich beispielsweise darin, dass Menschen mit hohem Status – sei es im Beruf oder sozial – oft zögern, sich Hilfe einzugestehen oder kleinere Rollen anzunehmen, aus Angst, an Prestige zu verlieren. Der Status fungiert wie ein Schutzschild: Solange er da ist, fühlt man sich bedeutend und respektiert. Der Verlust von Statussymbolen oder prestigeträchtigen Positionen kann als sehr bedrohlich empfunden werden, denn er kratzt am eigenen Selbstbild. Ein Beispiel: Wenn jemand nach Jahren in einer Führungsrolle in den Ruhestand tritt, fehlt plötzlich die tägliche Bestätigung und Autorität, die mit der Rolle einherging. Dieses Fehlen kann zu einem Gefühl der Leere führen, weil man sich so stark über seine frühere Position definiert hatte. Tatsächlich misst unsere Gesellschaft Erfolg häufig an solchen äußeren Faktoren wie Titel, Karriere und materiellem Wohlstand. Entsprechend groß ist die Angst, diese Statussymbole zu verlieren, denn damit scheint auch sozialer Respekt und Sicherheit verloren zu gehen.

**Rollen:** Jeder Mensch nimmt im Laufe des Lebens unterschiedliche soziale Rollen ein – zum Beispiel die Rolle des Elternteils, der Schülerin, des Kollegen, Freundes oder Vereinsmitglieds. Diese Rollen geben unserem Alltag Struktur und uns selbst eine gewisse Definition: Wir wissen, was von uns in einer bestimmten Rolle erwartet wird und richten unser Verhalten danach aus. Nicht selten verschmelzen wir mit diesen Rollen, sodass sie fester Bestandteil unserer Identität werden. Interessanterweise besitzen wir meist mehrere Rollen parallel – man ist vielleicht zugleich Elternteil, Kolleg*in, Vereinsmitglied und mehr. Eine ausgewogene Identität schöpft idealerweise aus all diesen Facetten, sodass der Wegfall einer einzigen Rolle aufgefangen werden kann. Problematisch wird es, wenn eine Rolle das ganze Selbstbild dominiert hat. Wenn sich Lebensumstände ändern und eine solche Rolle wegfällt – etwa wenn die Kinder aus dem Haus gehen (die Rolle als fürsorgende Mutter oder Vater tritt in den Hintergrund) oder wenn man den Job wechselt und nicht mehr der „Kollege" im alten Team ist –

entsteht oft ein Vakuum. Man fragt sich dann: Wer bin ich, ohne diese vertraute Rolle? Der Wegfall einer Rolle kann somit verunsichern und das Gefühl hervorrufen, einen Teil von sich selbst verloren zu haben. So definieren sich viele Menschen fast vollständig über ihre Aufgabe – die Frage „Wer bin ich, wenn ich nicht mehr der Lehrer, die Managerin oder der Helfende bin?" lässt erahnen, wie eng Rolle und Identität oft verknüpft sind. Fällt die Rolle weg, bleibt zunächst Unsicherheit zurück.

**Gedanken und Überzeugungen:** Auch an immateriellen Dingen wie unseren eigenen Gedankenmustern und Glaubenssätzen halten wir fest. Jede*r entwickelt im Laufe des Lebens ein Netz aus Überzeugungen über sich selbst und die Welt – etwa „Ich bin ein erfolgreicher Mensch, weil..." oder „Die Welt funktioniert nach diesen Regeln...". Solche inneren Überzeugungen geben Orientierung und Vorhersehbarkeit. Wir tendieren dazu, Informationen so zu filtern, dass sie unsere bestehenden Ansichten bestätigen. Sich von einem lange gehegten Glaubenssatz zu lösen, fällt deshalb unheimlich schwer: Es bedeutet, sich einzugestehen, dass man vielleicht jahrelang einem Irrtum aufgesessen war oder die Dinge anders sind, als man dachte. Ebenso halten wir oft an bestimmten Gedanken fest, selbst wenn sie uns nicht guttun – zum Beispiel an Selbstvorwürfen oder Grübeleien über Vergangenes. Paradoxerweise können selbst negative Gedanken vertraut sein und dadurch eine seltsame Form von Sicherheit bieten. Ein besonderes Beispiel für festhaltende Gedanken sind auch Ideologien und Weltbilder: Wenn jemand sein ganzes Leben lang an eine bestimmte Überzeugung geglaubt hat – sei es politisch, religiös oder persönlich –, wird das Loslassen dieser Idee wie ein Verrat an sich selbst empfunden. Man identifiziert sich so sehr mit gewissen Glaubenssätzen, dass Gegenargumente kaum durchdringen (Stichwort: *Bestätigungsfehler*, der dazu führt, dass wir bevorzugt Informationen aufnehmen, die unsere Meinung stützen). Erst wenn man solche gedanklichen Schablonen aufgibt, merkt man, wie sehr sie einen eingeengt haben. Loslassen kann hier bedeuten, offen für neue Perspektiven zu werden und starre Überzeugungen zu hinterfragen – ein Prozess, der zwar unsicher, aber auch befreiend sein kann.

**Gewohnheiten:** Schließlich spielen unsere Routinen und Gewohnheiten eine große Rolle dabei, woran wir uns klammern. Der Mensch ist ein Gewohnheitstier – tägliche Rituale vom morgendlichen Kaffee bis zur Lieblingsroute zur Arbeit geben Struktur und Komfort. Gewohnheiten entstehen, weil unser Gehirn Muster liebt: Wenn wir etwas immer wieder tun, bildet sich eine Art „Autopilot", der Energie spart und Sicherheit vermittelt. Selbst wenn eine Gewohnheit objektiv ungesund oder ineffektiv ist (man denke an Laster wie das Rauchen oder stundenlanges Prokrastinieren vor dem Bildschirm), halten wir oft daran fest, weil das Ändern Aufwand und Ungewissheit bedeutet. Das Bekannte fühlt sich sicherer an als das Unbekannte. Daher bleiben viele im immer gleichen Trott, selbst wenn sie sich eigentlich Veränderung wünschen. Gewohnheiten geben ein Gefühl von Kontrolle im Alltag: Man weiß, was als Nächstes kommt. Das erklärt, warum schon kleine Veränderungen – zum Beispiel ein Umzug, der gewohnte Abläufe aufbricht – stressen können. Bei wirklich eingefahrenen Routinen spricht man auch von *Gewohnheitstieren*: Der Mensch neigt dazu, an Ritualen festzuhalten, weil sie Halt geben. Manche dieser Gewohnheiten können in Abhängigkeiten übergehen. Ein Raucher etwa greift automatisiert zur Zigarette, wenn er Stress hat. Hier spielen dann neben dem Verhaltensmuster auch körperliche Suchtmechanismen mit hinein, was Loslassen noch schwieriger macht. Neurobiologisch sind Gewohnheiten tatsächlich tief in unserem Gehirn verankert: Wiederholte Handlungen werden vom Gehirn automatisiert, um Energie zu sparen. Das erklärt, warum es so schwierig ist, etablierte Routinen aufzubrechen – wir folgen ihnen fast wie auf Autopilot.

Zusammengefasst bieten all diese Dinge – ob materiell oder immateriell – Halt und Vertrautheit. Sie sind die Anker, an denen wir unser Selbstbild und unseren Alltag festmachen. Doch genau diese Anker können uns auch festhalten. Warum fällt es uns nun so schwer, sie loszulassen, selbst wenn wir es uns vielleicht wünschen? Im nächsten Abschnitt werfen wir einen Blick auf die Gründe dafür.

## Warum Loslassen so schwerfällt

**Verlustaversion:** Einer der zentralen Gründe, warum wir nicht loslassen können, ist unsere starke Abneigung gegen Verluste. Menschen empfinden den Schmerz des Verlustes in der Regel intensiver als die Freude über einen gleichwertigen Gewinn. Evolutionär gesehen war es sinnvoll, Verluste stark zu meiden: In unsicheren Urzeiten konnte der Verlust von Nahrung oder Schutz lebensbedrohlich sein. Unser Gehirn reagiert deshalb bis heute alarmiert auf alles, was nach Verlust aussieht – selbst wenn es rational betrachtet gar nicht so gefährlich ist. Dieses Phänomen nennen Psychologen *Verlustaversion*. Es bedeutet, dass es uns emotional schwerer trifft, etwas zu verlieren, als es uns glücklich macht, etwas in gleicher Größenordnung dazuzugewinnen. Daher halten wir oft an Dingen fest – selbst an solchen, die uns nicht mehr guttun –, nur um den emotionalen Schmerz des Verlustes zu vermeiden. Schon der Gedanke, etwas Vertrautes aufzugeben, kann Unbehagen auslösen, weil unser inneres Alarmsystem auf „Achtung, da geht etwas Wertvolles verloren" schaltet.

**Emotionale Bindung und Erinnerungen:** Ein weiterer Grund für das Festhalten ist das emotionale Investment, das wir in vieles stecken. Wir verbinden mit Gegenständen, Beziehungen oder Gewohnheiten oft eine Fülle von Erinnerungen und Gefühlen. Diese entstandenen Bindungen machen Loslassen schwer. Nostalgie kann dazu führen, dass wir selbst an Dingen oder Situationen festhalten, die objektiv betrachtet ihren Zweck erfüllt haben oder uns sogar schaden – einfach weil sie uns an frühere glückliche Zeiten erinnern. Ein klassisches Beispiel ist das Elternhaus oder Erinnerungsstücke: Obwohl das alte Haus vielleicht zu groß oder renovierungsbedürftig ist, fällt es vielen schwer, es zu verkaufen, weil so viele Familiengeschichten darin stecken. Wenn man zum Beispiel an einem alten Andenken hängt, liegt das selten am materiellen Wert, sondern an den Gefühlen und Geschichten, die damit verknüpft sind. Loslassen würde bedeuten, sich von diesen verknüpften Emotionen zu lösen, und davor scheuen wir zurück, weil wir das Gefühl haben, einen Teil unserer Vergangenheit herzugeben.

**Identität und Selbstbild:** Unsere Identität ist oft eng mit den Dingen verbunden, an denen wir festhalten. Viele der oben genannten Aspekte – Job, Beziehungen, Rollen, sogar bestimmte Gewohnheiten – sind Bestandteile dessen, wer wir sind oder zu sein glauben. Loszulassen kann daher das Gefühl hervorrufen, einen

Teil der eigenen Identität aufzugeben. In der Psychologie spricht man davon, dass unser *Selbstschema* – also das innere Bild von uns selbst – aus all diesen Rollen und Zugehörigkeiten geformt wird. Wird ein Teil davon herausgelöst, wankt das ganze Konstrukt. Das ist beängstigend – niemand verliert gern den Boden unter den Füßen, der das Ich definiert. Wenn zum Beispiel jemand seinen langjährigen Beruf aufgibt, der ihn stets definiert hat, stellt sich schnell die Frage: „Wer bin ich jetzt ohne diese Tätigkeit?" Dieses empfundene Loch im Selbstbild ist ein starkes Motiv, sich lieber am Bekannten festzuklammern. Das Festhalten dient dann als Schutz davor, sich der unbequemen Frage nach der eigenen Identität ohne diese äußeren Marker stellen zu müssen.

**Gesellschaftlicher Druck und Normen:** Nicht zu unterschätzen ist auch der Einfluss des sozialen Umfelds. Unsere Kultur und Gesellschaft vermitteln bestimmte Erwartungen. Wir leben in einer Konsumgesellschaft, die ständiges Haben-Wollen fördert. Werbung und Medien suggerieren, dass Glück und Status vor allem durch Besitz und immer neue Anschaffungen zu erreichen sind. Dieses Umfeld macht es natürlich nicht leichter, etwas loszulassen – im Gegenteil, es bestärkt das Festhalten, weil *nicht* haben als Makel erscheint. Oft entsteht von außen der Druck, an einmal Eingeschlagenem festzuhalten – selbst wenn es einem persönlich nicht mehr entspricht. Besonders in Leistungsgesellschaften gilt das Motto „Durchhalten um jeden Preis" – wer frühzeitig aussteigt, läuft Gefahr als 'Versager' oder 'Aufgeber' abgestempelt zu werden. Manchmal bleiben Menschen in Lebenssituationen, die ihnen längst nicht mehr guttun, nur weil sie das Gefühl haben, die Erwartungen anderer erfüllen zu müssen. Familie und Freunde haben vielleicht Erwartungen an uns, die wir nicht enttäuschen wollen. Manchmal bleiben Menschen in Lebenssituationen, die ihnen längst nicht mehr guttun, nur weil sie das Gefühl haben, die Erwartungen anderer erfüllen zu müssen. Zum Beispiel zögert jemand vielleicht, ein Studium abzubrechen, das ihn unglücklich macht, weil die Familie stolz auf diesen Weg ist. Solcher gesellschaftliche und soziale Druck kann das Loslassen erschweren, da man Angst hat, als Versager dazustehen oder andere zu enttäuschen, wenn man etwas aufgibt.

**Unsicherheit: Was kommt danach?** Einer der größten Hemmschuhe beim Loslassen ist die Angst vor dem Unbekannten. Wenn wir etwas loslassen, verlassen wir unsere Komfortzone. Das Vertraute – sei es nun eine Umgebung, eine Routine oder sogar ein unangenehmer Zustand – gibt zumindest vor, berechenbar zu sein. Das Neue hingegen ist ungewiss. Diese Unsicherheit kann beängstigend wirken. Viele halten daher lieber am Status quo fest, auch wenn er unbefriedigend ist, als das Risiko einer Veränderung einzugehen. Psychologisch bevorzugen wir oft den sicheren, wenn auch unbefriedigenden Zustand gegenüber einem Aufbruch ins Ungewisse. Das menschliche Naturell neigt dazu, das bekannte Unglück dem unbekannten möglichen Glück vorzuziehen, weil das Bekannte wenigstens vertraut ist. Die Komfortzone zu verlassen erfordert Mut – und nicht jede*r ist bereit, diese kurzfristige Angst auszuhalten in der Hoffnung auf einen langfristigen Gewinn an Zufriedenheit.

**Rücksicht auf andere:** Manchmal fällt Loslassen auch schwer, weil wir uns Sorgen um andere Menschen machen. Ein Beispiel: Jemand überlegt, eine unglückliche Beziehung zu beenden oder einen Job aufzugeben, der ihn auslaugt. Oft kreisen die Gedanken dann darum, wie sich diese Entscheidung auf die Partnerin, den Partner, die Kinder, Kolleg*innen oder Freunde auswirken könnte. Aus Loyalität oder Verantwortungsgefühl bleiben viele länger in Situationen, die sie selbst unzufrieden machen, nur um andere nicht zu verletzen oder im Stich zu lassen. Diese Rücksicht ist menschlich und zeugt von Mitgefühl – kann aber dazu führen, dass man die eigenen Bedürfnisse dauerhaft zurückstellt. Hier zeigt sich eine Gratwanderung: Einerseits ist es lobenswert, Verantwortung zu übernehmen; andererseits darf es nicht dazu führen, dass man sich selbst völlig aufgibt. Indem wir krampfhaft versuchen, niemanden zu enttäuschen, enttäuschen wir am Ende uns selbst. Das

Loslassen wird hinausgezögert, obwohl es vielleicht nötig wäre, weil man Angst hat, andere zu enttäuschen. Hier spielen auch gesellschaftliche Rollenbilder hinein: Zum Beispiel wird von Eltern oft erwartet, sich aufzuopfern, oder von Arbeitnehmern, dem Team gegenüber loyal zu sein. Sich davon zu lösen, bedeutet, gegen diese Erwartungen zu handeln, was zusätzlichen Druck erzeugt.

**Bequemlichkeit und Gewohnheit:** Ein pragmatischer Faktor ist schlicht die Neigung, den Weg des geringsten Widerstands zu gehen. Loslassen erfordert aktiv eine Entscheidung zu treffen und meist auch Handlungen zu setzen – das kostet Kraft und Überwindung. Hingegen im Altbekannten zu verharren ist zunächst bequemer, weil es kein unmittelbares Handeln erfordert. Viele Menschen verschieben notwendige Veränderungen immer weiter, weil "es ja auch so geht" und man sich an den Ist-Zustand gewöhnt hat. Das kennt jeder aus dem Alltag: Ein Zimmer zu entrümpeln oder eine unangenehme Aufgabe endlich anzugehen, wird gern hinausgeschoben, weil es einfacher ist, alles beim Alten zu lassen – bis es nicht mehr anders geht. Diese Trägheit kann dazu führen, dass man lieber mit einer unbefriedigenden Situation lebt, als die Mühe auf sich zu nehmen, etwas daran zu ändern.

Zusammengenommen erklären diese Faktoren, warum Loslassen oft als so schwierig empfunden wird. Es sind tief verankerte emotionale Reaktionen und

Glaubensmuster am Werk, verstärkt durch soziale Einflüsse. Im nächsten Schritt lohnt sich ein genauerer Blick darauf, welche psychologischen Mechanismen hinter diesem Festhalten stehen und wie unsere Umgebung es unbewusst fördert.

# Psychologische und soziale Mechanismen des Festhaltens

Warum greifen all die genannten Gründe so tief? Die Antwort liegt in automatischen psychologischen Mustern, die in uns wirken, und in gesellschaftlichen Verstärkern. Hier einige der wichtigsten Mechanismen, die das Festhalten begünstigen:

**Besitztumseffekt (Endowment-Effekt):** Sobald wir etwas besitzen, schätzen wir dessen Wert höher ein, als wenn es uns nicht gehören würde. Schon kurze Zeit des Besitzes genügt, um eine emotionale Bindung aufzubauen – ein unbewusster Prozess. Experimente zeigen zum Beispiel, dass Studienteilnehmer für den eigenen Kaffeebecher einen deutlich höheren Verkaufspreis verlangen, als sie selbst bereit wären zu zahlen, wenn es nicht ihr Becher wäre. Dieser *Besitztumseffekt* führt dazu, dass wir glauben, mit dem Objekt auch ein Stück Wert oder Glück zu verlieren, wenn wir es hergeben. Das erklärt, warum es zum Beispiel schwerfällt, alte Kleidung oder Bücher auszusortieren: Obwohl sie ungenutzt im Schrank liegen, erscheint uns ihr Wert hoch, einfach weil es *unser* Besitz ist. Objektiv mag der Nutzen gering sein, doch subjektiv fühlt es sich wie ein Verlust an, diese Dinge loszuwerden. Diese kognitive Verzerrung – Psychologen nennen so etwas **kognitive Bias** – bewirkt, dass unser Denken dem eigenen Besitz unverhältnismäßig viel Bedeutung beimiss.

**Verlustaversion und Risikoaversion:** Eng verwandt mit dem Besitztumseffekt ist die generelle Tendenz zur Verlustaversion. Wir hatten bereits erwähnt, dass Verluste stärker schmerzen als Gewinne freuen. Diese Verzerrung ist tief in unserer Entscheidungsfindung verankert. Der Nobelpreisträger Daniel Kahneman hat diese Tendenz in seiner Prospect-Theorie beschrieben: Ein verlorener Geldbetrag X schmerzt etwa doppelt so stark, wie ein gewonnener Betrag X Freude bringt. Sie führt etwa dazu, dass Anleger zu lange an sinkenden Aktien festhalten, weil die Angst vor dem Realisieren des Verlustes größer ist als die rationale Einschätzung der Lage. Auch im Alltag zeigt sich das: Lieber behalten wir eine Situation bei, die uns unglücklich macht, als das Risiko eines Scheiterns in einer neuen Situation einzugehen. Psychologisch klingt das paradox, aber es ist ein Schutzmechanismus: Das Gehirn will uns vor Schmerz bewahren – und nimmt dafür in Kauf, Chancen auf Verbesserung verstreichen zu lassen.

**Status-quo-Bias:** Wir bevorzugen unbewusst den gegenwärtigen Zustand gegenüber Veränderungen. Dieser *Status-quo-Bias* hängt mit der Verlustaversion zusammen und beschreibt die Tendenz, Entscheidungen zu vermeiden, die eine Änderung bedeuten könnten. Selbst wenn die Alternativen objektiv besser wären, bleibt man oft lieber beim Altbewährten. Die Unsicherheit und der Aufwand einer Veränderung wirken abschreckend, sodass das Festhalten am Bestehenden als der "sichere Weg" erscheint. Man könnte es salopp "Never change a running system" nennen: Solange etwas einigermaßen läuft, scheuen wir den Wechsel. Die Redewendung „Lieber den Spatz in der Hand als die Taube auf dem Dach" bringt dieses Denkmuster auf den Punkt: Wir begnügen uns mit dem, was wir haben, aus Angst, beim Griff nach etwas Besserem alles zu verlieren.

**Sunk-Cost-Falle (Versunkene Kosten):** Ein weiterer Mechanismus ist unsere Tendenz, an einmal getroffenen Entscheidungen festzuhalten, weil wir bereits so viel investiert haben – sei es Zeit, Geld oder Energie. Diese *Sunk-Cost-Fallacy* (Fehlinvestitionsfalle) lässt uns irrational an Projekten oder Beziehungen festhalten, selbst wenn sie sich als nachteilig herausgestellt haben. Der Gedankengang lautet: „Ich habe schon so viel reingesteckt, ich kann jetzt nicht aufgeben." Wir kennen das im Kleinen: Man hat bereits 2 Stunden in einen schlechten Film investiert und bleibt bis zum Ende sitzen, obwohl es verlorene Zeit ist – nur weil man es *jetzt noch durchziehen*will. Dabei wird übersehen, dass weiteres Festhalten oft noch mehr Ressourcen verbraucht, die anderswo besser eingesetzt wären. Dieses eskalierende Commitment kann in eine Sackgasse führen: Aus Angst davor, sich den Verlust der investierten Mühe einzugestehen, steigert man das Engagement noch – und vergrößert am Ende den Gesamtschaden. Sich dieser Verzerrung bewusst zu werden, erfordert ein rationales Innehalten: Nur weil man viel investiert hat, heißt das nicht, dass Weiterführen sinnvoll ist. Doch genau dieses Loslassen fällt uns schwer, weil es gefühlt ein Eingeständnis des Scheiterns bedeutet.

**Konsistenzstreben und Selbstrechtfertigung:**
Menschen möchten im Allgemeinen als konsequent und entschlossen wahrgenommen werden – auch von sich selbst. Haben wir uns einmal für einen Weg entschieden oder uns zu etwas bekannt, setzt ein innerer Druck ein, diese Linie aufrechtzuhalten. Nach außen hin möchten wir zudem als zuverlässig gelten: Wer ständig seine Meinung oder seine Vorhaben ändert, erntet vielleicht Kritik. Also bleiben wir lieber (scheinbar) konsequent. Dieser Mechanismus hängt mit *kognitiver Dissonanz* zusammen: Würden wir plötzlich kehrtmachen, müssten wir uns eingestehen, dass die frühere Entscheidung vielleicht falsch war. Um dieses unangenehme Gefühl zu vermeiden, reden wir uns eher

ein, dass alles schon richtig so ist, und halten am Kurs fest. Diese Selbstrechtfertigung stabilisiert kurzfristig unser Selbstbild („Ich habe nichts falsch gemacht"), verhindert aber, dass wir aus Fehlern ausbrechen. So kann es passieren, dass jemand in einem unglücklichen Studium oder einer unpassenden Karriere verharrt, nur weil er oder sie es vor sich und anderen nicht zugeben will, dass die Wahl vielleicht ein Irrtum war. Das Festhalten wird hier zu einer Strategie, um innere Widersprüche gar nicht aufkommen zu lassen.

**Soziale Bestätigung und Vergleich:** In Gruppen schauen Menschen aufeinander und orientieren sich an den Handlungen der anderen. Wenn das Umfeld bestimmte Werte hochhält – etwa Erfolg, Besitz oder Durchhaltevermögen – übernimmt man leicht diese Maßstäbe. Es wirkt normal, an Statussymbolen festzuhalten, weil alle es tun. Zudem möchten wir in den Augen anderer erfolgreich und beständig wirken. Das Eingeständnis, etwas aufzugeben (einen Job, eine Beziehung, ein Ziel), wird in vielen Gemeinschaften mit Scheitern gleichgesetzt. Entsprechend stark ist der Impuls, nach außen das Bild aufrechtzuerhalten, alles im Griff zu haben und nichts „einfach so" loszulassen. Das Bedürfnis dazuzugehören führt dazu, dass Menschen oft eher das tun, was alle tun, anstatt auszuscheren. Schon in der Schulzeit entsteht Konformitätsdruck – und er bleibt im Erwachsenenleben erhalten, nur subtiler. Dieser

Mechanismus hat eine self-fulfilling Komponente: Je
mehr alle festhalten, desto mehr fühlen sich die
Einzelnen bestätigt, es ebenso zu tun.

Es wird deutlich: Viele unbewusste psychologische
Tendenzen – von der Angst vor Verlust über die Macht
der Gewohnheit bis hin zum Wunsch nach sozialer
Anerkennung – wirken zusammen, um uns am
Festhalten zu hindern. Diese Mechanismen sind Teil
der menschlichen Natur und haben teils evolutionär
ihren Sinn (etwa Vorsicht bei Verlusten). Doch sie
können uns auch im Weg stehen, wenn Veränderung
eigentlich nötig wäre. Was aber passiert, wenn wir uns
dennoch entschließen loszulassen? Der folgende
Abschnitt betrachtet, welche Erfahrungen Menschen
machen, wenn sie äußere und innere Verhaftungen nach
und nach aufgeben.

## Was passiert, wenn wir loslassen?

Loslassen ist oft kein einzelner Moment, sondern ein
Prozess – und dieser beginnt nicht selten mit
Unbehagen. In dem Augenblick, in dem wir etwas
loslassen (oder ernsthaft damit beginnen), können
gemischte Gefühle auftauchen: Angst, Traurigkeit,
Unsicherheit. Es ist ein wenig wie ein Sprung ins kalte
Wasser. Man verlässt das Vertraute und spürt
möglicherweise zunächst den „Schock" der
Veränderung. Wer zum Beispiel entschließt, sich von

angesammelten Dingen zu trennen, mag beim Aussortieren anfangs Zweifel verspüren („Brauche ich das wirklich nicht mehr?") oder sentimentale Wehmut. Ähnlich kann jemand, der eine langjährige Tätigkeit aufgibt, sich im ersten Moment leer und orientierungslos fühlen – die Struktur des Alltags und ein Stück Identität fallen weg. Diese erste Phase des Loslassens ist geprägt von Loslösungsschmerz und Unsicherheit, denn man hat einen sicheren Hafen verlassen und treibt nun scheinbar im offenen Meer.

Um das zu veranschaulichen, nehmen wir eine fiktive Person: Anna, 45 Jahre alt, gibt nach zehn Jahren ihren sicheren, aber unglücklich machenden Job auf. In den ersten Wochen nach der Kündigung fühlt sie sich orientierungslos – die gewohnte Tagesstruktur fehlt, und sie fragt sich, ob die Entscheidung richtig war. Doch nach und nach bemerkt Anna positive Veränderungen: Ihre chronischen Kopfschmerzen lassen nach, weil der Stress abfällt. Sie hat plötzlich Zeit, alte Hobbys wie Malen wiederaufzunehmen. Aus der anfänglichen Leere entsteht Kreativität; sie entdeckt neue Interessen und bildet sich weiter. Nach einigen Monaten hat Anna ein klares Bild davon, was sie als Nächstes tun möchte – etwas, das besser zu ihren wahren Interessen passt. Ihr Beispiel zeigt, dass Loslassen zunächst wie ein Schritt ins Nichts wirken kann, aber dann Raum schafft, in dem sich etwas Neues entfalten kann.

Doch nach diesem anfänglichen "Schock" machen viele Menschen eine überraschende Erfahrung: Sie fühlen sich leichter. Wenn der erste Schmerz des Verlusts nachlässt, entsteht Raum für Erleichterung. Etwas sprichwörtlich "von der Schulter" fallen zu lassen kann ein Gefühl von Befreiung erzeugen – als hätte man eine Last abgeworfen. Zum Beispiel beschreiben Personen nach dem Entrümpeln ihrer Wohnung häufig, dass sie sich freier und wohler fühlen, weil die Überfülle an Gegenständen weg ist. Was zunächst wie Verlust wirkte, entpuppt sich als Gewinn an Klarheit: ein aufgeräumter Raum, in dem man wieder atmen kann. Ähnlich berichtet jemand, der eine toxische Beziehung beendet hat, oft von einem Gefühl der Befreiung – trotz aller Traurigkeit über das Ende spürt man, dass eine Belastung abgefallen ist.

Tatsächlich zeigt sich häufig: Man verliert nicht nur etwas, man gewinnt auch *überraschend viel*, sobald man sich von Überflüssigem trennt – beispielsweise **Zeit, Platz, Freiheit, Energie** und weitere Ressourcen. Was vorher blockiert oder gebunden war, wird nun frei. Weniger Besitz bedeutet zum Beispiel weniger Ballast, der verwaltet und aufgeräumt werden muss, also mehr Raum und Zeit für anderes. Weniger Verpflichtungen (etwa durch das Aufgeben eines unliebsamen Amts oder Projekts) bedeuten, dass wieder Energie und Kapazität für neue, passendere Aktivitäten entsteht. Auch emotional setzt Loslassen Kräfte frei: Wer lange an Groll oder Trauer festgehalten hat und schließlich vergeben oder akzeptieren kann, spürt oft eine immense **emotionale Entlastung**. Die stressauslösenden Gefühle lassen nach, man fühlt sich ruhiger und innerlich befreit. Schon alte Weisheitslehren betonen diesen Effekt: In der Philosophie der Stoiker etwa gilt, dass innere Ruhe erlangt, wer lernt, die Dinge loszulassen, die außerhalb seiner Kontrolle liegen. Psychologisch führt das Loslassen von belastenden Emotionen zu einer erheblichen Reduktion von Stress und fördert das emotionale Wohlbefinden.

Darüber hinaus beugt Loslassen einer mentalen Überlastung vor. Wer ständig an Vergangenem festhält oder grübelt, läuft Gefahr, sich im Kreis zu drehen und zu erschöpfen. Lässt man diese Gedanken los, kann der Geist zur Ruhe kommen und neue Energie schöpfen. Ähnliches gilt im praktischen Sinn: Wer Ballast abwirft – sei es materiell oder im übertragenen Sinn – schafft *Ordnung*. Diese neue Ordnung außen wie innen kann erstaunlich befreiend wirken. Ein aufgeräumter Schreibtisch etwa erhöht die Konzentration, und ein „aufgeräumter Kopf" – frei von endlosem Grübeln – ermöglicht es, sich wieder auf die Gegenwart und neue Ziele zu fokussieren.

Wenn alte Strukturen wegfallen, entsteht auch Raum für Wachstum. Loslassen bedeutet, Raum für Wachstum und positive Veränderungen zu schaffen. Noch ein Missverständnis sei klargestellt: **Loslassen heißt nicht**

**„alles vergessen" oder dass Vergangenes keine Bedeutung hätte.** Es bedeutet vielmehr, die Vergangenheit anzunehmen, aber sich nicht mehr von ihr erdrücken zu lassen. Erinnerungen und Erfahrungen bleiben Teil von uns, doch wir erlauben ihnen nicht mehr, unser Handeln und Fühlen im Hier und Jetzt zu diktieren. So gesehen ist Loslassen kein Verrat an der eigenen Geschichte, sondern ein bewusster Akt der Befreiung aus ihrem Schatten. Erst wenn man sich von dem getrennt hat, was einen eingeengt oder nicht mehr weitergebracht hat, können neue Möglichkeiten erkannt und ergriffen werden. Viele Menschen berichten, dass nach einer Phase des Loslassens Kreativität und Neugier zurückkehren. Man hat buchstäblich wieder Kapazität, neue Eindrücke zu verarbeiten und andere Wege auszuprobieren. Die innere Flexibilität nimmt zu: Wer gelernt hat, Dinge gehen zu lassen, kann in Zukunft auch leichter mit Veränderungen umgehen. Das heißt, Loslassen fördert langfristig die **Resilienz** – die seelische Widerstandsfähigkeit. Man hat sozusagen am eigenen Leib erfahren, dass Veränderung überlebbar ist und sogar zu etwas Besserem führen kann – ein Wissen, das resiliente Menschen auszeichnet. Man erfährt, dass ein Verlust nicht das Ende ist, sondern der Anfang von etwas Neuem sein kann. Dieses Wissen macht weniger ängstlich vor zukünftigen Veränderungen.

Zusammengefasst: Am Anfang des Loslassens steht zwar oft Schmerz oder Angst, doch schon bald zeigen sich die positiven Effekte. Stress reduziert sich, Klarheit nimmt zu, neue Kräfte werden frei. Man erkennt, dass man nicht hilflos im leeren Raum schwebt, sondern dass die Lücke, die durch das Loslassen entsteht, mit etwas Wertvollem gefüllt werden kann – sei es Ruhe, neue Zielsetzungen oder schlicht das Gefühl, wieder Herr seiner selbst zu sein. Wer diesen Prozess einmal durchlebt, dem erscheint Loslassen beim nächsten Mal vielleicht schon ein wenig weniger furchteinflößend, weil die Erfahrung zeigt, dass danach etwas Gutes kommen kann.

# Zwischen Identitätsverlust und innerer Freiheit

Loslassen konfrontiert uns unweigerlich mit der Frage der Identität. Wenn all die äußeren Schichten wegfallen, an denen wir uns zuvor festgehalten haben – berufliche Rollen, Titel, Besitz, gewohnte Lebensmuster – kann sich zunächst ein Gefühl von **Identitätsverlust** einstellen. Man hat das Empfinden, nicht mehr zu wissen, wer man eigentlich ist, ohne diese gewohnten Bezugspunkte. Dieses Gefühl ist vergleichbar mit einer **Identitätskrise**, in der Verwirrung und Unsicherheit über das eigene Selbstbild dominieren. So eine Phase kann erschreckend und leer wirken: Alles, woran man sein Ich festgemacht hat, ist weg. Doch genau in dieser vermeintlichen Leere liegt auch eine Chance verborgen.

Denn wenn die äußeren Schichten abfallen, bleibt das übrig, was einen Menschen im Innersten tatsächlich ausmacht. Ohne die übergestülpten Rollen und Etiketten tritt die **Essenz** der Person deutlicher hervor: Charakter, Werte, grundlegende Fähigkeiten und Vorlieben – kurz, das, was einen Menschen wirklich kennzeichnet. Es zeigt sich, dass Identität mehr ist als berufliche Funktionen oder Status. Wer bin ich ohne all das? Vielleicht ein frei denkender, kreativer, mitfühlender Mensch – Eigenschaften, die unabhängig von äußeren Titeln existieren. Diese Erkenntnis kann zum Kern einer neuen **inneren Freiheit** werden. Innere Freiheit bedeutet, sich nicht mehr durch äußere Erwartungen und alte Muster steuern zu lassen, sondern das eigene Wesen authentisch zum Ausdruck zu bringen. Es geht, wie schon erwähnt, nicht darum, ein völlig anderer Mensch zu werden, sondern darum, das eigene Potenzial und Wesen, das unter all den Schichten immer da war, freizulegenfile-u6rrvh4htwqrvmd5imd4mv. Wenn man nicht mehr krampfhaft an definierten Identitäten festhalten muss, eröffnet sich ein Gefühl von Weite: Man *darf* anders sein als zuvor, man darf wachsen und sich wandeln, ohne an ein starres Bild gebunden zu sein.

Psychologen betonen, dass solche Identitätskrisen durchaus normal und sogar wichtig für persönliches

Wachstum sein können. In der Unsicherheit liegt die Möglichkeit, sich selbst neu kennenzulernen – losgelöst von alten Definitionen. Wer durch die Phase der Orientierungslosigkeit hindurchgeht, entdeckt oft eine größere innere Stärke und Klarheit. Tatsächlich zeigen viele Biografien, dass Menschen nach schweren Umbrüchen – etwa dem Verlust des Arbeitsplatzes oder dem Ende einer langjährigen Beziehung – im Nachhinein angeben, dadurch *zu sich selbst gefunden* zu haben. Was zunächst als Identitätsverlust erschien, entpuppte sich über die Zeit als Neudefinition des Selbst. Man lernt: *Ich bin mehr als die Summe meiner früheren Rollen und Besitztümer.* Dieses neue Selbstverständnis ist flexibler und unabhängiger von äußeren Umständen. Es basiert auf dem Wissen um den eigenen Wert, der bleibt, selbst wenn alles Äußere wegfällt.

Somit pendelt das Erleben beim radikalen Loslassen zwischen dem beängstigenden Gefühl des Identitätsverlusts und der Verheißung einer inneren Freiheit. Die alte Identität mag Risse bekommen oder ganz zusammenbrechen – doch aus den Bruchstücken kann sich ein neues, wahrhaftigeres Selbstbild zusammensetzen. Am Ende stellt sich die Frage: Wenn all das Äußere weg ist, was bleibt dann eigentlich *wirklich*? Worin gründet sich unser Sein, wenn wir alles Losgelassene beiseite nehmen? Dieser Frage wollen wir uns abschließend widmen.

# Was bleibt, wenn alles Äußere wegfällt?

Stellt man sich der Gedankenübung, dass wirklich *alles* Äußere wegfällt – Beruf, Besitz, Status, gewohnte Umgebung –, so bleibt zunächst etwas sehr Einfaches und zugleich Wesentliches: **man selbst**. Nackt im übertragenen Sinne, ohne die sonst üblichen Kennzeichen, steht man als die Person da, die man im Innersten ist. Was heißt das konkret? Es heißt, dass all die **inneren Werte und Charakterzüge** in den Vordergrund rücken, die unabhängig von äußeren Umständen existieren. Zum Beispiel bleiben Eigenschaften wie Ehrlichkeit, Kreativität, Mitgefühl, Humor oder Durchhaltevermögen bestehen. Diese Werte und Qualitäten definieren uns stärker als Titel oder Besitztümer es je könnten – denn sie machen aus, *wie* wir durchs Leben gehen, nicht *was* wir dabei in den Händen halten.

Ebenso wird deutlich, welche **Beziehungen** und Menschen uns wirklich wichtig sind. Wenn alle Oberflächlichkeiten wegfallen, zählen die echten Verbindungen – Familie, Freundschaften, Menschen, die uns durch unseren Charakter und nicht wegen unseres Status schätzen. Wer schwere Zeiten durchgemacht hat, weiß oft: In der Krise zeigt sich, auf wen man sich verlassen kann. Diese zwischenmenschlichen Anker können zu den kostbarsten "Bleibseln" gehören, wenn alles andere wegbricht. Auch sie tragen zu unserem Selbstverständnis bei: Wir erkennen uns als soziales Wesen, das nicht über Dinge oder Titel definiert ist, sondern über gegenseitige Verbundenheit und Unterstützung. Im Buddhismus wird diese gedachte Abhängigkeit, die wir selbst schaffen, als eine der Hauptursachen für Leid angesehen. Das Loslassen von Anhaftungen wird dort als Schlüssel zu innerem Frieden gelehrt – was die moderne Psychologie mit ihren Studien im Grunde bestätigt.

Aus all dem kann sich ein **neues Selbstverständnis** entwickeln. Wenn man erlebt hat, dass man auch ohne die bisherigen äußeren Identifikationsmerkmale weiterexistiert und sogar wachsen kann, verändert sich der Blick auf sich selbst. Man versteht vielleicht zum ersten Mal wirklich, dass der eigene Wert nicht von äußeren Erfolgen oder Besitztümern abhängt. Dieses Selbstverständnis gründet viel eher auf der Gewissheit: *Ich bin ich, mit all meinen Erfahrungen, Stärken und Schwächen, und das genügt.* Viele berichten, dass sie nach einem radikalen Loslassen ein intensives Gefühl der **Selbstakzeptanz** erfahren. Ohne die ständige Anstrengung, bestimmten Rollen oder Erwartungen zu entsprechen, können sie sich selbst gegenüber ehrlicher und milder sein. Man lernt sich neu kennen und schätzen – als die Person, die in jedem Wandel konstant bleibt.

Letztlich bleibt, wenn man alles loslässt, genau das, was wirklich zählt: die eigene innere Substanz. Darin liegen die Werte, die uns ausmachen, die Beziehungen, die uns tragen, und das Bewusstsein, lebendig und entwicklungsfähig zu sein. Manche Menschen berichten sogar, dass sie durch das Loslassen ein Gefühl von Verbundenheit mit allem Leben entwickeln: Wenn all die trennenden Etiketten (Titel, Status, Besitz) wegfallen, erkennen sie, dass wir letztlich alle ähnliche menschliche Kernbedürfnisse haben. Dieses Bewusstsein fördert Empathie und ein Gefühl der Gemeinschaft – ein paradoxes Geschenk des Loslassens, das zunächst wie Isolation wirkte. Aus der Erfahrung des Loslassens erwächst zudem das Wissen, dass wir viel mehr sind als die äußeren Schichten, an denen wir so lange festgehalten haben. Dieses Wissen ist der Keim einer inneren Freiheit und eines stabilen Selbst, das Veränderungen nicht fürchten muss. Man könnte sagen: Wenn alle kleinteiligen Identifikationen wegfallen, bleibt die grundlegende Tatsache, dass wir *da sind*. Dieses reine Dasein verbindet uns mit allem um uns herum – letztlich bestehen wir alle aus dem gleichen Stoff wie die Sterne. In diesem Sinn kann Loslassen auch dazu führen, dass man sich als Teil eines größeren Ganzen wahrnimmt, jenseits von beruflichen Rollen oder gesellschaftlichen Etiketten.

Das Gefühl, „verloren im All" zu sein, wandelt sich in das Wissen, seinen Platz im großen Gefüge zu haben – einfach indem man *ist*. Denn was immer auch geschieht – **was uns im Kern ausmacht, bleibt.** Hierzu passt ein bekanntes Zitat des Psychologen Viktor Frankl: Alles kann einem Menschen genommen werden – außer der letzten Freiheit, nämlich der Freiheit, seine Einstellung zu den Dingen zu wählen. Diese innere Freiheit bleibt, egal welche äußeren Umstände herrschen. Und genau darauf können wir unser neues Selbstverständnis aufbauen.

# Kapitel 9: Das Universum in dir – Von Zellen, Sternen und Zusammenhängen

**Stell dir vor**, du liegst nachts auf einer Wiese und blickst in einen klaren Sternenhimmel. Unzählige funkelnde Lichter strahlen aus der Dunkelheit zu dir herab. In diesem Moment fühlst du dich vielleicht winzig klein angesichts der unermesslichen Weite des Universums. Gleichzeitig kommt dir ein faszinierender Gedanke: **Haben diese fernen Sterne etwas mit dir zu tun?** Du streckst eine Hand aus und betrachtest sie im schwachen Licht. Unter deiner Haut pocht dein Puls, Milliarden von Zellen arbeiten unbemerkt. Wenn du dir vorstellst, du könntest in deine Hand hineinzoomen, würdest du Schicht für Schicht tiefer blicken: erst durch Haut und Gewebe, dann hinein in einzelne lebende **Zellen**, schließlich noch weiter hinab zu den **Molekülen** und **Atomen**, aus denen jede Zelle besteht. Genau diese kleinsten Teilchen in deiner Hand – Kohlenstoff, Sauerstoff, Kalzium, Eisen und viele mehr – wurden vor unvorstellbar langer Zeit in leuchtenden Sternen gebildet. Dein Körper und die Sterne über dir sind auf erstaunliche Weise **verbunden**. Was bedeutet das genau?

In diesem Kapitel gehen wir der Verbindung zwischen **Mikrokosmos** und **Makrokosmos** auf den Grund. Wir betrachten, wie der menschliche Körper als Produkt kosmischer Entwicklung entstanden ist – wir bestehen tatsächlich aus Sternenmaterial! Anschließend erkunden wir die **Bausteine des Lebens**: die biologischen Zellen, chemischen Elemente und physikalischen Teilchen, aus denen alles Leben aufgebaut ist. Wir fragen, wie durch **Evolution**, **Emergenz** und **Selbstorganisation** immer komplexere Strukturen entstehen konnten – von einfachen Molekülen bis hin zum bewussten menschlichen Geist. Dabei stellen wir die spannende Frage: **Ist unser Bewusstsein nur ein emergentes Phänomen aus Materie?** Zum Schluss wenden wir uns den großen Fragen nach **Zusammenhang, Identität und Bedeutung** zu. Was sagt die Naturwissenschaft über unsere Verbindung zum Universum und über das, was uns als „Ich" ausmacht? Und wo stoßen wissenschaftliche Erklärungen an ihre Grenzen, sodass etwas offenbleibt, das uns weiterhin zum Nachdenken anregt?

## Sternenstaub in unseren Adern: Der Körper als kosmisches Produkt

Vielleicht hast du den Satz schon einmal gehört: *„Wir bestehen aus Sternenstaub."* Diese Aussage ist keineswegs poetisch übertrieben, sondern lässt sich wissenschaftlich begründen. **Fast alle Atome in deinem Körper wurden vor Milliarden Jahren im Inneren von Sternen erzeugt**. Wie ist das möglich? Betrachten wir einen kurzen Abriss der kosmischen Geschichte deines Körpers.

Am Anfang war der **Urknall**. In den ersten Minuten nach diesem "Anfang von allem" entstanden lediglich die leichtesten chemischen Elemente: hauptsächlich Wasserstoff, etwas Helium und winzige Spuren von Lithium. Schwerere Elemente wie Kohlenstoff, Stickstoff, Sauerstoff oder Eisen – all das, woraus dein Körper größtenteils besteht – gab es zunächst **noch nicht**. Das junge Universum bestand aus einfachen Gasen, die sich allmählich zu den ersten Sternen verdichteten. In diesen frühen Sternen begann dann ein wahrer Alchemie-Prozess: Durch **Kernfusion** verschmolzen Wasserstoff-Atome zu Helium. In den heißen Sternenkernen wurden nach und nach immer schwerere Elemente „geschmiedet" – von Kohlenstoff und Sauerstoff bis hin zu Eisen. Ein einzelner Stern kann allerdings nur bis zu einem gewissen Punkt Elemente bilden. Wenn sehr große Sterne am Ende ihres Lebens explodieren (als **Supernova**), entstehen in der Hitze dieser Explosion nochmals neue, schwerere Atome, und die Elemente werden zugleich weit in den Weltraum hinausgeschleudert.

In einem endlosen Zyklus aus Sternengeburten und Sternentoden bereicherte sich das Universum so immer mehr mit komplexeren Bausteinen. **Aus dem Staub vergangener Sterne formten sich neue Sterne und Planeten – und schließlich auch unsere Erde.** Die Elemente, die ein sterbender Stern ins All abgibt, treiben als feiner Nebel durch die Galaxis. Mit der Zeit ziehen die Schwerkraft und andere Prozesse diesen **Sternenstaub** wieder zusammen, sodass neue Himmelskörper entstehen. Überraschenderweise bleibt die Materie dabei größtenteils erhalten: Atome sind sehr langlebig und können selbst gewaltige Explosionen unbeschadet überstehen. **Im Durchschnitt hat jedes Atom in deinem Körper bereits vier vollständige „Sternen-Lebenszyklen" hinter sich –** es wurde also schon mehrfach Teil eines Sterns und eines Planetensystems, bevor es schließlich dich mitaufgebaut. Wenn du also nachts in den Himmel schaust, siehst du gewissermaßen frühere Stationen deiner eigenen Materie.

Noch verblüffender: Die Materie deines Körpers stammt nicht nur von der Sonne oder einigen benachbarten Sternen aus unserer **Milchstraße**. Moderne Simulationen zeigen, dass **rund die Hälfte der Atome auf der Erde ursprünglich aus ganz anderen Galaxien**. Vor Milliarden Jahren haben ferne Sternensysteme ihre Überreste ins All geblasen, und diese Partikel reisten millionen Lichtjahre weit durch den intergalaktischen Raum, bevor sie schließlich Teil der Gas- und Staubwolken wurden, aus denen sich unsere Sonne und die Planeten formten. Mit anderen Worten: **Dein Körper ist ein kosmischer Reisender.** Viele seiner Bestandteile haben weite Wege zurückgelegt und stammen teils von jenseits der sichtbaren Sterne über dir.

All diese Fakten bedeuten: **Der menschliche Körper ist direktes Produkt einer kosmischen Entwicklung.** Elemente, die einst in den Herzen von Sternen hell glühten, fließen heute in deinem Blut. Das Kalzium in deinen Knochen, das Eisen in deinem Blutfarbstoff und der Sauerstoff, den du atmest – sie alle verdanken ihre Existenz längst vergangenen Sternen und ihren Explosionen. Ohne diese Prozesse wäre die Erde ein öder Fels aus Wasserstoff und Helium geblieben, unfähig Leben zu beherbergen. Erst die „Gewürze" aus den Sternen, die schweren Elemente, machen unseren Planeten fruchtbar und bilden die Substanz, aus der Pflanzen, Tiere und wir Menschen entstehen konnten.

Wenn du dir diese Zusammenhänge vor Augen führst, ergibt sich ein fast schon tröstlicher Gedanke: **Du bist nicht nur im Universum, das Universum ist auch in dir.** In jedem von uns steckt buchstäblich ein Stück Sternengeschichte. Unser Körper erzählt die Geschichte des Kosmos – von der Geburt der ersten Atome im Urknall, über die glühenden Sterne der Milchstraße bis hin zur Entstehung unseres Sonnensystems. Die kosmische Herkunft unseres Körpers zeigt eindrucksvoll, wie **verbunden Makrokosmos und Mikrokosmos** sind. Doch diese Verbindung geht noch weiter als nur die chemischen Elemente. Schauen wir uns genauer an, wie das Große und das Kleine im Aufbau der Welt zusammenhängen.

# Makrokosmos und Mikrokosmos – zwei Seiten einer Wirklichkeit

Auf den ersten Blick könnten die Größenordnungen kaum unterschiedlicher sein: Hier der **Makrokosmos**, also das Universum mit seinen Galaxienhaufen, Sternen und unvorstellbaren Entfernungen; dort der **Mikrokosmos**, die Welt der Zellen, Moleküle und Atome, so winzig, dass wir sie mit bloßem Auge nicht sehen können. Dennoch folgen beide Ebenen den gleichen grundlegenden Naturgesetzen, und manchmal entdecken Wissenschaftler*innen verblüffende Parallelen zwischen dem Aufbau des Kosmos und dem Aufbau unseres eigenen Körpers.

Ein anschauliches Beispiel ist der Vergleich zwischen dem **Netzwerk des Universums** und dem **Netzwerk des menschlichen Gehirns**. Das sichtbare Universum besitzt eine großräumige Struktur: Galaxien sind nicht einfach zufällig verteilt, sondern sammeln sich in riesigen Filamenten und Haufen, durchzogen von gewaltigen Leeräumen. Diese großskalige Anordnung der Galaxien im All wird oft als **kosmisches Netz** bezeichnet. Im menschlichen Gehirn finden wir auf unvorstellbar viel kleinerer Skala ebenfalls ein komplexes Netz – das **Neuronennetzwerk**, bestehend aus geschätzten 70 bis 100 Milliarden Nervenzellen, die über axonale „Verbindungen" kommunizieren. Kürzlich haben Forschende diese beiden Netzwerke – das neuronale Netzwerk des Gehirns und das kosmische Galaxiennetz – einander gegenübergestellt. **Erstaunlicherweise zeigen sich strukturelle Ähnlichkeiten**: In beiden Systemen sind nur etwa 30% der Masse in den aktiven Komponenten konzentriert (im Gehirn die Neuronen, im Universum die Galaxien), während rund 70% aus einer scheinbar passiven Substanz bestehen (im Gehirn das umgebende Wasser, im Kosmos die Dunkle Energie). Sowohl die Galaxien im All als auch die Nervenzellen im Gehirn ordnen sich zu filamentartigen Mustern mit Knotenpunkten. Und obwohl das Universum um mehr als 30 Größenordnungen größer ist als ein Gehirn, folgen die Dichte-Schwankungen in beiden Netzen ähnlichen mathematischen. Diese Gemeinsamkeiten sind vor allem **struktureller** Natur – natürlich arbeitet ein Gehirn nach anderen Prinzipien als das Universum. Dennoch ist es faszinierend, dass auf solch unterschiedlichen Ebenen vergleichbare Muster auftauchen.

Die Idee, dass **Mensch und Kosmos sich spiegeln**, hat übrigens eine lange Tradition. In früheren Zeiten sprachen Philosophen und Weisheitslehren vom Menschen als *Mikrokosmos*, der den Makrokosmos im Kleinen widerspiegele. Auch wenn viele alte Vorstellungen heute überholt sind, finden wir im Licht moderner Wissenschaft zumindest metaphorisch einen wahren Kern: **Wir tragen das Universum in uns**, sowohl materiell (wie im vorigen Abschnitt beschrieben) als auch in der Art, wie sich aus kleinen Teilen große Strukturen formen. Die gleichen physikalischen Bausteine und Kräfte, die Sterne kreisen lassen, wirken auch in deinem Körper. So besteht z.B. **du und alles um dich herum aus Atomen**, die nach den Gesetzen der Quantenphysik funktionieren – egal ob es ein fernes Sternenlicht ist oder die Neuronen in deinem Gehirn, auf kleinster Ebene gelten dieselben Teilchen und Naturkräfte.

Auch auf mittleren Skalen gibt es Verbindungen. Betrachte etwa eine **Zelle** in deinem Körper: Diese winzige Einheit (Durchmesser meist nur wenige Mikrometer) könnte man als einen eigenen „Mikrokosmos" ansehen. In jeder Zelle arbeiten unzählige molekulare Maschinen zusammen – eine ganze kleine Welt für sich. Gleichzeitig ist eine Zelle aber auch Teil eines größeren Ganzen, deines Körpers, so wie ein Planet Teil eines Sonnensystems ist. Dein Körper wiederum ist Teil der Biosphäre der Erde, die Erde Teil des Sonnensystems, dieses Teil der Galaxie, und letztlich gehört unsere Galaxie zum **Universum**. Es gibt also eine Art **verschachtelte Hierarchie**: Von den subatomaren Teilchen zu Atomen, von Atomen zu Molekülen, zu Zellen, Organismen, Planeten, Sternen und Galaxien – jede Ebene setzt sich aus vielen Einheiten der darunterliegenden Ebene zusammen. Du könntest dich selbst als ein Knotenpunkt in diesem Gefüge sehen: **In dir treffen sich Mikrokosmos und Makrokosmos.** Du bist aus Atomen geformt, die im Inneren von Sternen entstanden, und durch dich kann ein Stück des Universums über sich selbst nachdenken.

Diese Erkenntnis kann unser Gefühl für **Identität und Zusammenhang** verändern. Plötzlich erscheint es nicht mehr so, als ob „da draußen" ein völlig fremdes Weltall existiert und „hier drinnen" bist nur du. Stattdessen wird klar: **Du bist ein Teil des Weltalls, untrennbar verbunden mit allem, was ist.** Natürlich bist du als

Person etwas Einzigartiges, aber auf der fundamentalen materiellen Ebene besteht kein absoluter Unterschied zwischen den Atomen in deinem Körper und denen in einem fernen Stern. Alles entstammt derselben Quelle und gehorcht denselben Naturgesetzen. Dieses Wissen allein kann schon eine Verbindung spürbar machen: Wenn du nachts einen Stern anschaust, **blickt ein Teil von dir selbst sozusagen zu einem Verwandten in der Ferne** – denn ohne diesen entfernten Verwandten (in Form früherer Sterne) gäbe es dich nicht.

Nachdem wir gesehen haben, wie eng verflochten unser Körper mit der Geschichte des Universums ist, wollen wir nun näher betrachten, **woraus wir genau bestehen**. Welche grundlegenden Zutaten hat das Universum bereitgestellt, um Leben wie uns hervorzubringen? Und wie fügen sich diese Zutaten zu der unglaublichen Komplexität zusammen, die wir in lebenden Organismen beobachten?

# Bausteine des Lebens: Von chemischen Elementen zu Zellen

Schauen wir auf die **Grundelemente**, aus denen dein Körper aufgebaut ist. Es gibt 92 natürlich vorkommende chemische Elemente im Universum, doch für Lebewesen sind nur einige davon wirklich wichtig. Vier Elemente machen dabei den Löwenanteil in deinem Körper aus: **Sauerstoff, Kohlenstoff,**

**Wasserstoff und Stickstoff.** Zusammen stellen diese vier etwa 96% deiner Körpermasse bereit. Warum gerade diese? Sauerstoff und Wasserstoff bilden zum Beispiel **Wasser**, das den Hauptbestandteil deines Körpers ausmacht (rund 60-70% deines Körpergewichts ist Wasser). Kohlenstoff ist das zentrale Element aller organischen Moleküle – es kann komplexe Ketten und Ringe formen und ist dadurch ideal als „Gerüst" für die Chemie des Lebens. Stickstoff wiederum ist ein essenzieller Bestandteil von Proteinen und der DNA.

Neben diesen vier Hauptakteuren gibt es noch eine Handvoll weiterer Elemente, die lebenswichtig sind. **Phosphor** zum Beispiel ist Teil der DNA und vieler Energieträger in Zellen (ATP), **Schwefel** findet sich in manchen Aminosäuren (den Bausteinen der Proteine). **Kalzium** stärkt unsere Knochen und Zähne, **Natrium und Kalium** ermöglichen elektrische Signale in Nerven, **Eisen** transportiert als Bestandteil des Hämoglobins den Sauerstoff im Blut, und **Chlor, Magnesium, Zink, Kupfer** und einige andere Spurenelemente erfüllen ebenfalls spezielle Funktionen. Erstaunlicherweise sind all diese unterschiedlichen Stoffe über kosmische Prozesse entstanden: Wasserstoff als ältestes Element direkt nach dem Urknall, die meisten anderen – Kohlenstoff, Stickstoff, Sauerstoff, Phosphor usw. – in den Feueröfen der Sterne. Life's ingredients, vom Kalzium

in deinen Zähnen bis zum Eisen in deinem Blut, sind
somit **Erinnerungsstücke an die Sterne.**

Doch Elemente allein machen noch kein Leben.
Entscheidend ist, wie sie sich **chemisch verbinden.**
Atome schließen sich zu **Molekülen** zusammen – das
sind Verbände aus zwei oder mehr Atomen, die durch
chemische Bindungen verknüpft sind. Einige Moleküle
des Lebens sind sehr einfach, zum Beispiel das
Sauerstoffgas ($O_2$), das wir atmen, oder Wasser ($H_2O$).
Andere sind unglaublich komplex, etwa die **DNA-
Moleküle** in unseren Zellen. DNA
(Desoxyribonukleinsäure) besteht aus Milliarden von
Atomen, arrangiert in langen, verwundenen Strängen,
die unsere genetische Information tragen. Oder denke
an **Proteine**: Das sind Ketten aus vielen **Aminosäuren,**
von denen es 20 verschiedene Typen gibt. Die Abfolge
und Faltung dieser Ketten ergeben die unzähligen
verschiedenen Proteine, die in deinem Körper
Strukturen bilden (z.B. Muskelfasern) und chemische
Reaktionen ermöglichen (als Enzyme).

Interessanterweise hat sich gezeigt, dass **viele der
grundlegenden Moleküle des Lebens nicht nur auf
der Erde entstehen, sondern auch im All
nachweisbar sind.** In interstellaren Gaswolken und auf
Meteoriten wurden beispielsweise **Aminosäuren und
Zuckermoleküle.** Sogar die **Bausteine der DNA**, die
sogenannten Nukleinbasen (Adenin, Guanin, Cytosin
und Thymin), konnten in Meteoriten nachgewiesen.

Das heißt, bevor es überhaupt Leben auf der Erde gab, gab es bereits organische Moleküle im Weltraum. Diese könnten mit Meteoriten und Kometen auf junge Planeten gelangt sein. Manche Wissenschaftler*innen vermuten, dass dieser Zustrom an kosmischen Molekülen der jungen Erde einen „Starter-Kit" für die Lebensentstehung geliefert. Wie Leben letztlich genau auf der Erde entstand, ist nach wie vor nicht vollständig verstanden. Aber es ist faszinierend, dass **die Chemie des Lebens im Grunde überall im Universum stattfinden kann**, wo die Bedingungen stimmen. Das Universum hat die Zutaten verteilt – ob daraus ein Lebewesen wird, hängt vom „Rezept" und den Umständen ab.

Kleinste Bausteine (Atome) formen also chemische **Moleküle**, und diese wiederum organisieren sich in den Zellen – den **Basis-Einheiten des Lebens**. Jede Zelle ist ein winziges Wunderwerk. Wenn wir eine menschliche Zelle betrachten (etwa eine Leberzelle oder Hautzelle), sehen wir im Inneren viele spezialisierte Strukturen: **Organellen** genannt. Da gibt es zum Beispiel den **Zellkern**, der die DNA enthält, wie ein „Datenkern" mit allen Bauplänen. Es gibt **Mitochondrien**, die oft als Kraftwerke der Zelle bezeichnet werden, weil sie Energie aus Nährstoffen gewinnen. Es gibt ein fein verästeltes **Endoplasmatisches Retikulum** und **Golgi-Apparat**, die zusammen an der Herstellung und dem Transport von Proteinen und anderen Molekülen arbeiten. Die Zelle ist umgeben von einer **Zellmembran**, einer hauchdünnen Schicht aus Lipid-Molekülen, die als flexible Hülle dient und kontrolliert, was hinein- und herausgelangt.

Man kann sich eine einzelne Zelle fast wie eine kleine **Stadt** vorstellen: Viele „Arbeitskräfte" (Moleküle, Proteine) verrichten spezialisierte Aufgaben, Transportwege führen durch das Zellinnere, ein Kraftwerk liefert Energie, eine Bibliothek (der Zellkern) bewahrt Informationen, und eine Stadtmauer (Membran) schützt das Ganze und tritt mit der Umgebung in Austausch. Doch im Gegensatz zu einer Stadt arbeitet eine Zelle **vollkommen ohne zentralen Chef** – sie organisiert sich weitgehend selbst durch das Zusammenspiel ihrer Bestandteile. Später werden wir noch auf diese **Selbstorganisation** eingehen. Wichtig hier ist: Die Zelle ist die kleinste Einheit, die man als *lebendig* bezeichnen kann. Darunter gibt es zwar noch kleinere Einheiten (Moleküle, Atome, Teilchen), aber diese für sich genommen leben nicht – sie unterliegen nur physikalischen und chemischen Prozessen. Erst in der Anordnung als Zelle entsteht etwas, das wir *Leben* nennen: eine Einheit, die sich selbst erhält, mit ihrer Umgebung Stoffe austauscht, wächst und sich teilen kann.

Dein Körper besteht aus schätzungsweise **30 Billionen Zellen** (eine Zahl mit 13 Nullen!). Diese Zellen bilden

Gewebe, Organe und schließlich den kompletten Organismus. Bemerkenswert ist, dass fast jede einzelne deiner Zellen die gleiche DNA in sich trägt – also den gleichen vollständigen Bauplan deines Körpers – und sich dennoch Zellen unterschiedlich entwickeln (Muskelzellen, Nervenzellen, Hautzellen etc.), je nachdem welche Gene darin aktiv sind. All diese Billionen Zellen stammen von **einer einzigen befruchteten Eizelle** ab, aus der du dich entwickelt hast. Hier zeigt sich erneut die tiefe Verbindung von Mikrokosmos und Makrokosmos: Der gesamte Bau deines Körpers war im Kern bereits in einer winzigen Zelle angelegt. Und diese Zelle wiederum baute auf den chemischen Informationen der DNA und den physikalischen Prozessen der Zellteilung auf.

Wir sehen also: **Physik, Chemie und Biologie greifen ineinander**, um Leben hervorzubringen. Die physikalischen Bausteine (Atome und Moleküle) folgen Naturgesetzen und bilden chemische Verbindungen. Die Chemie liefert die Vielfalt der Moleküle, die sich zu biologischen Strukturen wie Zellen zusammenfügen. Auf jeder Stufe kommen neue Eigenschaften hinzu. Damit sind wir beim Konzept der **Emergenz**: Aus einfachen Bausteinen entstehen durch Zusammenwirken komplexere Systeme mit neuen, eigenen Eigenschaften. Schauen wir uns als Nächstes an, wie durch Evolution und Selbstorganisation aus diesen Bausteinen immer mehr **Komplexität** werden konnte – bis hin zu denkenden Wesen wie uns.

# Evolution, Emergenz und Selbstorganisation: Wie Komplexität entsteht

Unser Universum hat eine bemerkenswerte Entwicklung hinter sich: Vom anfänglichen heißen Urknall-Plasma über einfache Gaswolken, erste Sterne, komplexe Elemente, Planeten und schließlich Lebewesen mit Intelligenz. Diese Geschichte ist eine Geschichte **zunehmender Komplexität**. Doch wie kommt es, dass aus anfangs chaotischen oder einfachen Zuständen immer wieder **neue Ordnung** und Komplexität entstehen? Hier kommen drei wichtige Konzepte ins Spiel: **Evolution**, **Emergenz** und **Selbstorganisation**.

Beginnen wir mit der **Evolution** im biologischen Sinne. Die Evolutionstheorie, zurückgehend auf Charles Darwin, beschreibt, wie sich im Laufe von Generationen Lebewesen an ihre Umwelt anpassen und neue Arten entstehen. Das Grundprinzip ist dabei verblüffend einfach: Es gibt **Variation** (Nachkommen sind nie exakt gleich, es gibt zufällige Unterschiede), es gibt **Selektion** (manche Varianten überleben besser und pflanzen sich häufiger fort) und es gibt **Vererbung**

(Eigenschaften werden an die nächste Generation weitergegeben). Aus diesen drei Zutaten entsteht über lange Zeiträume eine Art „automatischer Optimierungsprozess". Dabei ist wichtig zu betonen: Evolution hat **keinen Plan** und kein bewusstes Ziel. Sie ist ein blinder, aber dennoch nicht zufälliger Prozess – **Nicht zufällig**, weil sich jeweils diejenigen Veränderungen durchsetzen, die unter den gegebenen Bedingungen vorteilhaft sind (und damit statistisch häufiger überleben). Über viele Millionen Jahre können so aus einfachen Organismen immer komplexere entstehen, einfach weil **Schritt für Schritt** vorteilhafte Neuerungen addiert werden.

Ein beeindruckendes Beispiel: Vor etwa 3,5 bis 4 Milliarden Jahren waren die einzigen Lebewesen auf der Erde einfache **Einzeller** (ähnlich heutigen Bakterien). Über enorme Zeiträume hinweg entwickelten sich aus solchen Vorläufern irgendwann Zellen mit Kern (die **Eukaryoten**), dann Verbünde mehrerer Zellen (die ersten **Vielzeller** vor ca. 1-2 Milliarden Jahren), später erste einfache Tiere und Pflanzen. Während der sogenannten **Kambrischen Explosion** vor rund 540 Millionen Jahren kam es innerhalb geologisch kurzer Zeit zur Entstehung einer großen Vielfalt komplexer Lebensformen. Fortan gab es Augen, Gliedmaßen, Nervensysteme – Innovationen, die zuvor in der Natur nicht existierten. Diese wurden nicht „von außen" entworfen, sondern entstanden durch das Zusammenspiel der Mechanismen der Evolution. In jedem Schritt brachte die **Selbstreproduktion** mit Variation neue Eigenschaften hervor, und die Umwelt „entschied" gewissermaßen, was funktioniert und bestehen bleibt. So wuchs die Komplexität schrittweise: Aus kleinen, unscheinbaren Anfängen entwickelte sich letztlich ein Ökosystem voller vielfältiger, hochspezialisierter Wesen – und in einer verhältnismäßig späten Phase auch **uns Menschen** mit unserer außergewöhnlichen Intelligenz.

Evolution ist ein Beispiel dafür, wie durch **viele kleine Schritte** ein hochkomplexes System entstehen kann, **ohne dass ein Planer oder Dirigent eingreift.** Hier zeigt sich auch ein Aspekt von **Emergenz:** Jede neue Stufe der Organisation bringt etwas Neues hervor, das auf der vorherigen Stufe nicht vorhanden war. Ein einzelnes Bakterium kennt keine Augen – aber wenn Zellen zu komplexen Organismen werden, können spezialisierte Gewebe wie Lichtsinneszellen und Augen entstehen, die als Einheit Sehen ermöglichen. **Das Ganze ist mehr als die Summe seiner Teile** – dieses oft gebrauchte Sprichwort beschreibt Emergenz sehr treffend. Die Teile (hier: Zellen) haben für sich genommen bestimmte Eigenschaften, aber wenn viele zusammenwirken, tauchen neue Eigenschaften auf (z.B. das Sehvermögen eines Tierorganismus), die kein Teil alleine hat.

Emergenz beschränkt sich nicht nur auf die Biologie. Wir finden emergente Phänomene überall in der Natur und selbst in unbelebter Materie. Ein klassisches Beispiel: **Wasser**. Ein einzelnes Wassermolekül ($H_2O$) hat keine Eigenschaft „nass" oder „flüssig" – es ist einfach ein kleines Teilchen. Erst wenn unzählige Wassermoleküle zusammenkommen, entsteht etwas, das wir als Flüssigkeit empfinden. „Nässe" ist also eine emergente Eigenschaft eines Systems vieler Moleküle. Ebenso hat ein einzelnes Molekül keine Temperatur in dem Sinne, wie ein Gas oder Flüssigkeit als Ganzes eine Temperatur hat – Temperatur ist ein Maß für die durchschnittliche Bewegungsenergie vieler Teilchen zusammen. Auf der Ebene der einzelnen Moleküle gibt es nur individuelle Bewegungen, aber auf der Makroebene taucht die **Emergenz einer neuen Größe** auf: die Temperatur des. Dieses Beispiel zeigt schön: Auf unterschiedlichen Ebenen gelten **unterschiedliche Beschreibungen und Gesetzmäßigkeiten**. Man kann ein Phänomen wie „Temperatur" nicht verstehen, indem man nur ein einzelnes Teilchen betrachtet – es ergibt sich erst aus dem Zusammenspiel vieler.

Ein weiteres Beispiel: **Ameisen**. Eine Ameise allein ist ein relativ simples Wesen, das ein paar dutzend simple Verhaltensmuster kennt (z.B. bestimmten Duftspuren folgen, Futter einsammeln, Larven pflegen). Doch ein Ameisenstaat aus tausenden Ameisen kann Erstaunliches leisten: komplexe Nester bauen, zusammen Feinde abwehren, effektiv nach Nahrung suchen und auf sich verändernde Bedingungen reagieren. Der Ameisenstaat verhält sich fast wie ein einziger Organismus mit einer Art „Schwarmintelligenz". Dabei gibt es bei den Ameisen keinen König oder keine Zentrale, die alles steuert – die **Komplexität entsteht aus der Selbstorganisation** der vielen Individuen. Jede Ameise handelt nach einfachen Regeln, doch insgesamt ergibt sich ein geordnetes, anpassungsfähiges System. Das ist Emergenz in Aktion: Intelligenz oder komplexes Verhalten auf der Gruppenebene, ohne dass die Einzeleinheit „intelligent" sein müsste.

Das Konzept der **Selbstorganisation** hängt eng damit zusammen. Selbstorganisation meint, dass in einem System von vielen Bestandteilen Ordnung oder Struktur **entsteht, ohne von außen vorgegeben zu sein.** In der Physik kennt man zum Beispiel Phänomene wie die Bildung von **Schneeflocken**: Wenn Wasser gefriert, ordnen sich die $H_2O$-Moleküle aufgrund ihrer physikalischen Eigenschaften in symmetrischen, sechsseitigen Mustern an – es bildet sich von selbst die komplexe, schöne Geometrie der Schneeflocke, ganz ohne „Bauplan" oder äußeren Eingriff. Oder denke an **Wolken und Wirbelstürme**: Die Luftmoleküle bewegen sich individuell chaotisch, aber unter bestimmten Bedingungen organisieren sie sich zu stabilen, großräumigen Strukturen wie Wirbel (z.B. ein

Tornado) oder sich selbstähnlichen Musterformationen (man denke an Wolkenstraßen oder Wirbelgalaxien – sehr unterschiedliche Systeme, aber beide haben selbstorganisierte Formen). In der **Chemie** kennt man Reaktionen, die von selbst räumliche oder zeitliche Muster bilden (z.B. die Belousov-Zhabotinsky-Reaktion, wo sich farbige Ringmuster ausbilden). Selbstorganisation ist also ein erstaunliches Prinzip, das überall greift: **Viele kleine Elemente, die lokal miteinander wechselwirken, führen zu geordneter Form und komplexem Verhalten auf der großen Skala.**

Das Leben selbst könnte durch solche selbstorganisierenden Prozesse entstanden sein. Man stellt sich vor, dass auf der Urerde einfache Moleküle in einer „Ursuppe" zusammenkamen. Vielleicht bildeten sich **Membranbläschen** (Vorläufer von Zellen), weil Fettsäure-Moleküle im Wasser spontan Doppelschichten und Kugeln bilden können – das tun sie auch heute noch (z.B. in Seifenblasen). Innerhalb solcher Bläschen könnten chemische Reaktionen abliefen, vielleicht gab es bereits Moleküle, die in der Lage waren, Kopien von sich selbst zu erstellen (eine Vorstufe von Erbsubstanz). Sobald ein System Kopien von sich machen konnte und dabei Fehler auftraten (Variation), trat ein Evolutionsprozess in Kraft. So könnte sich nach und nach aus anfänglich einfachen, nicht-lebenden Komponenten ein sich selbst

erhaltendes, reproduzierendes System entwickelt haben
– die erste **Zelle**, das erste Leben.

Auch wenn wir noch viele Details nicht kennen: Das
Grundprinzip ist, dass **Komplexität schrittweise und
ohne äußeren Plan entstehen kann**, einfach durch die
Dynamik des Systems selbst. Das Universum
ermöglicht solche Prozesse auf vielen Ebenen.
Manchmal wird gefragt: Widerspricht das nicht dem
**Zweiten Hauptsatz der Thermodynamik**, der besagt,
dass die **Entropie** (Unordnung) immer zunehmen
muss? Wie kann dann Ordnung und Struktur entstehen?
Die Antwort: Die Gesamtunordnung nimmt tatsächlich
zu, aber **lokal** kann dennoch Ordnung wachsen, solange
Energie hineingesteckt wird und Wärme an die
Umgebung abgegeben wird. Ein lebender Organismus
zum Beispiel erzeugt ständig Entropie (Abwärme,
Abfallprodukte), um seine innere Ordnung
aufrechtzuerhalten. Die Erde als offenes System
bekommt viel Energie von der Sonne und strahlt
Wärme in den Weltraum ab – dieser Energiefluss
ermöglicht es, dass auf der Erde lokale Ordnung
(Leben, Wälder, Städte) entstehen kann, während die
Gesamtentropie im Universum weiter steigt. In
gewisser Weise schwimmt das Leben also **gegen den
Strom der Unordnung**, allerdings nur lokal und
temporär, befeuert durch Energiezufuhr.

Was heißt das nun für uns? Es bedeutet, dass **wir
Menschen als hochkomplexe Wesen das Ergebnis**

**eines langen, aber natürlichen Prozesses von Selbstorganisation und Evolution sind.** Aus Sternenstaub wurden Planeten, auf einem Planeten entstand aus Chemie Biologie, und aus einfachen Organismen wurden durch Variation und Selektion im Laufe der Zeit immer komplexere hervorgebracht – bis hin zu einer Spezies, die über sich selbst nachdenken und dieses Kapitel schreiben (und lesen) kann. Dieser Prozess brauchte kein äußeres Eingreifen durch eine*n* „*Meisterbauer*in"; er war in den Naturgesetzen und Anfangsbedingungen des Universums bereits angelegt, zumindest als Möglichkeit. Durch Emergenz tauchten immer neue Eigenschaften auf: Leben ist mehr als Chemie, Bewusstsein mehr als bloße elektrische Impulse – doch beides **geht aus diesen hervor**, wenn die richtige Komplexität erreicht ist.

Besonders faszinierend ist dabei das **Rätsel des Bewusstseins**. Denn hier stoßen wir an eine Grenze: Wie kann es sein, dass aus materiellen Prozessen in Gehirnzellen so etwas Subjektives und Immaterielles wie *Erleben* entsteht? Ist Bewusstsein wirklich „nur" ein emergentes Phänomen? Oder verbirgt sich dahinter mehr? Diesem Thema wenden wir uns nun zu.

# Bewusstsein – ein emergentes Phänomen aus Materie?

Wie fühlt es sich an, **du selbst zu sein**? Diese Frage klingt simpel, doch sie führt direkt ins Herz eines der größten wissenschaftlichen und philosophischen Rätsel überhaupt: das **Bewusstsein**. In Kapitel 4 haben wir bereits darüber gesprochen, wie fundamental unser Bewusstsein für unsere Wahrnehmung der Wirklichkeit ist – es ist die „Leinwand", auf der all unsere Erfahrungen erscheinen. Aber was sagt die Naturwissenschaft darüber, **woher** dieses Bewusstsein kommt? Schließlich besteht unser Gehirn aus ungefähr 86 Milliarden Neuronen (Nervenzellen), die jeweils mit tausenden anderen Neuronen verknüpft sind. In diesem dichten Netzwerk fließen unablässig elektrische Impulse und biochemische Signale hin und her. Ist unser persönliches Erleben – unsere Gedanken, Gefühle, das innere „Kino" unserer Wahrnehmung – **nichts weiter als das Produkt dieser neuronalen Aktivität**?

Die vorherrschende wissenschaftliche Sichtweise ist: Ja, **Bewusstsein entsteht aus der Materie**, genauer gesagt aus dem zusammenspielenden Feuerwerk der Nervenzellen in unserem Gehirn. Es gibt keinen Hinweis darauf, dass Bewusstsein unabhängig von einem physischen Träger existieren könnte. Wenn das Gehirn verletzt ist oder unter Drogen steht, verändert sich das Bewusstsein – solche Beobachtungen legen nahe, dass Bewusstsein an die Gehirnfunktion gebunden ist. **Neurowissenschaftler\*innen**

**betrachten Bewusstsein als emergentes Phänomen neuronaler Prozesse**behnsen.com. Das heißt, ähnlich wie das Beispiel mit der Ameisenkolonie oder dem Wassermolekül: Kein einzelnes Neuron „hat Bewusstsein" oder denkt in dem Sinne, wie du es tust. Erst das **kollektive Verhalten** von Milliarden Neuronen zusammen erzeugt das, was wir als bewussten Geist erleben.

Man kann sich das vereinfacht so vorstellen: Ein einzelnes Neuron feuert allenfalls ein Signal „ja/nein" bzw. sendet chemische Botenstoffe aus – es trägt eine winzige Informationseinheit. Dein **Erleben** hingegen – etwa der visuelle Eindruck eines Sonnenuntergangs oder das Gefühl von Freude – beruht auf unzähligen solcher Signale, die gleichzeitig in verschiedensten Hirnregionen verarbeitet und integriert werden. Bewusstsein umfasst verschiedene Aspekte, u.a. *Wachheit* (ob man überhaupt bei Bewusstsein ist), *Inhalte des Bewusstseins* (Wahrnehmungen, Gedanken) und *Selbstbewusstsein* (das Wissen um sich selbst als Subjekt). Gehirnforscher\*innen haben herausgefunden, dass **kein einzelnes „Bewusstseinszentrum" im Gehirn** existiert, sondern dass immer viele Bereiche zusammenarbeiten, um bewusste Erfahrung hervorzubringenbehnsen.com. Beispielsweise ist die Sehrinde im Hinterkopf für visuelle Eindrücke zuständig, andere Areale verarbeiten Geräusche, wieder andere Erinnerungen, Gefühle etc., und erst das

Zusammenspiel all dieser Regionen – ein synchronisiertes Feuerwerk – korreliert mit dem, was wir als einen bewussten Moment erleben.

Trotz dieser Fortschritte bleibt das sogenannte **harte Problem des Bewusstseins** bestehen: Wir können heute recht gut erklären, **welche** Hirnaktivitäten mit welchen Bewusstseinsinhalten einhergehen (z.B. sieht man in Hirnscans, welche Areale aktiv sind, wenn jemand Musik hört oder an etwas Bestimmtes denkt). Aber wir wissen noch nicht, **warum**bestimmte Aktivitätsmuster überhaupt mit einem subjektiven Erlebnis verbunden sind. Mit anderen Worten: Warum spüren wir überhaupt etwas? Warum sind wir nicht bloß biologische Roboter, die Informationen verarbeiten und Verhalten zeigen, ohne inneres Erleben? Dieser Übergang von objektiver Aktivität zu subjektiver Erfahrung ist etwas, das wir noch nicht vollständig verstehen. Einige Wissenschaftler*innen vermuten, dass uns hier vielleicht sogar ein **fundamentales neues Verständnis** fehlt – eventuell müssen wir Bewusstsein in Zukunft ähnlich grundlegend begreifen lernen wie Raum, Zeit oder Energie.

Nichtsdestotrotz gibt es interessante Theorien. Eine davon ist die **Integrationstheorie**: Sie besagt, dass Bewusstsein dann auftritt, wenn ein System eine bestimmte Menge an Informationen sehr stark integriert, also vernetzt verarbeitet. Unser Gehirn ist extrem vernetzt und kann viele verschiedene

Informationsströme zu einem einheitlichen Erlebnis zusammenschnüren – das könnte eine Bedingung für Bewusstsein sein. Eine andere Theorie, der **Globale Arbeitsraum**, schlägt vor, dass Bewusstsein wie ein Scheinwerfer im Gehirn ist: Viele Prozesse laufen unbewusst ab, aber wenn bestimmte Informationen in einen „globalen Workspace" gelangen – also einem Netzwerk, das das ganze Gehirn verbindet – dann werden sie bewusst und können von vielen Bereichen gemeinsam genutzt werden (vergleichbar einem Theater, in dem Informationen auf die Bühne geholt werden und das ganze „Publikum" im Gehirn sie mitbekommt).

Solche Modelle versuchen zu erklären, wie Bewusstsein *entsteht*, aber sie beantworten nicht unbedingt die Frage, wie sich das anfühlende Selbst daraus ergibt. In Kapitel 5 haben wir uns mit der Frage beschäftigt, **was das Ich ist**, und gesehen, dass vieles von dem, was wir als „uns selbst" wahrnehmen, vom Gehirn konstruiert wird – etwa unser Körperbild, unsere Erinnerungen, Persönlichkeit, all das formt unser Identitätsgefühl. Es gibt Hinweise, dass unser Gehirn ständig eine Art **Geschichte über uns selbst** schreibt, ein kohärentes Ich konstruiert, damit wir in der Welt funktionieren können. Dieses „Ich-Gefühl" ist veränderlich und kann sogar täuschen (z.B. in Gedankenexperimenten oder durch Meditation kann man erleben, dass das Ich-Gefühl sich auflöst oder verändert). *Philosoph*innen behaupten sogar: Ein unveränderliches, festes „Ich" gibt es gar nicht – es ist letztlich ein vom Gehirn erzeugtes Konstrukt.* (Wir haben diese Idee in Kapitel 5 ausführlich diskutiert.)

Trotz alledem erleben wir uns im Alltag als ein bewusstes Selbst, das Entscheidungen trifft und die Welt wahrnimmt. **Ist dieses Selbst mehr als die Summe neuronaler Vorgänge?** Naturwissenschaftlich gibt es bislang keinen Hinweis darauf, dass etwas „Übersinnliches" nötig wäre, um Bewusstsein zu erklären – keine geheimnisvolle Seele außerhalb der Materie. Vielmehr scheint unsere innere Welt eine natürliche **Emergenzleistung eines hochkomplexen materiellen Systems** zu sein. So wie Leben eine emergente Leistung komplexer Chemie ist, könnte Bewusstsein eine emergente Leistung komplexer neuronaler Verarbeitungsprozesse sein underlinebehnsen.com.

Allerdings muss man fairerweise sagen: **Wir wissen es noch nicht genau.** Das Bewusstsein ist nach wie vor Gegenstand intensiver Forschung und auch philosophischer Debatten. Manche Theoretiker halten es für möglich, dass uns hier grundlegende Einsichten fehlen und dass Bewusstsein vielleicht als eigene Grundeigenschaft der Natur gesehen werden muss (zum Beispiel in Ansätzen wie dem *Panpsychismus*, der postuliert, dass jedes Teilchen ein elementares Bewusstsein hat – was aber sehr umstritten ist und bislang keine greifbaren Vorhersagen liefert). Andere bleiben dabei, dass es nur eine Frage der Zeit ist, bis wir das Puzzle gelöst haben, indem wir immer detaillierter verstehen, wie Gehirnaktivität mit subjektivem Erleben zusammenhängt.

Für unseren Zusammenhang hier ist das Entscheidende: **Die Frage nach dem Bewusstsein verbindet den Makrokosmos und Mikrokosmos auf vielleicht tiefste Weise.** Denn hier geht es letztlich darum, wie etwas so Großes wie das *Universum des subjektiven Erlebens* aus etwas so Kleinem wie elektrisch geladenen Teilchen in Nervenzellen entstehen kann. Dein Gefühl von „Ich bin ich" hängt an mikroskopischen Vorgängen, die gleichzeitig in Milliarden Gehirnzellen ablaufen. Und diese Zellen wiederum bestehen aus Atomen, die – wie wir gesehen haben – aus Sternen stammen. So schließt sich gewissermaßen der Kreis: Das Universum hat durch einen langen Entwicklungsprozess eine Form hervorgebracht (den menschlichen Körper und insbesondere das Gehirn), in der es **bewusst zu sich selbst kommen kann.** Manche haben es so ausgedrückt: *Wir sind eine Möglichkeit für das Universum, sich selbst zu erfahren.* Denn durch unser Bewusstsein kann das Universum gewissermaßen einen Teil seiner selbst betrachten – nämlich durch uns, die wir den Kosmos erforschen, über ihn staunen und diese Verbindungen erkennen.

# Zusammenhang, Identität und Bedeutung – was sagt die Wissenschaft, was bleibt offen?

Wir haben nun viel darüber erfahren, **wie eng verknüpft wir mit dem Universum sind** – physisch durch unsere atomaren Bausteine, strukturell durch gemeinsame Muster, und evolutionär durch das Entstehen von Komplexität und Bewusstsein. Zum Abschluss wollen wir uns den Fragen zuwenden, die über das *Wie* hinausgehen: *Was bedeutet all das für den Zusammenhang aller Dinge, für unsere Identität als Mensch – und gibt es eine größere Bedeutung, einen Sinn, in diesem großen kosmischen Bild?* Was kann uns die Naturwissenschaft dazu sagen, und wo muss sie passen?

**Alles hängt mit allem zusammen** – so lautet ein bekanntes Sprichwort. Im Laufe dieses Buches haben wir zahlreiche Beispiele für **Verbindungen und Zusammenhänge** kennengelernt (denk etwa an Kapitel 7 über die Verbundenheit aller Dinge). Wissenschaftlich betrachtet können wir festhalten: Im Universum existiert kein Teil völlig isoliert. Jeder Stern, jeder Planet steht in Wechselwirkung mit seiner Umgebung, sei es durch Gravitation, Strahlung oder Teilchenaustausch. Unser Körper steht in ständiger Verbindung mit der Umwelt: Wir atmen Luft ein und aus, nehmen Nahrung und Wasser auf, geben Wärme und Stoffwechselprodukte ab. **Wir sind Knoten in einem riesigen Geflecht von Beziehungen.** Die moderne Ökologie zeigt, wie vernetzt alles Leben auf der Erde ist; die Physik zeigt, dass selbst entfernte Objekte sich beeinflussen (wenn auch schwach, z.b. Gravitation wirkt über große Distanzen). In einem sehr grundlegenden Sinn stammen wir alle – ob Mensch, Tier, Pflanze oder Stern – von denselben Ursprüngen ab und bestehen aus derselben Materie.

Die Naturwissenschaft beschreibt diese Zusammenhänge **sachlich und kausal.** Sie kann z.b. erklären, durch welche Mechanismen Materie ausgetauscht wird (etwa wie Sternenstaub durchs All wandert, siehe oben) oder wie Energieflüsse ein Ökosystem verbinden. Sie kann die **Identität** eines Menschen als Ergebnis von Genen, Gehirnzuständen und Umweltfaktoren analysieren. Aus wissenschaftlicher Sicht bist du ein **hochorganisiertes System aus Teilchen**, mit einer bestimmten Struktur und Dynamik. Aber hier stoßen wir an etwas Interessantes: Das **Erleben von Identität** – das subjektive Gefühl „Ich bin Ich" – lässt sich zwar auf Gehirnprozesse zurückführen, doch dieser wissenschaftliche Befund *fühlt* sich für uns oft unbefriedigend an. Rein naturwissenschaftlich gibt es (bisher) keinen Hinweis auf eine unsterbliche Seele oder einen kosmischen „Lebensfunken" in uns, der außerhalb der messbaren Physik liegt. Alles, was wir beobachten können, deutet darauf hin, dass wir vollständig in der Natur verankert sind. Doch was heißt das für die **Bedeutung** unseres Daseins?

Die Frage nach dem **Sinn** oder der **Bedeutung** des Lebens gehört eigentlich nicht ins Revier der Naturwissenschaft, sondern in die Philosophie und persönliche Reflexion. Wissenschaft kann uns erzählen, *wie* etwas entstanden ist oder *wie* es funktioniert, aber nicht zwingend *wozu* oder *warum* im letztendlichen Sinn. Wenn wir fragen: "Was ist der Zweck des Universums?" oder "Warum gibt es uns überhaupt?", dann verlassen wir den Bereich, den man durch Experimente und Gleichungen beantworten kann. Die Naturwissenschaft würde vielleicht antworten: Es gibt keinen speziellen Zweck, es **ist** einfach so, als Ergebnis von Anfangsbedingungen und Naturgesetzen. Aus Zufall und Notwendigkeit (so nannte es mal der französische Biologe Jacques Monod) hat sich im Laufe der Zeit das ergeben, was wir heute sehen – ohne dass dahinter ein Ziel stünde. Viele Forschende vertreten diese Sicht: Das Universum hat keine moralische oder intentionale Agenda, es *passiert* einfach, und wir sind ein glückliches (oder zufälliges) Resultat davon.

Aber natürlich empfinden wir Menschen mehr als nur blanke Fakten. Wir *erleben* Bedeutung. Wir verleihen Dingen Sinn. Unser **Bewusstsein** und unsere **Kultur** ermöglichen es uns, Fragen zu stellen wie "Warum bin ich hier?" und "Was bedeutet das alles?". Hier kommt eine spannende Brücke zwischen Wissenschaft und persönlicher Bedeutung: **Die Wissenschaft hat uns gezeigt, dass wir etwas ganz Besonderes sind im Kosmos – nämlich bewusst und reflektierend – obwohl wir aus ganz gewöhnlicher Materie bestehen.** Gerade weil wir wissen, dass wir aus Sternenstaub sind, kann das Gefühl der Verbundenheit mit dem Universum eine tiefe emotionale Bedeutung bekommen. Für manche Menschen liegt genau darin ein Sinnfunke: zu erkennen, dass man Teil von etwas Größerem ist. Wir tragen die Geschichte des Kosmos in uns, wir sind ein Ergebnis davon, und wir sind zugleich diejenigen, die dieses Kosmos betrachten und verstehen können.

Carl Sagan, ein berühmter Astronom, sagte einmal sinngemäß: *"Wir sind eine Möglichkeit für das Universum, sich selbst kennenzulernen."* Dieser Satz fasst auf poetische Weise zusammen, was die Naturwissenschaft nüchtern festgestellt hat: Aus unbewusster Materie ist in uns bewusster Geist geworden, der nun wieder auf die Materie schaut. **Ist das nicht eine erstaunliche Wendung?** Der kosmische Zusammenhang bekommt durch uns eine reflexive Schleife. Insofern könnte man sagen, **wir geben dem Universum Bedeutung**, indem wir Fragen nach Bedeutung stellen. Objektiv gesehen mag das

Universum ohne uns genauso existieren, aber **Bedeutung** entsteht erst dort, wo jemand sie empfindet. Und das sind bewusstseinsbegabte Wesen – bisher wissen wir nur von uns Menschen sicher, dass wir das tun (ob es anderswo im All noch welche gibt, wissen wir nicht, aber es ist nicht ausgeschlossen).

Was bleibt also **offen**? Offen bleibt die Frage, ob es vielleicht doch einen größeren Zusammenhang gibt, den wir wissenschaftlich nicht fassen können – etwas wie einen **übergeordneten Sinn oder Zweck**. Die Naturwissenschaft schweigt darüber; sie kann nur sagen, was ist, nicht was sein soll. Viele finden jedoch persönliche Antworten: Einige ziehen aus der wissenschaftlichen Erkenntnis Demut und Staunen und sagen, der **Sinn liegt im Erforschen und Erfahren** – quasi als bewusster Teil des Universums seine Schönheit zu erleben. Andere finden Sinn im **Miteinander**, in Liebe, Kreativität, Fortschritt – alles Dinge, die in der biologischen Evolution emergiert sind und für uns wichtig sind, aber die man nicht direkt aus Atomen erklären kann. Wieder andere sehen in der Tatsache, dass wir überhaupt existieren, einen Fingerzeig für etwas Transzendentes – sie glauben, dass es kein bloßer Zufall sein kann, sondern dass ein tieferer Plan oder eine spirituelle Wirklichkeit dahintersteht. Solche Auffassungen gehen über das hinaus, was naturwissenschaftlich belegbar ist, gehören aber zur Ganzheit des menschlichen Fragens dazu.

**Identität** schließlich – die Frage "Wer bin ich?" –
haben wir aus wissenschaftlicher Sicht als Konstrukt
des Gehirns verstanden. Aber was wir *damit machen*,
bleibt uns selbst überlassen. Die Naturwissenschaft
mag uns die Illusion eines festen, unveränderlichen Ichs
nehmen (indem sie zeigt, dass sich unser Körper
ständig erneuert, dass unser Gehirn uns Geschichten
erzählt, dass es kein konstantes Zentrum gibt). Doch
zugleich eröffnet sie die Freiheit, **sich selbst in
größerem Zusammenhang zu sehen**: Du bist kein
isoliertes, getrenntes Wesen, sondern Teil des
Netzwerkes des Lebens, der Erde, der Sterne. Wenn es
kein festes, getrenntes Ich gibt, dann bedeutet das auch,
dass die Grenzen zwischen dir und dem Rest der Welt
vielleicht durchlässiger sind als gedacht – wir sind in
einem ständigen Austausch mit unserer Umgebung, und
letztlich sind wir alle aus dem gleichen Stoff.

Am Ende müssen wir akzeptieren: **Nicht alle Fragen
haben klare Antworten.** Das ist aber nichts Negatives
– im Gegenteil. Es bedeutet, dass Raum bleibt für
Neugier, für philosophische und persönliche
Auseinandersetzung. Die Naturwissenschaft gibt uns
ein mächtiges Gerüst und beeindruckende
Erkenntnisse: Sie sagt uns, *woraus* wir bestehen, *wie*
wir entstanden sind und *wie* vieles zusammenhängt. Sie
zeigt uns ein Universum voller Verbindung und
Entwicklung. Aber die tiefsten Fragen – *„Warum ist all
das so?"*, *„Gibt es einen Sinn?"*, *„Was bedeutet es, Ich*

*zu sein, inmitten dieser unendlichen Weiten?"* – die dürfen wir weiterhin stellen, ohne dass uns die Formeln eine endgültige Antwort aufzwingen.

Vielleicht liegt gerade darin eine wunderbare **Synthese**: Wir sind zugleich staubkorngleich unbedeutend im kosmischen Maßstab und doch bedeutungsvoll, weil wir Bedeutung erschaffen können. Wir sind **Kinder der Sterne** und zugleich die **Erzähler\*innen der Sternengeschichte**. Jedes Atom in uns hat eine kosmische Odyssee hinter sich, doch erst in uns formen diese Atome Gedanken über Odysseen. Wir sind Materie, die bewusst geworden ist – und darin liegt eine Würde und Einzigartigkeit, die uns Verantwortung und Inspiration zugleich schenkt.

Wenn du also das nächste Mal in den Nachthimmel schaust, erinnere dich: **Das Universum ist in dir, und du bist ein Teil des Universums.** Die Grenzen zwischen „hier drin" und „da draußen" sind durchlässig. Wissenschaftlich gesehen bestehen tiefe Zusammenhänge zwischen deinem Körper und dem Kosmos. Was das für *dich persönlich* bedeutet, darfst du selbst herausfinden – es ist eine Reise, die vielleicht ein Leben lang dauert. Doch eines ist sicher: Je mehr wir darüber lernen, wo wir herkommen und woraus wir gemacht sind, desto mehr spüren wir die erstaunliche Verbindung mit allem um uns herum. Und vielleicht ist genau dieses Staunen und Verstehen-Wollen ein Teil der Bedeutung, die wir suchen. In dir leuchtet gewissermaßen ein kleines Stück Universum – und es fragt nach seinem Platz im großen Ganzen.

# Kapitel 10: Liebe als Prinzip – Verbundenheit, Empathie und soziale Intelligenz

Stell dir vor, du hattest einen richtig schweren Tag. Alles scheint schiefgelaufen zu sein und du fühlst dich entmutigt und allein. Als du abends nach Hause kommst, bemerkst du plötzlich den vertrauten Duft von Tee – jemand hat dir eine Tasse vorbereitet. Deine ältere Schwester sitzt am Küchentisch und schaut dich mit warmem Lächeln an. Wortlos steht sie auf, legt einen Arm um deine Schulter und fragt leise: „Alles okay bei dir?" In diesem Moment spürst du, wie die Anspannung nachlässt. Du bist nicht mehr allein mit deinen Sorgen. Jemand zeigt dir Zuneigung, Verständnis und Geborgenheit. Kennst du solche Momente, in denen ein einfacher Akt der **Liebe** all das Schwere leichter macht?

Genau um solche Verbundenheit geht es in diesem Kapitel. Wir wollen verstehen, was Liebe eigentlich ist und in welchen Formen sie auftritt. Warum sind enge Bindungen für uns Menschen so entscheidend – von der frühen Kindheit bis ins Erwachsenenalter? Wie funktioniert **Empathie** auf neurobiologischer Ebene, und was hat es mit den berühmten *Spiegelneuronen* auf sich? Außerdem betrachten wir die **soziale Intelligenz** – also unsere Fähigkeit, andere Menschen zu verstehen, mit ihnen zu kooperieren und Beziehungen zu gestalten. Liebe wirkt dabei sogar als eine evolutionäre Kraft: Sie fördert Zusammenarbeit, Fürsorge und Altruismus und hat damit zum Erfolg unserer Spezies beigetragen. Doch auch die Grenzen der Empathie werden deutlich – zum Beispiel, wenn unser Mitgefühl im *In-Group/Out-Group*-Denken steckenbleibt oder wenn wir bei zu viel Leid schlicht abstumpfen. Am Ende werfen wir einen Blick darauf, welche Bedeutung Liebe und zwischenmenschliche Verbundenheit für unser eigenes Sinnempfinden, für unsere Identität und für das gesellschaftliche Zusammenleben haben.

# Was ist Liebe? – Die vielen Gesichter eines Gefühls

**Liebe** ist eines der tiefsten Gefühle, die wir erleben können – und gleichzeitig ein Begriff mit erstaunlich vielen Facetten. Es gibt nicht „die eine" Liebe; vielmehr erleben wir verschiedene Arten von Liebe je nach Beziehung und Kontext. Schon in der Antike versuchten Denker, die verschiedenen Formen der Liebe zu unterscheiden. Die alten Griechen etwa kannten **Éros** für die sinnlich-romantische Liebe, **Philía** für die Freundschafts- und Bruderliebe und

**Agápe** für die selbstlose, mitfühlende Liebe. Sogar eine Bezeichnung für familiäre Verbundenheit gab es, genannt **Storgē**, welche die Liebe zwischen Eltern und Kindern oder vertrauten Verwandten meinte. Diese alten Begriffe zeigen: Liebe ist nicht eindimensional, sondern ein Spektrum an Gefühlen und Haltungen.

Schauen wir uns die wichtigsten Formen der Liebe in unserem heutigen Verständnis an:

- **Romantische Liebe:** Das ist die Liebe, an die viele zuerst denken – die leidenschaftliche Zuneigung zwischen Partnern. Romantische Liebe geht oft mit *Verliebtheit* einher, diesem aufregenden Zustand, in dem Herzklopfen, Sehnsucht und Euphorie den Alltag bunt färben. Sie umfasst körperliche Anziehung (Erotik), emotionale Intimität und oft das Versprechen von Exklusivität. In Liedern, Filmen und Büchern wird romantische Liebe als etwas Magisches dargestellt – und tatsächlich schüttet unser Gehirn in dieser Phase einen Cocktail aus Dopamin und Oxytocin aus, was uns glücklicher und energetischer macht. Romantische Liebe kann sehr intensiv sein und einen *Sonderstatus* in unserem Leben einnehmen – man denke an die Bedeutung, die gesellschaftlich einer „großen Liebe" oder der Ehe beigemessen wird. Doch sie ist nur eine von vielen Liebesformen.

- **Familiäre Liebe:** Darunter fallen die tiefen, oft lebenslangen Bindungen innerhalb der Familie – zwischen Eltern und Kindern, zwischen Geschwistern, Großeltern und Enkeln. Diese Liebe ist geprägt von Fürsorge, Schutz und einem starken Gefühl der Zugehörigkeit. Elternliebe gilt als nahezu bedingungslos: Mütter und Väter investieren enorm viel Energie, um für das Wohl ihrer Kinder zu sorgen. Diese Form der Liebe bietet Kindern emotionale Sicherheit und prägt ihr Urvertrauen (dazu später mehr). Familiäre Liebe ist in der Regel von Beständigkeit geprägt – man „bleibt Familie", selbst wenn es Konflikte gibt. Studien zeigen, dass eine liebevolle familiäre Unterstützung wesentlich zum Wohlbefinden beiträgt. Auch im Erwachsenenalter sind Familie oder familiär gewordene Bezugspersonen oft jene Menschen, an die wir uns in Notlagen zuerst wenden, weil wir wissen: Hier werde ich gehalten.

- **Freundschaftliche Liebe:** Enge Freundschaften können eine Liebe beinhalten, die sich zwar von der romantischen unterscheidet, aber ebenso stark und prägend sein kann. Man spricht hier auch von **platonischer**Liebe – eine tiefe Verbundenheit ohne romantische Komponente. Gute Freunde teilen Freude und Kummer, vertrauen einander Geheimnisse an und unterstützen sich gegenseitig über Jahre oder sogar ein Leben lang. Freundschaftliche Liebe zeichnet sich durch Loyalität, Verständnis und das Gefühl aus, angenommen zu sein, wie man ist. Häufig sagt man: „Freunde sind die Familie, die wir uns aussuchen." Die Bedeutung solcher Freundschaften sollte nicht unterschätzt werden – Menschen mit engen Freunden berichten insgesamt von höherer Lebenszufriedenheit. Ein Abend mit echten Freunden oder ein offenes Gespräch kann uns so viel Geborgenheit geben wie kaum etwas sonst.

- **Mitfühlende Liebe:** Diese Form der Liebe richtet sich nicht nur auf Menschen, die uns nahestehen, sondern entspringt einem allgemeinen Mitgefühl mit anderen Lebewesen. Man könnte auch von **Nächstenliebe** oder altruistischer Liebe sprechen. Hier geht es darum, das Wohl anderer zu wollen, ohne daran eigene Interessen zu knüpfen. Mitfühlende Liebe zeigt sich zum Beispiel, wenn jemand sich um Fremde kümmert – etwa in der Freiwilligenarbeit, in der Pflege oder einfach in der spontanen Hilfe für jemanden in Not. Sie umfasst Empathie und den Wunsch, Leid zu lindern. Im Alltag erleben wir diese Liebe in kleinen Gesten, wenn wir etwa einem Fremden die Tür aufhalten, einem traurigen Klassenkameraden tröstende Worte schenken oder für einen guten Zweck spenden. Dieses **Mitgefühl** kann sich auf alle möglichen Lebewesen erstrecken – von Menschen über Tiere bis hin zur Natur. Die Neurobiologie zeigt, dass solches mitfühlende Verhalten uns ebenfalls glücklich machen kann: Unser Belohnungssystem im Gehirn wird auch aktiviert, wenn wir **selbstlos handeln** oder anderen helfen. Es „lohnt" sich gefühlsmäßig, gütig zu sein – vermutlich ein Grund, warum diese Art der Liebe in uns verankert ist.

- **Universelle Liebe:** Noch eine Stufe weiter geht das Konzept der universellen oder **allumfassenden Liebe.** Damit ist eine Liebe gemeint, die allen Wesen gilt – unabhängig von persönlicher Bekanntschaft oder Eigeninteressen. Manche beschreiben es als eine spirituelle Liebe oder *Liebe zur Menschheit* im Allgemeinen. Es ist das Ideal, jeden Menschen (ja sogar jedes Lebewesen) in seiner Würde anzuerkennen und ihm Wohlwollen entgegenzubringen. In vielen Religionen und Philosophien taucht dieses Ideal auf: etwa die christliche Aufforderung, **auch seine Feinde zu lieben,** oder das buddhistische Mitgefühl mit allen fühlenden Wesen. Universelle Liebe bedeutet, eine *grundsätzliche Verbundenheit* mit allem zu empfinden – ein tiefes Verständnis dafür, dass wir alle Teil der gleichen Menschheitsfamilie (oder des gleichen Lebens) sind. Das klingt erst einmal abstrakt. Aber vielleicht hast du selbst schon einen kleinen Eindruck davon gehabt: zum Beispiel wenn dich eine weltweite Katastrophe emotional berührt, obwohl die Betroffenen dir völlig fremd sind, oder wenn du in der Natur stehst, in den Sternenhimmel schaust und ein Gefühl von Liebe und Ehrfurcht für „alles, was ist" in dir spürst. Universelle Liebe ist mitfühlend und bedingungslos. Sie zeigt sich auch im Einsatz für Frieden, Gerechtigkeit und Menschlichkeit über kulturelle und soziale Grenzen hinweg. Nur wenige Menschen würden behaupten, solch eine allumfassende Liebe jederzeit zu empfinden – aber als Prinzip kann sie uns leiten, großzügiger und vorurteilsfreier auf unsere Mitmenschen zuzugehen.

Diese verschiedenen Gesichter der Liebe überschneiden sich natürlich. Die Liebe zu einem Partner kann gleichzeitig romantisch und mitfühlend sein; gute Freunde werden uns fast zur Familie; aus Nächstenliebe kann sogar romantische Liebe entstehen, und so weiter. Allen Formen gemeinsam ist jedoch ein Kern von **Verbundenheit** und **Wohlwollen**. Liebe bedeutet, eine positive emotionale Brücke zu jemandem (oder etwas) zu schlagen – sei es ein Mensch, ein Tier oder die Welt im Allgemeinen. Mal kommt sie als wildes Feuer daher, mal als ruhiges Glühen im Hintergrund – aber in irgendeiner Form wärmt die Liebe unser Leben.

Nachdem wir die Vielfalt der Liebe betrachtet haben, stellt sich die Frage: Warum sind diese Verbundenheiten für uns so bedeutend? Um das zu verstehen, müssen wir einen Blick darauf werfen, wie Liebe und Bindung uns von Geburt an prägen.

# Die Rolle der Verbundenheit in der menschlichen Entwicklung – Bindung, Zugehörigkeit, Vertrauen

Wir Menschen sind von Anfang an auf Verbundenheit angewiesen. Ein neugeborenes Baby käme ohne die liebevolle Fürsorge einer Bezugsperson nicht lange zurecht – das ist offensichtlich für Nahrung, Schutz und Wärme. Doch über die körperlichen Bedürfnisse hinaus hat ein Kind von der ersten Lebensminute an ein emotionales Grundbedürfnis: das nach **Bindung**. Diese erste Verbindung – meist zu Mutter, Vater oder einer anderen konstanten Bezugsperson – bildet den Grundstein für die seelische Entwicklung. Der britische

Psychologe **John Bowlby**, Begründer der Bindungstheorie, beschrieb schon in den 1950er Jahren, wie wichtig eine sichere emotionale Bindung für Kinder ist. Fühlt sich ein Kind geborgen und geliebt, entwickelt es ein inneres Fundament von Sicherheit. Dieses Urvertrauen ermöglicht dem Kind, neugierig die Welt zu erkunden, weil es tief drinnen das Gefühl hat: „Da ist jemand, der fängt mich auf, wenn etwas schiefgeht."

**Sichere Bindung** – was bedeutet das konkret? Es heißt, dass ein Kind die verlässliche Erfahrung macht: Jemand ist für mich da, wenn ich Angst habe, mich verletze oder Trost brauche. Zum Beispiel: Ein Kleinkind stürzt und weint – wenn nun die Mama oder der Papa das Kind tröstend in den Arm nimmt (statt es etwa zu ignorieren), lernt das Kind: „Ich kann Vertrauen haben. Ich bin nicht allein mit meinem Schmerz". In solchen Momenten bildet sich Schritt für Schritt das aus, was der Psychologe **Erik Erikson** das **Urvertrauen** nannte. In der ersten Phase unseres Lebens – noch bevor wir sprechen oder laufen können – lernen wir laut Erikson entweder grundlegendes Vertrauen oder eben Misstrauende.wikipedia.org. Wenn ein Baby verlässliche, liebevolle Zuwendung erfährt, verinnerlicht es die Botschaft: Die Welt ist im Grunde ein sicherer Ort, Menschen sind vertrauenswürdigde.wikipedia.org. Dieses Urvertrauen ist enorm wichtig für alle späteren Entwicklungsstufen.

Ein Mensch, der in den ersten Lebensjahren erfahren hat, dass seine Bedürfnisse gehört werden, dass Nähe und Schutz verfügbar sind, kann in der Regel auch als Erwachsener leichter stabile Beziehungen aufbauende.wikipedia.org. Die Bindungstheorie fasst es so zusammen: Die erste Bindung zwischen Säugling und Bezugsperson dient als „Modell", an dem wir uns unbewusst orientieren, wenn wir später Freundschaften schließen, Partnerschaften eingehen oder eigenen Kindern Eltern sindde.wikipedia.org.

Fehlt diese sichere Bindung, hat das oft negative Folgen. Kinder, die Vernachlässigung oder wechselnde, unsichere Bezugspersonen erleben, entwickeln häufiger Ängste, Aggressionen oder Schwierigkeiten, anderen zu vertrauen. Extrembeispiele wie Waisenhaus-Studien zeigen, dass emotionale Deprivation (also Mangel an Liebe und Zuwendung) sogar die körperliche und geistige Entwicklung verzögern kann. Zum Glück kann man später im Leben auch heilsame Beziehungen finden, die ein Stück weit nachnähren, was in der Kindheit gefehlt hat – aber einfacher ist es, wenn ein stabiles Fundament gelegt wurde.

**Zugehörigkeit** bleibt aber nicht nur im Kleinkindalter wichtig. Sobald wir älter werden, weitet sich der Kreis der Verbundenheit aus: Wir knüpfen Freundschaften, werden Teil von Gruppen – ob in der Schule, im Sportverein, online in Communities oder in der Nachbarschaft. Das **Bedürfnis dazuzugehören** ist ein menschliches Grundbedürfnis, gleichauf mit dem Wunsch nach Autonomie und Kompetenz. Psychologen wie *Deci* und *Ryan* betonen in ihrer Selbstbestimmungstheorie, dass *Verbundenheit* – das Gefühl, mit anderen in guter Beziehung zu stehen – zentral für unser Wohlbefinden ist. Keiner von uns möchte dauerhaft isoliert leben. Selbst Menschen, die gern unabhängig sind, brauchen zumindest ein paar enge Verbündete, bei denen sie sich aufgehoben fühlen. Das spüren wir zum Beispiel in der Pubertät sehr stark: Die Clique oder die Freundesgruppe wird immens wichtig, man teilt Codes, Musik, Insiderwitze – all das schafft ein Gefühl von Gemeinschaft. Wir definieren uns auch durch die Gruppen, zu denen wir gehören („ich bin Fußballer in Team XY", „ich bin Mitglied der Theater-AG", „ich gehöre zu dieser Familie" usw.). Zugehörigkeit gibt uns Identität und Sicherheit.

Fehlende Zugehörigkeit dagegen schmerzt. **Einsamkeit** ist ein Zustand, der tatsächlich weh tun kann – im Gehirn werden bei sozialem Ausschluss ähnliche Areale aktiv wie bei körperlichem Schmerz, sagen Neurowissenschaftler. Vielleicht hast du das selbst schon erlebt: Ausgeschlossen zu werden oder keinen Anschluss zu finden, kann richtige seelische Schmerzen verursachen. Chronische Einsamkeit hat nachweislich negative Auswirkungen auf die psychische und körperliche Gesundheit. Einige Studien haben ergeben, dass Einsamkeit das Sterblichkeitsrisiko deutlich erhöht

– vergleichbar mit bekannten Risikofaktoren wie Rauchen oder Alkoholmissbrauch. Mit anderen Worten: Soziale Isolation macht uns krank, während soziale Verbundenheit gesund hält. Menschen mit guten sozialen Netzwerken leben im Schnitt länger und glücklicher. So drastisch es klingt: Ein intaktes soziales Umfeld – Familie, Freunde, Gemeinschaft – ist für uns so wichtig wie ausreichend Schlaf oder eine ausgewogene Ernährung.

**Vertrauen** ist ein weiterer Schlüsselbegriff, der eng mit Bindung und Zugehörigkeit verknüpft ist. Vertrauen entwickelt sich, wenn wir in einer Bindung immer wieder erfahren: Der andere ist verlässlich, nimmt Rücksicht auf mich, hält Versprechen. In einer sicheren Eltern-Kind-Beziehung lernt das Kind zum Beispiel: „Ich kann meinen Eltern vertrauen; sie sind für mich da." Dieses Urvertrauen überträgt sich später oft darauf, wie sehr jemand generell anderen Menschen oder dem „Leben" vertraut. Menschen, die grundlegendes Vertrauen entwickelt haben, gehen optimistischer in neue Beziehungen hinein und können leichter kooperieren. Umgekehrt fällt es jemandem mit vielen Enttäuschungen oder unsicherer Bindung schwerer, Vertrauen zu fassen – er oder sie rechnet vielleicht immer damit, dass andere einen verletzen oder verlassen.

Vertrauen und Verbundenheit verstärken sich gegenseitig: Je mehr ich mich zugehörig fühle, desto mehr vertraue ich – und je mehr Vertrauen ich habe, desto tiefer kann die Verbundenheit werden. In Teams, Familien oder ganzen Gesellschaften bildet Vertrauen gewissermaßen den „sozialen Kitt". Dort, wo Menschen sich aufeinander verlassen können, entsteht Gemeinschaftsgefühl. Man arbeitet zusammen, teilt bereitwilliger Ressourcen und kann offener kommunizieren. Man denke an eine Klasse, in der Vertrauen herrscht: Jeder traut sich, seine Meinung zu sagen, ohne Angst vor Spott; wenn jemand Hilfe braucht, springen die anderen ein. So ein Klima ermöglicht allen, sich sicher zu fühlen und weiterzuentwickeln.

Zusammengefasst: Von der ersten Bindung zwischen Eltern und Kind, über die tiefe Freundschaft bis zur Vereinszugehörigkeit – Verbundenheit ist ein lebenslanger Begleiter unserer Entwicklung. Sie schenkt uns **Geborgenheit**, formt unser **Selbstwertgefühl** und ist ein Quell von **Sinn** im Leben. Wir finden unseren Platz in der Welt zu einem großen Teil dadurch, dass wir ihn im Herzen anderer Menschen finden. Kein Wunder also, dass Liebe und soziale Bindungen ein zentrales Thema nicht nur in unserem persönlichen Leben, sondern auch in Wissenschaft und Gesellschaft sind. Als nächstes wollen wir tiefer verstehen, wie genau wir die Gefühle anderer nachempfinden können – was passiert in unserem Gehirn, wenn wir *Empathie* empfinden?

# Empathie – neurobiologische Grundlagen des Mitfühlens

Wenn wir sagen „Ich fühle mit dir", dann ist das nicht nur eine Redewendung. Tatsächlich besitzen wir Menschen die erstaunliche Fähigkeit, die Emotionen anderer in uns selbst widerhallen zu lassen – **Empathie** genannt. Empathie bedeutet vereinfacht: *Mitfühlen* und *Verstehen*, was in einem anderen vorgeht. Dieses Einfühlungsvermögen ist der Kitt zwischenmenschlicher Verbindungen: Es lässt uns Trauer teilen, Freude miterleben und überhaupt erst merken, wie sich jemand neben uns fühlt.

Doch wie kommt es, dass wir fühlen können, was ein anderer fühlt? Die Antwort liegt teilweise in der **Neurobiologie**unseres Gehirns. In den 1990er Jahren entdeckten Hirnforscher beim Experimentieren mit Affen eher zufällig ein Phänomen: Bestimmte Nervenzellen im Gehirn feuerten nicht nur, wenn der Affe selbst nach etwas griff, sondern auch, wenn er einen anderen dabei beobachtete. Man nannte diese Zellen fasziniert **Spiegelneuronen**. Kurz darauf fand man Hinweise, dass es beim Menschen ein ähnliches *Spiegelneuronensystem* gibt. Diese speziellen Neuronen reagieren, wenn wir eine Handlung ausführen **und** wenn wir dieselbe Handlung bei jemand anderem sehen. Damit ermöglichen sie eine innere Nachahmung:

Wir simulieren unbewusst im Kopf, was wir bei anderen beobachten.

Spiegelneuronen gelten heute als eine wichtige biologische Grundlage der Empathie. Warum? Stell dir vor, du siehst, wie jemand sich mit dem Hammer versehentlich auf den Finger schlägt. Wahrscheinlich verziehst du sofort selbst das Gesicht und zuckst zusammen – ganz so, als hättest du einen kurzen Schmerz empfunden, obwohl **dein** Finger ja gar nicht betroffen war. Genau dieses „Mit-Schmerz-Fühlen" könnte dank Spiegelneuronen passieren: Die Wahrnehmung der Handlung (Hammer auf Finger) aktiviert in deinem Gehirn ähnliche Areale, als wäre es dir geschehen. Deine Hand zuckt vielleicht reflexhaft, dein Herzschlag beschleunigt sich leicht – Symptome einer *Mitfühlreaktion*. Dein Gehirn hat, vereinfacht gesagt, den Schmerz der anderen Person gespiegelt.

Über Empathie wird viel geforscht, und man hat herausgefunden, dass mehrere Netzwerke im Gehirn daran beteiligt sind. Die **affektive Empathie** – also das spontane Mitempfinden von Gefühlen – hängt stark mit dem limbischen System zusammen, unseren Emotionszentren. So zeigen etwa bildgebende Verfahren (fMRT), dass beim Anblick eines leidenden Menschen Bereiche wie die vordere **Insula** und der **anteriore cinguläre Kortex** aktiv werden – dieselben Regionen, die auch bei eigenem Schmerz aktiviert sind. Das heißt, unser Gehirn reagiert auf fremdes Leid ähnlich wie auf eigenes. Dieses Phänomen nennt man **emotionale Resonanz**: Die Gefühle des Gegenübers lösen ein Echo in uns aus. Interessanterweise spüren wir dennoch, dass der Schmerz zum anderen gehört – wir übernehmen das Gefühl, ohne die Person damit zu verwechseln. Empathie ist also mehr als bloße *Gefühlsansteckung* (wie z.B. Gähnen, wenn andere gähnen): Wir fühlen mit, aber wissen, *wer* das ursprüngliche Gefühl hat.

Neben der affektiven gibt es auch die **kognitive Empathie**. Das ist die Fähigkeit, sich bewusst in jemanden hineinzuversetzen und seine Perspektive nachzuvollziehen – oft spricht man hier von *Theorie des Geistes* (Theory of Mind). Dabei nutzen wir eher die „denkenden" Teile des Gehirns (v.a. Frontallappen): Wir stellen uns z.B. vor, was der andere gerade denkt oder welche Vorgeschichte seine Gefühle haben. Diese Form der Empathie erlaubt es uns, sogar mitzufühlen, wenn wir selbst gerade nicht emotional mitgerissen werden. Zum Beispiel können wir begreifen, dass ein Freund traurig ist, weil sein Haustier gestorben ist, auch wenn wir das Tier kaum kannten – wir verstehen den Kontext und können uns die Trauer *vorstellen*. Idealerweise gehen affektive und kognitive Empathie Hand in Hand: Wir erspüren die Gefühle anderer und können sie zugleich einordnen.

Die Entdeckung der Spiegelneuronen hat populärwissenschaftlich viel Aufsehen erregt, weil sie einleuchtend erklärt, warum wir Emotionen und sogar Absichten spüren können, ohne Worte zu brauchen. So sind schon **Babys** erstaunlich empathisch: Wenn im Raum ein anderes Baby zu weinen beginnt, fängt ein Neugeborenes oft selbst an zu weinen – quasi als instinktive Resonanz. Etwas älter Kinder (etwa im zweiten Lebensjahr) zeigen erste **Tröstversuche**: Sie bringen der weinenden Mama den Teddy oder tätscheln einem traurigen Spielkameraden den Rücken. Diese frühen Anzeichen sprechen dafür, dass Empathie als Fähigkeit in uns *angelegt* ist. Natürlich wird sie durch unsere Umgebung weiterentwickelt oder eben gehemmt. Ein Kind, dem empathisches Verhalten vorgelebt wird („Schau, der Junge hat sich wehgetan, lass uns ihm helfen"), lernt sein eigenes Mitgefühl besser kennen und ausdrücken.

Empathie ist nicht auf den Menschen beschränkt. Auch viele Tiere – insbesondere sozial lebende – zeigen empathisches Verhalten. Hunde zum Beispiel können oft genau spüren, wenn ihr Besitzer traurig ist, und legen dann den Kopf auf dessen Knie, als ob sie trösten wollten. Bei Elefanten hat man beobachtet, dass sie ein verletztes Mitglied der Herde behutsam stützen. Solche Verhaltensweisen deuten darauf hin, dass die Evolution Mitgefühl hervorgebracht hat, wo immer es dem Zusammenhalt der Gruppe nutzt.

Doch bleiben wir beim Menschen: **Ohne Empathie gäbe es kaum echte zwischenmenschliche Nähe.** Sie ist die Grundlage von Mitmenschlichkeit, Moral und sozialer Verbundenheit. Wenn du erlebst, dass jemand deine Gefühle *versteht* und vielleicht sogar mit dir weint oder lacht, fühlst du dich gesehen. Empathie schafft Brücken zwischen unseren Innenwelten. Sie ermöglicht es uns, nicht als isolierte „Monaden" durchs Leben zu gehen, sondern emotionale Gemeinschaft zu erfahren.

Manchmal wird Empathie mit **Sympathie** oder **Mitgefühl** gleichgesetzt, doch es gibt feine Unterschiede: Empathie heißt zunächst, *wahrzunehmen und nachzuempfinden*, was ein anderer fühlt. Mitgefühl (Compassion) geht einen Schritt weiter – es beinhaltet auch den Wunsch, dem anderen zu helfen oder sein Leid zu lindern. Sympathie wiederum meint eher ein Wohlwollen oder Mögen einer Person. In der Praxis überschneiden sich diese Dinge oft. Wer starke Empathie hat, empfindet meist auch Mitgefühl und verhält sich hilfsbereit.

Interessant ist, dass Empathie nicht immer automatisch abläuft; wir können sie bewusst fördern. Zum Beispiel, indem wir aufmerksam zuhören, uns in Ruhe fragen „Wie würde ich mich an seiner Stelle fühlen?" oder indem wir Literatur/Filme nutzen, um uns in verschiedenste Charaktere hineinzudenken. Unser Gehirn besitzt die Fähigkeit der **Spiegelung**, aber wir entscheiden bis zu einem gewissen Grad, ob wir hinsehen und uns einlassen. So kann Empathie wachsen – oder verkümmern, wenn wir sie nie nutzen.

Nun haben wir geklärt, was Empathie ist und wie unser Gehirn das *Mitfühlen* ermöglicht. Aber Empathie allein reicht nicht aus, um komplexe soziale Situationen zu meistern. Hier kommt ein weiteres Konzept ins Spiel: die **soziale Intelligenz**. Wie verstehen wir andere Menschen im Kontext von Gruppen und Gesellschaft? Wie kooperieren wir effektiv? Und wie gestalten wir langfristige Beziehungen? Diese Fragen betrachten wir im nächsten Abschnitt.

# Soziale Intelligenz – wie wir andere verstehen, kooperieren und Beziehungen gestalten

Neben Empathie, dem Einfühlen in einzelne, gibt es die größere Fähigkeit, sich im *sozialen Miteinander* geschickt und verständnisvoll zu bewegen. Diese Fähigkeit nennt man **soziale Intelligenz**. Darunter versteht man im Allgemeinen die Kompetenz, soziale Situationen richtig wahrzunehmen, die Perspektiven und Motive anderer zu verstehen und angemessen darauf zu reagieren. Soziale Intelligenz zeigt sich in Empathie, aber auch in **Kommunikationsfähigkeit**, **Konfliktlösung** und dem Aufbau von

**zwischenmenschlichem Vertrauen.** Im Grunde ist sie das „Know-how" fürs menschliche Zusammenleben.

Ein wichtiger Baustein der sozialen Intelligenz ist die bereits erwähnte *Theory of Mind* – also zu begreifen, dass andere Menschen eigene Gedanken, Gefühle und Wissensstände haben. Kleine Kinder entwickeln diese Fähigkeit etwa ab dem Alter von vier Jahren: Sie verstehen dann z.b., dass ein Freund etwas nicht wissen kann, was sie selbst wissen (klassisches Experiment: das „Maxi-und-die-Schokolade"-Szenario). Mit dieser Erkenntnis können wir uns bewusst in andere *hineindenken*: „Was könnte er gerade glauben? Was weiß sie schon, was nicht? Was möchte er wahrscheinlich?" Diese kognitive Komponente ergänzt die emotionale Empathie. Zusammen erlauben sie uns, sehr komplexe soziale Interaktionen erfolgreich zu navigieren.

**Kooperation** ist ein Paradebeispiel für angewandte soziale Intelligenz. Stellen wir uns vor, zwei Schülerinnen sollen ein Referat zusammen erarbeiten. Dazu müssen sie sich abstimmen, Aufgaben aufteilen, Kompromisse finden – und vielleicht auch auftretende Meinungsverschiedenheiten klären. Wenn beide sozial intelligent handeln, werden sie zunächst die Bedürfnisse und Stärken der jeweils anderen wahrnehmen („Worin bist du gut? Was möchtest du übernehmen?"). Sie werden zuhören, Vorschläge machen, bei Unstimmigkeiten nicht stur auf ihrer

Meinung beharren, sondern nachgeben, wo es sinnvoll ist, und an anderer Stelle ihre Ansicht freundlich begründen. Das Ergebnis: Sie arbeiten effektiv als Team. Jeder fühlt sich respektiert und eingebunden, und das Referat profitiert von zwei engagierten Köpfen.

In der Tierwelt gibt es Kooperation natürlich auch – Wölfe jagen im Rudel, Ameisen bauen arbeitsteilig am Nest. Aber bei uns Menschen erreicht die Kooperation eine ganze andere Dimension: Wir können in riesigen Gruppen mit Fremden kooperieren, indem wir uns an gemeinsame Regeln und abstrakte Ideen halten (zum Beispiel kooperieren tausende Menschen, indem sie ein *Unternehmen* bilden oder ein *Staatswesen* aufrechterhalten). Die *soziale Intelligenz* des Menschen ist vermutlich ein entscheidender Faktor dafür, dass wir uns als Spezies so stark entfalten konnten. Wir können flexible **soziale Netzwerke** knüpfen, weit über die Familie hinaus.

Dabei helfen uns Werkzeuge wie die **Sprache** enorm. Sprache ermöglicht es, komplexe Gedanken und Gefühle mitzuteilen – wir müssen Empathie nicht nur stumm per Spiegelneuronen erraten, wir können einander auch sagen, wie es uns geht. Außerdem können wir über Dinge sprechen, die nicht unmittelbar sichtbar sind (Vergangenheit, Zukunft, abstrakte Werte). Das gibt uns die Fähigkeit, gemeinsam **Pläne** zu schmieden, **Wissen** zu teilen und eine **Kultur** aufzubauen. All das sind Leistungen sozialer

Intelligenz in Aktion. Man könnte sagen, soziale Intelligenz ist die Kunst, aus einzelnen Individuen ein *Wir* zu formen, das mehr erreicht als jeder allein.

Ein Bereich, wo soziale Intelligenz besonders glänzt, ist das **Gestalten von Beziehungen**. Beziehungen – ob Freundschaften, Liebesbeziehungen oder kollegiale Verhältnisse – erfordern Feingefühl. Beispielsweise: Du merkst, deine Freundin wirkt heute niedergeschlagen. Sozial intelligent zu handeln hieße, sie darauf anzusprechen, aber einfühlsam: „Hey, alles okay bei dir? Du bist so still." Vielleicht möchte sie reden, vielleicht auch nicht – soziale Intelligenz hilft dir, das einzuschätzen (etwa an ihrer Körpersprache oder am Tonfall). Wenn sie anfängt zu erzählen, hörst du aktiv zu, versuchst dich in ihre Lage zu versetzen (Empathie) und suchst gemeinsam nach Lösungen oder bietest einfach Trost. Genauso wichtig ist die Fähigkeit, bei Konflikten konstruktiv zu bleiben: Jemand mit hoher sozialer Intelligenz wird bei einem Streit eher versuchen, die Perspektive des Gegenübers zu verstehen, *bevor* er reagiert. Er oder sie wird „Ich-Botschaften" senden statt Vorwürfe, Kompromissmöglichkeiten ausloten und Entschuldigungen anbieten oder annehmen können. Damit entschärft man viele Konflikte und vertieft am Ende sogar die Beziehung.

Eine interessante Komponente ist auch die **nonverbale Kommunikation** – Mimik, Gestik, Tonlage. Sozial intelligente Menschen nehmen solche Signale gut wahr: ein Zögern, ein erzwungenes Lächeln, ein nervöses Herumzupfen an den Ärmeln – all das liefert Hinweise darauf, wie das Gegenüber sich fühlt, auch wenn es nichts sagt. Diese Sensibilität nennt man manchmal *soziale Empfindsamkeit*. Sie erlaubt es uns beispielsweise, in einer Gruppe zu merken, wer vielleicht gerade ausgeschlossen wird, wer sich unwohl fühlt oder wer heimlich Begeisterung ausstrahlt, obwohl er es nicht laut sagt. Indem wir darauf reagieren, verbessern wir das Miteinander (zum Beispiel, indem wir die schüchterne Person bewusst ins Gespräch einbeziehen).

In der heutigen Zeit spricht man häufig von **emotionaler Intelligenz**, die eng verwandt ist mit sozialer Intelligenz. Emotionale Intelligenz beinhaltet neben Empathie auch die Fähigkeit, die **eigenen** Gefühle zu managen – sich selbst zu beruhigen, Motivation aufzubauen, Frustrationstoleranz zu haben etc. Soziale Intelligenz fokussiert mehr auf das Interagieren mit anderen. Beide Fähigkeiten zusammen sind enorm wertvoll: Fachwissen und IQ alleine machen noch keinen angenehmen Kollegen oder fähigen Teamleiter aus – es braucht auch *zwischenmenschliche Kompetenz*. In Beruf und Privatleben merkt man schnell, wie entscheidend solche „Soft Skills" sind. Jemand mit hoher sozialer Intelligenz kann Teams inspirieren, Freundschaften lange erhalten, Netzwerke knüpfen und ein unterstützendes Umfeld schaffen.

Man kann soziale Intelligenz übrigens lebenslang weiterentwickeln. Sie wächst mit unseren Erfahrungen: Jede neue Gruppe, jede neue Freundschaft lehrt uns etwas darüber, wie Menschen „ticken". Wer reflektiert, wie sein eigenes Verhalten auf andere wirkt, und wer bereit ist, dazuzulernen, wird mit der Zeit immer besser im sozialen Navigieren. Auch Literatur, Rollenspiele oder Feedback von anderen können helfen. Letztlich lernt man soziale Intelligenz aber vor allem durchs Tun – durch echtes Zusammensein mit Menschen, mit all den positiven und negativen Erfahrungen, die dazugehören.

Wir haben nun gesehen, wie Liebe und Verbundenheit auf individueller Ebene unsere Entwicklung fördern und wie Empathie und soziale Intelligenz das Gefüge unseres Zusammenlebens ermöglichen. Doch warum existieren all diese Fähigkeiten überhaupt? Die Antwort führt uns zur Evolution. Hat die Natur uns mit der Fähigkeit zu lieben und zu kooperieren ausgestattet, weil es einen Vorteil bringt? Im nächsten Abschnitt schauen wir uns Liebe und Altruismus aus evolutionärer Sicht an.

# Liebe als evolutionäre Kraft – Kooperation, Fürsorge und Altruismus

In der klassischen Vorstellung von Evolution stellt man sich oft einen gnadenlosen Konkurrenzkampf vor: „Survival of the fittest" – nur die Stärksten überleben. Lange Zeit betonten Biologen den Wettbewerb in der Natur. Aber moderne Forschung zeigt ein vollständigeres Bild: **Kooperation** und Fürsorge sind mindestens ebenso wichtige Erfolgsfaktoren der Evolution. **Liebe** – im Sinne von Verbundenheit und Altruismus – könnte man poetisch als eine Kraft bezeichnen, die das Überleben fördert, indem sie Wesen zusammenhält.

Der Harvard-Biologe **Martin Nowak** zum Beispiel bezeichnet Kooperation als die „Meisterarchitektin der Evolution". Ohne Zusammenarbeit, so Nowak, wäre die Komplexität des Lebens gar nicht möglich. Schon unsere eigenen Körper sind Gemeinschaften von Milliarden Zellen, die kooperieren, statt einander zu bekämpfen. In der Frühzeit des Lebens haben sich Einzeller zu Mehrzellern zusammengeschlossen – ein Kooperationsakt. Später haben sich Tiere zu sozialen Verbänden organisiert. Und letztlich haben Menschen als „Super-Kooperatoren" ganze Zivilisationen aufgebaut visionenundwege.de.

Aber bleiben wir konkret bei zwischenmenschlicher Liebe und Fürsorge: Warum könnten sich solche altruistischen Tendenzen entwickelt haben? Ein wichtiger Aspekt ist die **Verwandtenselektion**. Unsere Gene „profitieren", wenn nahe Verwandte überleben und sich fortpflanzen – denn Verwandte teilen viele Gene. Daher erklärt die Evolutionsbiologie: Elternliebe und Fürsorge für die Familie liegen im genetischen Interesse. Ein extremes Beispiel: Manche Tiermütter riskieren ihr Leben, um ihre Jungen zu schützen. Evolutionsbiologisch macht das Sinn, weil die Jungen die Gene der Mutter weitertragen. Übertragen auf den Menschen: Die tiefe Liebe von Eltern zu ihren Kindern sorgt dafür, dass hilflose Babys versorgt werden und zu gesunden Erwachsenen heranwachsen. Ohne diese starke Bindung – und ja, man kann es Liebe nennen – würde es unsere Spezies kaum geben. **Mutterliebe** und **Vaterliebe** sind evolutionär verankert, was man z.B. auch daran sieht, dass bei frischgebackenen Eltern Hormone wie Oxytocin ausgeschüttet werden, die Bindung und Fürsorgeverhalten fördern.

Nun endet unser Altruismus aber nicht an der Grenze der Kernfamilie. Menschen zeigen auch **Kooperation mit Nicht-Verwandten** – etwas, das in der Tierwelt seltener und in diesem Ausmaß einzigartig ist. Hier kommt das Prinzip der **gegenseitigen Hilfe** (reziproker Altruismus) ins Spiel: „Hilfst du mir, helf ich dir." In Urgesellschaften, etwa bei Jäger-und-Sammler-

Gruppen, war Kooperation über die Familie hinaus überlebensnotwendig. Ein Jäger teilte die Beute mit der Gruppe, im Vertrauen darauf, dass er an anderen Tagen von den Erfolgen der anderen profitieren würde. Solche Gemeinschaften konnten erfolgreicher Nahrung sichern und sich gegen Gefahren schützen als lauter Einzelkämpfer.

Diese Tendenz zur Kooperation wurde vermutlich kulturell und biologisch verstärkt. Wer kooperativ und vertrauenswürdig war, genoss Ansehen und bekam Hilfe zurück – was seine Überlebenschancen steigerte. Eigenschaften wie **Empathie** und **Fairnessgefühl** sind daher womöglich Teil unseres Erbguts geworden, weil sie dem Gruppenerfolg dienten. Interessant ist, dass unser Gehirn uns für altruistisches Verhalten belohnt: Studien zeigen, dass Geben (z.B. Spenden für wohltätige Zwecke) bei vielen Menschen das Belohnungszentrum aktiviert – wir fühlen uns also gut, wenn wir großzügig waren. Das passt zur Idee, dass die Evolution kooperatives Verhalten unterstützt hat, indem es mit positiven Gefühlen verknüpft wurde.

**Liebe** als Emotion bündelt viele dieser prosozialen Tendenzen: Jemanden zu lieben heißt, sein Wohl wie das eigene (oder höher als das eigene) zu betrachten. In einer Partnerschaft etwa kümmern sich die Partner umeinander und teilen Ressourcen; gemeinsam haben sie bessere Chancen, Herausforderungen zu meistern. Forschungen deuten darauf hin, dass stabile

Paargemeinschaften (die oft durch romantische Liebe zusammengehalten werden) bei frühen Menschen hilfreich waren, um Nachwuchs großzuziehen, der wegen des großen Gehirns sehr hilflos und betreuungsintensiv ist. Zwei Eltern (oder ein ganzes soziales Netzwerk von „it takes a village") erhöhen die Überlebenschance eines Kindes enorm. Liebe in diesem Kontext stärkt also direkt den Fortpflanzungserfolg.

Doch Liebe lässt sich nicht auf Gene reduzieren. Menschen leisten auch Opfer für Fremde, für Ideale oder für die Gemeinschaft, die nicht direkt ihren eigenen Genen nutzen. Soldaten können aus Kameradschaft ihr Leben füreinander riskieren, Aktivisten setzen sich für zukünftige Generationen ein, Rettungskräfte stürzen sich in Gefahr für unbekannte Opfer. Solche **heroischen Altruismen** sind schwer rein biologisch zu erklären. Sie zeigen aber die enorme Kraft, die Verbundenheitsgefühle haben können – sei es Liebe zu den Mitmenschen oder Liebe zu einem Prinzip. Möglicherweise sind diese altruistischen Extreme Nebenprodukte unserer sozialen Natur, in der Regeln, Kultur und Vernunft ebenso mitspielen. Einig sind sich Wissenschaftler jedenfalls: Ohne unsere kooperative Ader und die Fähigkeit, Bindungen einzugehen, wären wir nicht so erfolgreich. Ein einzelner Mensch ist in der Wildnis relativ wehrlos – aber viele gemeinsam, die füreinander einstehen, sind stark.

Es gibt auch die Hypothese der **Gruppenselektion**: Gruppen, in denen Kooperation und altruistische Liebe hoch geschrieben wurden, könnten gegenüber zerstrittenen, egoistischen Gruppen Vorteile gehabt haben und sich deshalb durchgesetzt haben. Zwar läuft Evolution hauptsächlich über Individuen, aber bei einer Art wie uns, die in Gruppen lebt, bestimmt der Gruppenerfolg auch den individuellen. Man denke an ein Dorf, in dem alle solidarisch sind und ein anderes Dorf, in dem jeder nur auf sich schaut – welches Dorf kann eine Hungersnot eher überstehen? Vermutlich das solidarische, wo Lebensmittel geteilt und Schwächere mitgezogen werden. So gesehen ist *Liebe als Prinzip* nicht nur moralisch schön, sondern auch praktisch nützlich fürs Überleben einer Gemeinschaft.

Die Evolution der Liebe spiegelt sich vielleicht auch in unseren Kulturgeschichten. Überall gibt es Mythen von Zusammenhalt, von der Stärke der Liebe, die alles überwindet. Könnte es sein, dass wir uns diese Geschichten erzählen, um genau jene Werte zu fördern, die uns gemeinsam erfolgreich machen? In vielen Religionen ist **Nächstenliebe** ein zentrales Gebot – man könnte sagen, das ist kulturell verankerter evolutionärer Weisheitsinstinkt.

Zusammenfassend: Liebe und Verbundenheit sind keine „Luxusgefühle", die sich der Mensch leistet, weil er zivilisiert ist. Sie liegen im Kern dessen, was uns ausmacht und was uns über die Jahrtausende getragen hat. Von der Elternliebe über Freundschaftsbande bis zur Nächstenliebe – diese Kräfte haben Kooperation ermöglicht und damit das scheinbare Paradox gelöst, wie eine Spezies überlebt, die gar nicht so kräftig oder schnell ist, aber dafür im Team unschlagbar. Wir haben es also der Liebe (im weitesten Sinne) zu verdanken, dass wir heute in komplexen Gesellschaften leben können.

Doch so wunderbar Empathie und Altruismus auch sind – sie stoßen auch an Grenzen. Unser Mitgefühl ist nicht unendlich und nicht unparteiisch. Im nächsten Abschnitt werfen wir einen nüchternen Blick darauf, wo die Schattenseiten oder Begrenzungen unserer Empathie liegen.

# Grenzen der Empathie – In-Group/Out-Group-Effekte, Empathiemüdigkeit und selektive Anteilnahme

Angesichts all des Lobes für Empathie und Liebe muss man auch ehrlich fragen: Funktioniert unser Mitgefühl immer und für jeden gleichermaßen? Die Realität zeigt: Nein, tut es nicht. **Empathie** hat deutliche Grenzen und Tücken. Zum einen ist unser Mitgefühl oft **parteiisch** – wir spüren mehr für diejenigen, die wir als „zu uns gehörig" betrachten, und deutlich weniger für die, die wir als Fremde oder „Andere" ansehen. Zum anderen kann Empathie überfordert werden – man spricht von **Empathiemüdigkeit** oder *Mitgefühlserschöpfung*, wenn man so viel mitgelitten hat, dass man innerlich leer wird. Und schließlich reagieren wir emotional selektiv auf Einzelschicksale stärker als auf Statistiken von Leid, was man als **Compassion Fade** (Abstumpfen des Mitgefühls bei großen Zahlen) kenntdeutschlandfunkkultur.dedeutschlandfunkkultur.de.

Beginnen wir mit dem **In-Group/Out-Group-Effekt**. „In-Group" bedeutet die Gruppe, mit der wir uns identifizieren – das kann unsere Familie sein, unsere Freundesclique, die eigene Ethnie, Religion, Nation, Fans desselben Fußballvereins, etc. „Out-Group" sind entsprechend die Menschen, die wir als außerhalb unserer Gemeinschaft stehend sehen. Zahlreiche Studien belegen: Menschen zeigen deutlich mehr Empathie mit jemandem aus der eigenen Gruppe als mit jemandem aus einer fremden Gruppe. Ein simples Experiment: Probanden sehen zwei Personen auf einem Bildschirm einen Stromschlag erhalten – eine Person wird ihnen vorher als jemand „wie sie" vorgestellt (z.B. gleicher Heimatort oder selbe politische Überzeugung), die andere als jemand mit gegenteiliger Einstellung. Die neurologischen Empathie-Marker (etwa Aktivität in Schmerzverarbeitungszentren) und auch das selbstberichtete Mitgefühl fallen höher aus für die Person, die als In-Group wahrgenommen wird. Im Alltag merken wir das vielleicht daran, dass uns ein Unglück im eigenen Land nähergeht als ein gleich großes Unglück in einem fernen Land – einfach weil wir unbewusst „Die gehören zu *uns*" fühlen. Oder man nimmt den Schmerz eines Freundes ernster als den eines unbekannten Menschen. Evolutionär mag das verständlich sein (früher war der Stamm auf gegenseitige Empathie angewiesen, Fremde hingegen konnten Gefahr bedeuten). Aber in einer globalisierten Welt führt dieses Muster auch zu Problemen: Es ist die Wurzel von Vorurteilen und fehlender Anteilnahme gegenüber Fremdgruppen. Im schlimmsten Fall kann es dazu führen, dass eine Gruppe die andere entmenschlicht – dann bricht Empathie fast völlig weg, was Gewalt und Grausamkeiten begünstigt. Ein historisch tragisches Beispiel: Propaganda in Kriegen versucht oft, den Feind als minderwertig oder bedrohlich darzustellen, um die natürliche Empathie der Soldaten zu reduzieren. So schrecklich es ist – es funktioniert leider, denn Empathie ist kein unfehlbarer moralischer Kompass, sondern anfällig für unsere Einteilungen von „wir" und „die anderen".

Ein weiteres Limit ist die **Empathie- und Mitgefühlsmüdigkeit**. Wer in einem helfenden Beruf arbeitet – Ärztinnen, Krankenpfleger, Therapeuten, Sozialarbeiterinnen – läuft Gefahr, eines Tages ausgebrannt zu sein, weil er oder sie ständig mit dem Leid anderer konfrontiert ist. Anfangs fühlt man noch mit jedem Schicksal, aber mit der Zeit kann es passieren, dass man abstumpft, weil die emotionale Dauerbelastung zu groß wird. Das wird als *Compassion Fatigue*(Mitgefühlserschöpfung) oder sekundäre Traumatisierung bezeichnet. Es ist, als ob das Empathie-Muskel irgendwann verkrampft oder erschöpft. Betroffene berichten, dass sie sich innerlich leer oder gleichgültig fühlen, wo sie früher Mitleid empfanden. Das ist ein Alarmsignal – der Mensch zieht quasi einen Notfall-Schutzmechanismus, um sich selbst zu schützen. Auch außerhalb von Berufen kennen wir das Phänomen vielleicht: Wer lange einen kranken Angehörigen pflegt oder häufig mit belastenden Nachrichten bombardiert wird, kann an einen Punkt kommen, wo er emotional dicht macht. Zu viel Empathie *kann* also auch überwältigen und sogar zu Burnout beitragen. Die Kunst besteht dann darin, rechtzeitig auf sich selbst zu achten, sich Pausen zu gönnen und gegebenenfalls professionelle Hilfe in Anspruch zu nehmen, um die Empathiefähigkeit in gesunden Bahnen zu halten (und nicht daran zu zerbrechen).

Schließlich gibt es das merkwürdige Phänomen, dass unser Mitgefühl **selektiv** stark auf individuelle Schicksale anspricht, aber seltsam unempfindlich auf große Zahlen ist. Der Spruch „Ein Todesfall ist eine

Tragödie, tausend Todesfälle sind Statistik" bringt es überspitzt auf den Punkt. Psychologen wie Paul Slovic haben gezeigt, dass Menschen deutlich weniger spenden oder helfen, sobald mehrere Opfer im Spiel sind, verglichen mit einer einzelnen identifizierbaren Persondeutschlandfunkkultur.de. In einem Experiment wurde Leuten zum Beispiel die Geschichte eines einzelnen notleidenden Kindes gezeigt – die Spendenbereitschaft war hoch. Einer anderen Gruppe wurde von Millionen Hungernden in Afrika berichtet – sie spendeten *weniger*, obwohl das Leid objektiv viel größer war. Schon wenn aus dem einen Kind zwei werden, sinkt statistisch gesehen die Empathie messbar abdeutschlandfunkkultur.de. Dieses Kuriosum nennt man **Compassion Fade** oder auch *Empathie-Ermüdung durch große Zahlen*. Unser Empathiesystem scheint darauf ausgelegt, stark mit Einzelnen mitzufühlen, aber bei Gruppen versagt es oder wird von einer Art „emotionaler Taubheit" abgelöstdeutschlandfunkkultur.dedeutschlandfunkkultur.de. Evolutionsbiologisch könnte das rühren, dass wir über Jahrmillionen nur in kleinen Gruppen lebten – wir kannten jeden persönlich, Massensterben waren außerhalb unserer Vorstellung. Heute prasseln jedoch global Nachrichten mit riesigen Opferzahlen auf uns ein, was unser „Steinzeit-Gehirn" schlicht überfordert. Es reagiert mit Abwehr: es fühlt weniger, um nicht überwältigt zu werden.

Diese Grenzen der Empathie haben auch Moralphilosophen auf den Plan gerufen. Der Psychologe **Paul Bloom**argumentiert in seinem Buch *Gegen Empathie*, dass Empathie als Ratgeber für moralisches Handeln mangelhaft ist – weil sie so parteiisch und launenhaft wirkt. Er plädiert dafür, mehr auf rationales Mitgefühl zu setzen (also eine Art Güte aus Prinzip, die nicht davon abhängt, ob uns jemand emotional nahegeht). Tatsächlich sehen wir im Alltag: Rein nach Empathie zu entscheiden, wem man hilft, führt nicht immer zu den fairsten Ergebnissen. Wir spenden vielleicht lieber für das kranke Kind mit Foto in der Zeitung als für eine anonyme Masse Geflüchteter – moralisch ist aber beides gleich wertiges Leiden.

Wichtig zu betonen: Diese Grenzen bedeuten nicht, dass Empathie „schlecht" wäre. Sie zeigen nur, dass sie **menschlich**ist – mit allen Unvollkommenheiten. Erkennen wir diese Fallstricke, können wir gegensteuern. Zum Beispiel können wir uns bewusst bemühen, auch mit *Out-Group*-Menschen Empathie aufzubringen, indem wir Ähnlichkeiten suchen statt Unterschiede. Oder Hilfsorganisationen können Einzelbeispiele erzählen, um das Mitgefühl für große Krisen zu wecken – eben weil sie wissen, ein konkretes Gesicht rührt uns mehr als eine Zahl. Und wer beruflich viel Leid begegnet, kann Techniken erlernen, um sich abzugrenzen und die eigene Empathiereserve aufzufüllen (etwa durch **Selbstmitgefühl** und Pausen).

Zusammengefasst: Empathie ist eine mächtige, aber keine allmächtige Emotion. Sie hat blinde Flecken (Gruppengrenzen), sie kann erlahmen (bei Überlastung) und sie gehorcht nicht immer den Maßstäben der Vernunft (ein Einzelschicksal zählt für unser Herz manchmal mehr als hundert fremde). Das schmälert nicht ihren Wert, zeigt uns aber, dass **Liebe als Prinzip** noch mehr umfassen muss als spontanes Mitgefühl. Vielleicht brauchen wir eine bewusste *Nächstenliebe*, die auf Werten basiert, um die Lücken der Empathie zu füllen – eine Art Entscheidung, allen Mitmenschen mit Wohlwollen zu begegnen, selbst wenn unser Bauchgefühl nicht sofort anspringt. Damit sind wir schon beim letzten Punkt: Warum all das – Liebe, Empathie, Verbundenheit – für uns persönlich und als Gesellschaft so bedeutsam ist.

# Bedeutung von Liebe für Sinn, Identität und gesellschaftliches Zusammenleben

Was zählt am Ende eines Lebens wirklich? Wenn Menschen danach gefragt werden, kommen erstaunlich oft Antworten wie: „Die Beziehungen, die ich hatte. Die Menschen, die ich geliebt habe und von denen ich geliebt wurde." Liebe – in welcher Form auch immer – gibt unserem Dasein einen tiefen **Sinn**. Sie stiftet **Identität** („Ich bin jemandes Tochter/Sohn, jemandes

Freund*in, jemandes Partner*in*") und sie bildet das Fundament jeder funktionierenden **Gemeinschaft**.

Beginnen wir beim individuellen Sinn des Lebens. Der Psychiater **Viktor Frankl**, der das Konzentrationslager überlebte, schrieb eindrucksvoll, dass ihn die Liebe zu seiner Frau in den dunkelsten Stunden am Leben hielt. Er erkannte: *Liebe* kann dem Leben Bedeutung geben, selbst im Leid. Viele Menschen erleben das: Wer jemanden liebt – sei es ein Partner, ein Kind, ein enger Freund – empfindet das eigene Leben als bedeutsamer. Plötzlich hat das tägliche Kämpfen einen Grund, nämlich das Wohlergehen des geliebten Anderen mitzugestalten. In Umfragen nach Lebenssinn landen „Beziehungen/Familie" fast immer auf Platz 1 noch vor Erfolg oder Reichtum. Auch die längste wissenschaftliche Studie über Glück, die Grant-Studie der Harvard University, kam zu einem simplen Schluss: **Glück ist Liebe. Punkt.**. Die Qualität unserer Beziehungen ist der mit Abstand wichtigste Faktor für Zufriedenheit und Gesundheit im Lebensverlauf, so das Ergebnis dieser über 75 Jahre laufenden Untersuchung mit hunderten Probanden. „Gründe zu leben" sind für die meisten Menschen nicht abstrakte Konzepte, sondern Personen – Kinder, Partner, Freunde.

Liebe schenkt uns auch eine **Identität**. In der Soziologie spricht man von der Theorie der *Intersubjektiven Anerkennung*(u.a. Axel Honneth): Ein Mensch entwickelt ein stabiles **Selbstwertgefühl** und

Identitätsgefühl vor allem dadurch, dass er in engen Beziehungen liebevoll anerkannt wird. Eltern, die ihr Kind vorbehaltlos lieben, geben ihm das Gefühl: „Du bist wertvoll und einzigartig." Diese Botschaft wird zum Kern des Selbstbildes des Kindes. Später tun dies Freundschaften und romantische Beziehungen in ähnlicher Weise – wer erlebt, dass ihn ein anderer Mensch wirklich sieht, schätzt und „ins Herz schließt", der lernt, sich selbst als liebenswert zu betrachten. Liebe wirkt identitätsstiftend: Wir definieren uns ja auch durch die Rollen in Beziehungen – als Tochter/ Sohn, als bester Freund, als zuverlässige Kollegin, als liebevoller Vater. Wenn solche Beziehungen wegfallen (etwa durch Trennung oder Tod), stürzt das viele in Identitätskrisen: „Wer bin ich jetzt, ohne diese Person in meinem Leben?" Das zeigt, wie sehr wir uns in Koordinaten der Liebe verorten.

Selbst unsere Sprache drückt das aus: Wir *beziehen* Identität aus *Beziehungen*. Dabei ist Liebe nicht nur passiv etwas, das uns definiert – sie fordert uns auch heraus, **wir selbst** zu werden. In einer liebevollen Beziehung trauen wir uns eher, unser authentisches Ich zu zeigen. Gute Freunde oder Partner spornen uns an, unser Potenzial zu entfalten, aber geben uns zugleich das Gefühl, okay zu sein, wie wir sind. Viele entdecken erst durch die Augen einer geliebten Person ihre eigenen Stärken („Siehst du, du bist kreativ, das mag ich so an dir!"). So hilft Liebe uns, uns selbst zu erkennen und zu wachsen.

Auch die großen Fragen – *Wer bin ich? Warum bin ich hier?* – werden oft durch Liebe beantwortet. Jemand mag sagen: „Ich bin hier, um für meine Familie da zu sein" oder „Wer ich bin? Jemand, der seine Freunde glücklich macht." Natürlich sind das nicht die einzigen Antworten, aber es zeigt, wie sehr Liebe zum Sinngeflecht unseres Daseins gehört. Man könnte fast behaupten: Ohne irgendeine Form von Liebe kann ein Mensch schwerlich Sinn empfinden. Absolute Liebesleere – also völlige Isolation und Gleichgültigkeit – führt oft zu Verzweiflung oder Nihilismus.

Nun zur **gesellschaftlichen** Dimension: Stelle dir eine Gesellschaft vor, in der niemand Mitgefühl für den anderen hat, in der jeder nur strikt auf seinen Vorteil bedacht ist und keinerlei Liebe existiert – eine solch kalte Welt wäre vermutlich chaotisch oder tyrannisch. Glücklicherweise ist das nicht die Realität, denn unser Zusammenleben wird täglich millionenfach durch Akte der **Hilfsbereitschaft, Rücksicht und Freundlichkeit** zusammengehalten. Liebe im weiteren Sinne äußert sich gesellschaftlich als **Solidarität**. Wenn sich Nachbarn gegenseitig helfen, wenn Fremde bei einer Panne anhalten, wenn in Krisenzeiten Menschen zusammenrücken (man denke an die „Fluthilfe" bei Überschwemmungen, wo plötzlich die halbe Stadt

Schaufeln in die Hand nimmt, um Dämme zu bauen) –
all das sind Ausdrucksformen des Prinzips Liebe auf
sozialer Ebene.

Eine liebevolle Gesellschaft ist nicht naiv rosarot,
sondern durchaus praktisch vorteilhaft: Wo Empathie
herrscht, gibt es weniger Gewalt und Kriminalität, weil
man die Leiden anderer verhindern möchte. Wo **soziale
Gerechtigkeit**angestrebt wird, steckt dahinter das
Prinzip, jedem ein menschenwürdiges Leben
zuzugestehen – letztlich eine Form von universeller
Liebe. **Demokratie** selbst basiert auf einer Art
wechselseitigem Respekt und dem Willen, gemeinsam
Lösungen zu finden (was ohne einen Grundstock an
sozialer Verbundenheit nicht funktioniert). Vertrauen in
Institutionen und Gemeinschaft entsteht, wenn die
Bürger das Gefühl haben, dass *im Kern Wohlwollen
füreinander* da ist. Verliert eine Gesellschaft diese
Verbundenheit – wenn jeder nur noch seine eigene
Gruppe sieht und Empathie auf „die Anderen" nicht
mehr angewendet wird – drohen Spaltung und Konflikt.

Historisch waren große soziale Bewegungen oft durch
Appelle an Mitmenschlichkeit und Liebe motiviert.
Beispiele: Die Bürgerrechtsbewegung in den USA unter
Martin Luther King appellierte an Nächstenliebe und
Brüderlichkeit über Rassengrenzen hinweg. *Nelson
Mandela* predigte Versöhnung (also eine Art höher
gestellte Liebe) in Südafrika statt Hass. Die
Arbeiterbewegung berief sich auf Solidarität (Liebe zu

den Mit-Arbeitern). Immer wenn Menschen spüren, dass ein ungerechtes System dem natürlichen Mitgefühl widerspricht, entstehen solche Bewegungen. Das zeigt: Liebe als Prinzip kann Motor positiven Wandels sein – sie erweitert den Kreis dessen, für den wir Verantwortung fühlen.

Natürlich gibt es auch Gegenbeispiele von zerstörerischen Kräften – Angst, Hass, Gier. Aber langfristig gesehen hat kein menschenfeindliches System Bestand ohne irgendeine Form von Zusammenhalt unter den Menschen. Selbst Diktaturen müssen Loyalität (wenn schon nicht Liebe) innerhalb der Herrschaftsgruppe kultivieren. Und je ausgeprägter Werte wie Empathie und Menschenwürde gesellschaftlich verankert sind, desto stabiler und lebenswerter wird das Zusammenleben.

Am Ende läuft es darauf hinaus, dass Liebe in all ihren Facetten uns dabei hilft, unseren Platz im großen Gefüge zu finden. Das spiegelt sich auch im Titel dieses Buches: *Lost in Space – Trying to Find a Place*. Wir alle sind irgendwie „verloren im Universum" auf einem kleinen Planeten. Aber **einen Platz finden** wir durch Verbundenheit. In der unendlichen Weite gibt uns die Liebe einen Anker, ein Gefühl von *Zuhause* im Herzen anderer. Wir sind vielleicht nur Staub im kosmischen Maßstab, aber durch die Augen derer, die uns lieben, sind wir einzigartig und bedeutungsvoll. Liebe gibt unserem Dasein Wärme und Richtung – sei es die

Liebe zu Menschen, zur Natur oder zu einer Sache, die uns begeistert.

Zum Nachdenken: Wenn man am Nachthimmel die Sterne betrachtet, kann man sich leicht klein und unwichtig fühlen. Doch in dem Moment, wo neben dir jemand steht und deine Hand hält, oder wo du weißt, morgen triffst du einen guten Freund, bekommt dieses unendliche Weltall einen Sinn – nämlich den, der Liebe Raum zu geben. Vielleicht ist **Liebe als Prinzip** genau das, was uns Menschen vom Verlorensein ins Verbundensein führt. Es schafft aus dem „Ich" ein „Wir" und lässt uns spüren, dass wir *im Herzen* der anderen einen Platz haben. Und am Ende ist das möglicherweise das Größte, was wir im Universum finden können.

# Schlusswort

Am Anfang stand die Frage: **Wer bin ich, warum bin ich hier – und was hat das Universum damit zu tun?** In den vergangenen Kapiteln sind wir dieser Frage nachgegangen und haben sie aus vielen Blickwinkeln beleuchtet. Es ging letztlich um Orientierung und

Identität: **Welchen Platz hat der Einzelne im Universum?**

Auf unserer gedanklichen Reise haben wir verschiedene Ebenen unseres Daseins betrachtet. Wir haben erfahren, wie unser Bewusstsein und unsere Wahrnehmung die Wirklichkeit mitgestalten. Wir haben über die Bedeutung von Beziehungen und sozialer Verbundenheit nachgedacht. Wir haben einen Blick auf Geschichte und Biologie geworfen – auf die Herkunft des Universums und des Lebens – und die Rolle der Wissenschaft beim Verstehen dieser Zusammenhänge erkannt. All das spannte einen weiten Bogen: von den Tiefen des eigenen Bewusstseins über die Gesetze des Kosmos bis hin zu unserem Miteinander als Menschen. Jede dieser Perspektiven trägt dazu bei, unseren eigenen Platz im großen Gefüge besser zu begreifen.

# Bewusstsein und Wahrnehmung

Gleich zu Beginn haben wir gesehen, wie stark das, was wir für die Realität halten, von unserem Geist geformt wird. Unsere Wahrnehmung filtert und konstruiert die Welt, in der wir leben. Sie kann uns täuschen, aber sie ermöglicht es uns auch, Sinn zu finden. Ebenso haben wir das Rätsel des Bewusstseins betrachtet – das erstaunliche Phänomen, dass das Universum in uns gewissermaßen über sich selbst nachdenkt. Wir haben erkannt, dass unser Gefühl eines

„Ich" etwas ist, das im Gehirn entsteht und sich verändern kann. Dieses Ich-Gefühl ist kein starres Ding, sondern vielmehr ein Prozess, der durch Erinnerungen, Gedanken und Erfahrungen ständig neu erschaffen wird. Zu verstehen, wie Bewusstsein und Wahrnehmung funktionieren, hilft uns zu begreifen, warum wir die Welt so erleben, wie wir es tun, und wer wir sind.

# Wissenschaft, Geschichte und Biologie

Wir haben auch die äußere Wirklichkeit erforscht und gestaunt, wie anders sie sein kann, als unser Alltagsverstand annimmt. Die Physik hat uns gezeigt, dass Zeit und Raum nicht absolut sind und dass die Grundbausteine der Materie sich manchmal seltsam verhalten. Wir haben sogar in Betracht gezogen, dass die Welt im Kern aus Information bestehen könnte. Insgesamt haben wir gelernt: Die Realität ist komplexer und wunderbarer, als es den Anschein hat. Ein Blick in die Geschichte des Universums – vom Urknall über die Entstehung der Sterne bis zur Entwicklung des Lebens auf der Erde – hat uns unseren Ursprung vor Augen geführt. Die Elemente, aus denen unser Körper besteht, wurden vor Milliarden Jahren in Sternen gebildet. Mit anderen Worten: Wir Menschen **bestehen buchstäblich aus Sternenstaub**. Gleichzeitig sind wir Produkte einer langen biologischen Evolution. Das Leben hat sich in unzähligen Schritten entwickelt, bis hin zu bewussten Wesen, die diese Geschichte rückblickend betrachten können. Indem die Wissenschaft uns diese Erkenntnisse liefert, verschafft sie uns Orientierung: Wir verstehen besser, wo wir herkommen und wie eng wir mit allem um uns herum verbunden sind.

## Beziehungen und Verbundenheit

Trotz all der kosmischen Weite haben wir erfahren, dass niemand für sich allein im Universum steht. Alles ist verbunden, und wir Menschen sind zutiefst soziale Wesen. Unsere Identität bildet sich auch durch die Nähe zu anderen – durch Familie, Freundschaften, Gemeinschaften und die Menschheit als Ganzes. Wir haben gesehen, wie Empathie und Mitgefühl Teil unserer Natur sind. Wenn wir begreifen, dass „ich bin, weil wir sind", erkennen wir den Wert von Verbundenheit. Diese Sichtweise stärkt den Zusammenhalt und gibt uns Halt. Beziehungen – ob zu anderen Menschen oder zur Natur – zeigen uns unseren Platz im Gefüge des Lebens: als ein Knotenpunkt in einem großen Netzwerk des Seins. Jeder Einzelne beeinflusst und wird beeinflusst – durch Austausch, Kooperation und gemeinsame Erfahrungen. Dadurch gestalten wir die Realität mit und finden gleichzeitig Zugehörigkeit.

# Der Mensch als Teil des Universums

All diese Erkenntnisse führen zu einer grundlegenden Einsicht: **Wir sind Teil des Universums, und das Universum ist Teil von uns.** Wir bestehen aus dem Stoff der Sterne, und doch sind wir mehr als bloße Materie. Durch uns kann sich das Universum selbst betrachten – wir sind gewissermaßen ein Weg, wie sich das Universum seiner selbst bewusst wird. Diese Fähigkeit zur Reflexion, zum Nachdenken über uns und unsere Umwelt, ist etwas Besonderes. Daraus erwächst auch Verantwortung und die Möglichkeit zu Mitgefühl: Wir können das Leid und die Freude anderer nachempfinden und bewusst darauf reagieren. In uns verbindet sich das Physische mit dem Geistigen: Atome, die vor langer Zeit in Sternen leuchteten, denken heute über Bedeutung und Moral nach. Diese Erkenntnis ist nüchtern und doch tiefgehend. Sie zeigt uns, dass wir weder völlig unbedeutend noch der Mittelpunkt von allem sind, sondern einzigartige Teile eines unvorstellbar großen Ganzen.

# Unsicherheit und Offenheit des Daseins

Angesichts der Weite und Komplexität des Daseins bleibt vieles offen. Nicht alles, was geschieht, hat einen für uns erkennbaren höheren Grund. Und wie frei unser Wille tatsächlich ist, lässt sich ebenfalls nicht eindeutig beantworten. Es gibt nicht *die eine* endgültige Lösung auf die Frage nach unserem „Warum". Doch genau in dieser Offenheit liegt auch eine Chance: Wenn nichts absolut festgeschrieben ist, dann haben wir die Freiheit, unseren Platz immer wieder neu zu justieren. Wir können uns selbst bewusst im großen Ganzen verorten und – gestützt auf Wissen und Erfahrung – entscheiden, was für uns sinnvoll und wertvoll ist. Dabei können wir Vertrauen haben – in uns selbst, in unsere Mitmenschen und in das größere Gefüge des Lebens. Auch ohne vollständige Gewissheit dürfen wir mit Zuversicht nach vorn blicken.

Am Ende dieser Reise durch äußere Wissenschaft und innere Erkenntnis steht kein lauter Paukenschlag, sondern ein ruhiges Verstehen. Wir haben gelernt, uns selbst als bewusste und verbundene Teile des Universums zu sehen. Jede neue Frage, jedes weitere Abenteuer des Denkens wird daran anknüpfen. So wie der Anblick des Sternenhimmels uns staunen lässt, so haben auch unsere Überlegungen gezeigt, dass wir gleichzeitig klein im Kosmos und doch groß im Geiste sind. Unser Platz im Universum ist kein fixer Ort, sondern ein lebendiges Verhältnis. **Wir sind hier, wir gehören dazu – und wir gestalten mit.**

Die Suche nach unserem Platz im Universum ist damit nicht abgeschlossen – aber wir gehen sie nun bewusster und verbundener an.

Everything is possible

Für meine Kinder.

Hakan Özgür